石油摇篮·讲述

——玉门油田 80 年口述历史文集

中国石油玉门油田公司 编

石油工业出版社

图书在版编目（CIP）数据

石油摇篮·讲述：玉门油田80年口述历史文集/中国石油玉门油田公司编．—北京：石油工业出版社，2019.7
ISBN 978-7-5183-3521-3

Ⅰ．①石… Ⅱ．①中… Ⅲ．①油田－概况－玉门－文集 Ⅳ．①F426.22-53

中国版本图书馆CIP数据核字（2019）第154068号

出版发行：石油工业出版社
　　　　　（北京安定门外安华里2区1号　100011）
　　　网　　址：www.petropub.com
　　　编　辑　部：(010)64523623　图书营销中心：(010)64523633
经　　销：全国新华书店
印　　刷：北京中石油彩色印刷有限责任公司

2019年7月第1版　2019年7月第1次印刷
880×1230毫米　开本：1/32　印张：15.875　插页：20
字数：330千字

定价：88.00元
（如出现印装质量问题，我社图书营销中心负责调换）
版权所有，翻印必究

《石油摇篮·讲述——玉门油田80年口述历史文集》编委会

主　任：陈建军　刘战君

副主任：范铭涛　高志胜　宋中华　苗国政
　　　　来进和

委　员：王小华　吴著峰　朱宗良　焦多军
　　　　闫正云　尤兴华　朱侠萍　孙　峻
　　　　王玉华　戴忠孝

《石油摇篮·讲述——玉门油田80年口述历史文集》编写组

组　长：王玉华
副组长：吴兴龙　邱建民
成　员：胡学荣　谈俊宏　谈　智　赵治忠
　　　　周　蕊　薛　雅　赵　颖　冯玉龙
　　　　詹文亮　闫忠民

大自然为这里馈赠了工业的血液

石油人在这里孕育了不朽的精神

这里,见证了祖国现代石油工业的诞生

这里,种下了一个石油强国的梦想

这里,聚焦过世界的目光

……

回溯八秩来路

不忘初心为油

我们讲述这里的石油故事

这里,就是中国石油工业的摇篮——玉门油田

前　言

　　历史，总是在一些特殊年份给人们以汲取智慧、继续前行的力量。2019年是中华人民共和国成立70周年，是玉门油田开发建设80周年。值此之际，玉门油田公司决定编纂出版《石油摇篮·讲述——玉门油田80年口述历史文集》，用以抢救历史资源，回顾发展历程，总结经验成果，弘扬摇篮文化，凝聚奋进力量，逐梦百年油田。征文启事发出后，得到了热烈响应，共征集口述历史和回忆文章180余篇，经过认真筛选，最后确定收录其中的88篇。

　　玉门油田的历史，如山，大量的细节似水，山有水滋润才更有灵性。我们采取口述历史的方式编写《石油摇篮·讲述——玉门油田80年口述历史文集》一书，初衷是通过从玉门走出去的老领导、老专家，参与、建设、见证油田发展的职工和家属，关心和支持玉门油田发展的各界人士，讲述一段段历史、一次次回忆、一个个细节，汇聚成难忘的集体记忆，记录下生动的摇篮故事，钩沉出玉门油田80年的奋斗足迹、精神价值和壮丽史诗。玉门油田80年来，胸怀大局的一代又一代玉门石油人始终不忘"我为祖国献石油"的初心，始终牢记为石油工业发展做贡献的使命，不仅为国家提供了大量的石油资源，而且逐步形成了"艰苦奋斗、无私奉献、三大四出、自强不息"的玉门精神，成为石油精神的重要源头。2009年6月19日，时任中央政治局常委、中央书记处书记、国家副主席的习近平到克拉玛依考察调研时说："在石油战线弘扬的大庆精神铁人精神，实际上包括克拉玛依精神、玉门精神，这种精神的弘扬，至今仍然需要，而且永不过时。"

通过这本书，我们可以更深切地感知：在"一滴汽油一滴血"的抗日烽火年代，一批批怀揣"实业救国"抱负的爱国知识分子和广大普通劳动者从全国各地云集玉门，用血、用泪、用一腔激情在亘古戈壁把玉门油田建成现代石油矿场，创造了国共合作的典范。20世纪40年代，生产原油52万吨，占全国同期产量的90%以上，炼化产品达到12种，有力地支援了抗日战争。新中国成立前夕，玉门油田爱国知识分子、地下党组织和广大职工团结一致，不怕流血牺牲，用生命和智慧使油矿完整地回到人民的怀抱，留下了护矿的光辉一页。

通过这本书，我们可以更深切地感知：新中国成立后，在社会主义建设高歌猛进的火红年代，玉门油田被列为"一五"期间全国156个重点建设项目之一，在党的领导和全国人民的大力支援下，玉门石油人一片丹心、艰苦奋斗，1957年建成我国第一个石油工业基地；1959年生产原油140万吨，占全国原油总产量的51%。从20世纪60年代起，玉门油田作为中国石油工业的摇篮，义不容辞地承担起大学校、大试验田、大研究所、出产品、出人才、出经验、出技术（三大四出）的历史重任，铸就了"慷慨无私支援别人，历尽艰辛发展自己"的玉门风格。从准噶尔到柴达木，从大庆到胜利，从长庆到吐哈，先后有10万玉门石油人带着4000多台（套）设备奔赴会战前线，汇聚成中国石油工业腾飞的重要力量。创业的激情燃烧着沸腾的热土，火红的岁月哺育了英雄的成长，诗人李季"凡有石油处，就有玉门人"的诗句是最真实的写照，铁人王进喜是玉门石油儿女的杰出代表。

通过这本书，我们可以更深切地感知：在波澜壮阔的改革开放大潮中，面对全力支援新油田和炼油厂后的诸多严峻挑战，自强不息的玉门石油人解放思想，突破禁区，大打勘探开发进攻仗，先后在青西、酒东、鸭儿峡白垩系、老君庙冲断带、雅布赖盆地、柳北构造带取得新发现，建成了青西油田和酒东油田；油田炼化从规模扩建到流程改造，从技术攻关到转型升级，实现了扭亏为盈、持续盈利的涅槃重生；油田海外业务紧跟中国石油"走出去"步伐，从无到有、从小到大，打造了对口支持的"海外玉门"品牌，拓展了玉门油田生存发展空间；把员工群众对美好生活的向往作为奋斗目标，竭力将企业改革发展的成果惠及员工群众，建成酒泉生活基地，实现几代玉门石油人"下山"的夙愿；肩负政治责任、经济责任、社会责任，年上缴税费居甘肃省税收排名前列，为地方经济社会发展做出了重要贡献。

通过这本书，我们可以更深切地感知：进入新时代，肩负新使命，玉门油田以习近平新时代中国特色社会主义思想为指导，落实新发展理念，推进高质量发展，发挥上下游、主营业务与工程技术服务、勘探开发"三个一体化"优势，坚持稳定老区、发展新区，抢抓环庆区块矿权流转的新机遇，全面推进环庆油田滚动建产，瞄准提质增效新目标，致力于谱写原油产量重上百万吨、高质量建设百年油田的新篇章，致力于为集团公司建设世界一流综合性国际能源公司做出新的更大贡献。

拼搏八十新起点，奋进百年新征程。玉门油田的历史是辉煌的，现在是有挑战的，未来是充满希望的。几代玉门石油人接续奋斗，励精图治，为油田持续发展打下了坚实的基础。一代人有一代人的使命，一代人有一代人的担当，今天的纪念是为了更好地前行。让我们不忘初心、牢记使命，开拓进取、拼搏奉献，携手绘就石油摇篮美好的明天！

《石油摇篮·讲述——玉门油田 80 年口述历史文集》编委会

2019 年 6 月

抗战催生　艰难创业

玉门油田开发于1939年，新中国成立前10年，累计生产原油52万吨，占当时全国原油产量的95%，在"一滴油一滴血"的战争年代，油田生产的油品有力支援了抗日战争和解放战争。

1939年8月11日，祁连山下玉门老君庙旁的一号井获工业油流，揭开了中国现代石油工业的第一页

1939年10月，玉门第一炼油厂筹建，开启了中国现代炼油工业的先河

1942年11月中旬，玉门油田职工庆祝180万加仑（6813.72立方米）生产任务完成，玉门所产油品陆续运往抗日前线支援抗战

1945年，玉门油田建成的办公大楼

新中国成立前夕,玉门油田职工积极进行护矿斗争,向新中国移交了一个完整的油矿,西北军政委员会颁发锦旗表彰

肩负重任　建成基地

　　1949年9月25日,玉门油田解放。1953年,玉门油田开发建设被列入国家"一五"计划的156个重点项目,进入大规模的开发建设时期。1957年,建成中国第一个天然石油工业基地,成为拥有勘探、钻井、采油、炼油、机械修配等油田建设和石油科研等部门的大型石油联合企业。1959年生产原油140万吨,占全国原油总产量51%,撑起了新中国石油工业的半壁江山。

　　为早日建成石油基地,毛泽东主席批准中国人民解放军57师转为石油工程第一师。1952年8月,师长张复振、政治部主任秦峰率领4000多名指战员踏上玉门

　　为了尽快由战斗队转为生产建设的突击队,石油师官兵到玉门后认真学习石油技术

石油摇篮·讲述
——玉门油田 80 年口述历史文集

1953 年 11 月 1 日，玉门油田举行原油东运开车典礼，首批原油于 12 月 15 日运抵大连，开创了中国原油运输的伟大历史壮举

1953 年，发现石油沟油田

1954年，发现白杨河油田

1956年，发现鸭儿峡油田

1957年的老君庙油田

20世纪50年代,玉门炼油厂达布斯裂炼装置建成投产

1956年12月,建设发电量为1.23万千瓦·时的"中罗友好热电厂"

20世纪50年代,新党员入党宣誓

20世纪50年代末，玉门油城鸟瞰

我國第一個天然石油基地
玉門油礦建成大型石油聯合企業

据新华社蘭州8日电 我國第一個天然石油基地——玉門油礦已經基本建成。現在，它已經成為一座擁有地質勘探、鑽井、采油、煉油、機械修配、油田建設和石油科學研究等部門的大型石油聯合企業。

玉門油礦是1936年發現的。大規模的建設和開采，解放以後才開始。八年來，這個油礦鑽鑿的新油井，相當於解放以前十年中鑽鑿井總和的十倍。在采油區還新建、擴建了幾十座選油站，新建了一批注水廠和一座大型注氣廠，採用了世界上先進的油田邊緣注水、頂部注气的开采油田的方法。因此，原油年产量迅速增長，今年預計生產的原油將比1949年增加十倍。解放以后，由于新建的大型電力脫鹽廠的投入生產，玉門油礦的原油質量也比解放以前大大提高。

玉門油礦煉油廠解放以前的設備非常簡陋。那時每年的石油加工處理量很小，到解放前夕，它只能生产七种产品。經過解放以後的建設，今年玉門油礦煉油廠的石油加工處理量已經比1949年增加了四倍多，試制成功的石油產品已經增加到三十二種。

玉門油礦在建設成為石油基地的過程中，還培養出了大批的石油工業建設人材。到目前為止，玉門油礦已經先后向新疆、青海、四川、河北、上海、蘭州等地的石油勘探和煉油部門，輸送了六千多名技術工人和干部。几年來，苏联、羅馬尼亞、匈牙利、民主德國、捷克斯洛伐克和波蘭等兄弟國家，曾派來大批优秀專家，帮助玉門油礦建設，并且供應了油礦大量嶄新的勘探儀器，各種設备、大型鑽機和器材。

1957年10月，中国第一个天然石油基地在玉门建成

石油摇篮"三大四出"

从 20 世纪 50 年代起,玉门油田担负起大学校、大试验田、大研究所,出产品、出经验、出人才、出技术"三大四出"的历史重任,先后西征克拉玛依,会战大庆,南下四川,跑步上长庆,二进柴达木,三战吐鲁番,向全国各油田和炼化、销售企业输送骨干力量 10 万余人、各类设备 4000 多台(套),赢得"中国石油工业摇篮"的美誉,谱写了"凡有石油处,就有玉门人"的壮丽诗篇。

1953 年,玉门炼油厂王宽小组首创"巡回检查制",保证了安全生产,后在全国石油系统推广

1956年7月1日，玉门油田首列火车原油外运

1957年1月24日，玉门油田成立实习指导委员会，指导兄弟油田和全国有关大专院校参观实习

1958年7月9日，石油工业部召开玉门现场会议

钻井队　　　采油队　　　油建施工队

管子站　　　机修厂　　　预制厂

20世纪70年代，玉门油田首创"前三队、后三厂"管理模式，后来在全国其他油田建设中得到推广应用，为兄弟油田开发建设提供了有力借鉴

1955年，为了支援克拉玛依油田勘探建设，玉门油田先后支援技术人员、管理干部、技术工人12000余人，其中包括原油东运大队和张云清快速钻井队

1958年，玉门油田44个钻井队、1700多名职工、44部大中型钻机支援川中探区建设

1959年9月6日，由玉门32118钻井队承钻的松基3井，喷出强大的工业油流，随之一场声势浩大的石油大会战在松辽盆地上展开

20世纪60年代，玉门油田先后输出18000余人参加大庆会战，其中就有王进喜和他的1205钢铁钻井队

1970年9月26日,由玉门3208钻井队承钻的庆一井喷油,发现马岭油田,标志着长庆油田的发现

20世纪70年代,玉门油田先后输出15600余人参加长庆石油会战

1989年1月5日,由玉门6052钻井队承钻的台参1井喷油,发现鄯善油田,被誉为当年中国石油工业的"第一枝报春花"

20世纪90年代,玉门油田先后输出17300余人参加吐哈石油会战

1972年12月25日,《人民日报》发表题为《玉门风格》的文章

改革实践　持续发展

在波澜壮阔的改革开放大潮中，面对全力支援新油田和炼厂建设后的诸多严峻挑战，自强不息的玉门石油人经过矢志不渝的拼搏和奋斗，加快油田勘探开发，实施炼化转型升级，积极拓展海外市场，建设酒泉生活基地，先后建成青西油田、酒东油田，实现了新的发展。

20 世纪 70 年代，油田召开 60 万吨稳产誓师大会，拉开了"三个十年稳产"的帷幕

1984 年，玉门油田与美国地球物理服务公司签订合作勘探祁连山的合同。合作的两年里，共完成了 29 条测线，总剖面约 500 千米

1985年11月钻探的营参1井，反映营尔凹陷是一个油气资源比较丰富的地区，拉开了酒东勘探的序幕（摄影　赵勤）

1986年11月，中美双方在老君庙北面发现了夹片构造；1987年在夹片构造上钻探的前探1井，喜获工业油流（摄影　赵勤）

1988年，鸭儿峡压裂现场（摄影 赵勤）

1996年夏，玉门油田召开酒西勘探研讨会

1998年6月，玉门油田在青西部署的第一口探井——柳102井试油求产，获工业油气流，发现了青西油田，结束了玉门油田多年无新增储量的历史（摄影 赵勤）

1982年9月，玉门炼油厂10号航空液压油获国家金质奖章

1997年，玉门炼油厂建成250万吨常减压装置（摄影 赵勤）

2002年5月，鄯8井获日产原油201立方米、天然气32000立方米的高产油气流，揭开了窟窿山逆掩推覆体油气勘探的序幕，被中国石油天然气股份有限公司列为2002年油气勘探六大重要发现之一（摄影 赵勤）

2006年1月，酒东营尔凹陷长3井完井试油，打开了酒东油气勘探新局面（摄影 王华）

2002年11月，玉门油田建成第一座现代化联合站"青西联合站"（摄影 王华）

2008年11月14日,玉门油田与中油国际(乍得)公司签订乍得恩贾梅纳炼油厂对口支持合作协议,揭开了双方战略合作的序幕。图为玉门油田对口支持建设中的乍得炼油厂

2002年8月,玉门油田酒泉生活基地正式批准建设。至2018年底,16000多户职工喜迁新居,玉门石油人"下山"的夙愿变成了现实(摄影 赵勤)

不忘初心　逐梦百年

　　进入新时代，玉门油田以习近平新时代中国特色社会主义思想为指导，落实新发展理念，推进高质量发展，发挥上下游一体化、主营业务与工程技术服务业务一体化、勘探开发一体化"三个一体化"优势，朝着高质量建设百年油田的目标奋勇前行，为集团公司建设世界一流示范性企业做出应有贡献。

玉门油田公司全面学习贯彻党的十九大精神，站位新时代，开启新征程（摄影　王华）

老君庙油田开始规模部署冲断代开发,产能建设稳步推进(摄影 王华)

开发建设中的青西油田(摄影 赵勤)

石油摇篮·讲述
——玉门油田80年口述历史文集

开发建设中的酒东油田（摄影 邹鹏）

鸭西实现规模增储（摄影 王华）

征战雅布赖探区(摄影 王华)

炼化业务转型升级打造精品特色效益炼油厂(摄影 王华)

油井大型压裂技术取得突破（摄影　王华）

建设"海外玉门"（摄影　王宏涛）

玉门油田环庆分公司第一口井环庆 16-11 井开钻（摄影 王华）

2018 年 9 月 28 日，木 202 平台的 3 口自钻新井 HQ19-9、HQ21-8、HQ18-7 自喷投产

玉门油田矿区

玉门油田酒泉基地（摄影　赵勤）

（未署名照片由玉门油田公司党委宣传部提供）

目 录

我最宝贵的年华留在了玉门 …………… 赵宗鼐（1）
在玉门油田当工人 …………………… 陈　耕（6）
我人生的第二生命是玉门给的 ………… 秦文彩（11）
此生难忘是玉门 ………………………… 李　敬（17）
在玉门放飞实业报国梦 ………………… 李德生（25）
在大西北我与石油结缘 ………………… 翟光明（30）
回忆玉门 ………………………………… 朱兆明（37）
我在玉门的野外地质勘探 ……………… 徐　旺（44）
苟利国家生死以，岂因福祸避趋之 …… 翁维珑（50）
1944年随父孙越崎赴玉门、独山子油矿见闻
　　………………………………………… 孙大武（59）
永远的石油丰碑 ………………………… 孙明学（66）
怀念我的父亲靳锡庚 …………………… 靳素勤（73）
家风的传承 ……………………………… 杨　瀚（81）
李季的群众路线 ………………………… 李小为（87）
梦萦玉门 ………………………… 高玉江　田玉军（95）
我与石油 ………………………………… 刘德祥（114）

难忘的几件往事	同维焕	(124)
饥年旧事	姚治晓	(131)
石油人成长的摇篮	任宗声	(144)
我与玉门的十一年	倪宗僖	(150)
根深叶茂的603精神	陈国法	(154)
魂牵梦萦玉门情	刘联民	(159)
凡有石油处都有玉门人	罗殿邦	(163)
我在玉门油田的三年	胡雅礽	(168)
难忘的机厂技术攻关岁月	田 丰	(171)
对玉门油田运输处车辆自编号的解读	李柏年	(178)
踏破荒凉铺坦途	朱光壁	(186)
艰苦奋斗、勤俭节约的优良传统不能丢	张俊山	(193)
玉门往事追怀	裴文廷	(197)
我和师傅王进喜相处的日子	顾兴典	(215)
我当钻井队长	张永吉	(219)
缅怀与铁人在一起的时候	王振亚	(224)
我与王进喜的师徒情	吴金春	(227)
60年前我在玉门油田	程守珍	(231)
我的玉门情结	许 敏	(234)
在玉门油田工作的那些年	李逢先	(242)
我与王进喜的四次相遇	王 勇	(250)

"玉门风格"撑起了近现代中国石油工业
………………………………… 丁文茂（254）
没有当时种的苗，哪有现在乘凉的树 … 郭　炜（257）
难忘的玉门岁月 ………………… 胡超堂（262）
好学上进的玉门人 ……………… 花进宝（266）
党的号召比啥都有用 …………… 李银德（272）
玉门情怀 ………………………… 陈绪凌（274）
魂牵梦绕玉门 …………………… 刘彩玲（280）
苦战玉门夺石油 ………………… 罗开楫（284）
那灯　那风　那沙　那人
………… 陈立峨　任增信　李武喜　姜中财（287）
难忘，放飞梦想的地方 ………… 苏保忠（292）
我与玉门油田结缘 ……………… 张道炎（295）
忆玉门岁月 ……………………… 刘玉环（298）
忆玉门油田工作二三事 ………… 李树森（300）
玉门，洒满青春汗水的地方 …… 马春泉（302）
玉门油田工作生活的那些日子 … 王永祯（306）
康世恩部长指挥战井喷 ………… 田学孟（309）
忆薛柱国创作《我为祖国献石油》……… 王家彬（312）
突击队员在行动 ………………… 曹桂芳（318）
难忘的玉门记忆 ………………… 张继祖（327）
抗战年代我的父亲母亲在玉门 … 刘凯民（336）
镌刻在石油河畔的记忆 ………… 张世德（343）

我和王涛总经理握过手	张其会（347）
我在玉门的深刻记忆	吴佩耀（349）
弥足珍贵的地质资料	郭治忠（353）
玉门八年所经历的实事	周永生（355）
冰雪漫漫天山路	熊琢莹（359）
甘洒热血拓荒原	妥　红（363）
玉门油矿改变了我的人生	王积发（370）
玉门，铁人精神在这里扎根	董　功（381）
那是青春吐芬芳	毛万青（386）
我是玉门人	范　雯（391）
1978—1991玉门记忆	马　萍（395）
和老领导赵宗鼐一同出差的那段往事	魏忠贵（402）
怀念邹明老先生	赵莉君（405）
我为玉门领金奖	王天林（412）
人拉肩扛　为油而战	袁智三（415）
拍"假照片"的故事	康东锁（419）
我们背着钢丝绳修井	王茂基（423）
从抗美援朝到建设油田	段兴贵（427）
我在玉门油田工作的日子	吉荣森（430）
我在油矿四十年	丁万康（435）
我亲历的中央部委领导调研	曾祥文（439）
我的机械厂回忆	李万保（444）
我亲历的农牧业改革	马心瑞（449）

我和柳1井的故事 ……………………	冯玉龙（454）
石油儿女走天涯 ………………………	李藻春（457）
石油的"种子" …………………………	黄桂根（460）
挥之不去的记忆 ………………………	郇子良（464）
难以磨灭的记忆 ………………………	张希文（468）
曾和603岗位一样响亮的名字 ………	赵和元（471）
以生命兑现初心的石油赤子 …………………	（475）
机构沿革 ……………………………………	（499）
后记 …………………………………………	（500）

我最宝贵的年华留在了玉门

中共中央组织部原常务副部长，人事部原副部长、党组副书记　赵宗鼐

我是清华大学化学工程系建系后的第一级学生，1951年毕业分配时，我主动要求去艰苦的西部油田建设新中国，我和几位家在北京和天津的同学被分配到玉门和新疆。从此，扎根石油，便成了我一生的事业。在玉门矿务局我一干就是30年，把人生中最美好的年华献给了祖国的石油事业。

回想起大学毕业奔赴玉门的情形，青春年代慷慨激昂的画面又浮现在眼前。当时，我们一行几个人，乘坐火车从北京到达西安后，再往西就不通火车了。从西安到玉门，我们坐的是运送重晶石的卡车，行李放在石头上，人坐在行李上，每到歇脚的地方就要把行李拿下来。道路崎岖，全是土路、砂石路，车颠簸得厉害，卷起的尘土扑面而来，挥之不去。一路走走停停，终于在十几天后到达玉门。路途虽然艰辛，但那时候，我们心里是高兴的，一路上欢声笑语，总有一股昂扬的劲头，充满对新生活的向往。那时，西部、沙

漠、石油，一切的一切对年轻的我们而言，都具有不可言说的魅力。

到玉门后，从最初的西北石油管理局玉门矿务局人事处干事，到后来的玉门石油管理局采油厂注气工程师、厂党委副书记，老君庙油矿矿长，玉门石油管理局革委会副主任、总工程师、局长。在时刻与石油工业发展激情相随的历程中，我把个人命运与石油工业发展紧紧结合在一起。一路风雨前行，历经峥嵘岁月，起落沉浮，始终初心不改，有的只是一步一个脚印，踏踏实实的一往无前。

从小生长在北京的我，原本就做好了献身玉门油田一辈子的打算，但最终还是因为生产形势的发展，接受组织调动，几经辗转，回到了北京。先后任石油工业部海洋石油勘探局党委书记，中国海洋石油总公司副总经理，石油工业部副部长、党组副书记，中共中央直属机关委员会常务副书记，中共中央组织部常务副部长、人事部副部长、党组副书记，是中国共产党第十二届中央委员会候补委员、第十三届中央委员会委员，中国共产党第十四届中央纪律检查委员会委员。

离开学校就到了玉门，整整30年，不光青春留在了玉门，生活也主要在祁连山上。我今年91岁，生命的三分之一是在玉门。工作40多年，有30年是在玉门度过的。在玉门工作的这30年中，原油产量经历了抛物线般的曲线变化，由几万吨上升到100多万吨，后来又回落。产量的起起伏伏并不奇怪，采矿和资源量有很大关系。今天的 40 万吨要比当年困难得多，石油沟和白杨河经过这么多年还能产一点，很不容易。我也曾对玉门的同志说过，勘探要有资源，这是基础，否则没有资源追求产量不太实际。发现吐哈油田，这个成果就是玉门的成果，不必争这个产量。

"凡有石油处，就有玉门人。"这是事实。抗战期间，有个玉门油田，不要说几万吨产量，几千吨也是很大的贡献。尽管规模小，但对抗战的贡献是不能被遗忘的。尤其是石油老前辈一心为国的热情，令人钦佩，值得学习。玉门，人员有大进也有大出，变化幅度大。很多人在玉门工作一段时间，经过锻炼后，又到其他油田。这就有了艰苦奋斗、自力更生的玉门精神，的确值得学习和发扬。不怕艰苦，能够吃苦，这一点铁人王进喜发挥得更突出，是玉门的老本色。他走了，又有了新铁人，薪火相传，生生不息，后继有人，石油精神得到了传承。自己从一个青年学生走向成熟壮年的过程，就处在学习吸收玉门精神的环境中，对成长的意义重大。

玉门是艰苦奋斗搞起来的，改变了石油工业落后的面貌，是石油事业的先行者。科技发展很快，在技术创新上勇于探索，注水、压裂都是最先从玉门开始的。要说石油人的困难，创业初期更困难。自己去的时候已经大有改观，最初的勘探者都是骑着骆驼进去的，自己毕竟是坐着汽车去的。吃上蔬菜很困难，尽管后来自办农业，还是要差一些。

往事萦怀，抚今追昔。我至今还珍藏着一张 1960 年元

旦在玉门603岗位拍摄的黑白照片，照片上四周光秃秃的，远处的山包上有座井架，孤零零只有一口油井，采油树后正是戴着棉工帽、穿着棉工服的我，目视着前方。与照片中的季节一样，当时的我正在经受着人生历程中的寒冬。而今的老君庙603岗位已经成为中国石油基层岗位建设的一面旗帜，是玉门首屈一指的爱国主义教育基地，我感到非常欣慰。今年，是玉门油田开发建设80周年。我要把这张伴随我大半生的照片捐赠给玉门油田展览馆。

赵宗甫

目前全国的石油供求形势依然很紧张，进口份额大，大庆等老油田产量递减，含水升高。除在国内找油挖潜外，还要走出国门到国外去开发，比过去还要辛苦。对一个80岁高龄的老油田来说，现在提出建设百年的目标，按照玉门油田目前的储量来说，再搞20年，没有新的资源基础接替，也是不容易的。希望玉门继续发扬艰苦奋斗精神，争取发现新油田，生产上谋求更大发展。不断创新，在资源枯竭的油田开发后期，发挥老油田特色优势，在现有资源基础上提高采收率，继续做好后期开发工作，在满足能源供应方面做出新贡献。

（赵治忠整理）

在玉门油田当工人

中国石油天然气集团公司原总经理、党组书记　陈　耕

玉门油田开发于1939年，是中国第一个现代石油企业，也是新中国石油工业的摇篮。20世纪五六十年代前，玉门石油管理局和玉门市实行政企合一的体制。康世恩同志曾担任过玉门首席军代表，杨虎城将军的儿子杨拯民曾任玉门石油管理局第一任局长兼玉门市市长。1959年，玉门局生产原油140万吨，占当年全国产量的一半以上。从1960年开始，玉门油田先后援助过大庆、四川、长庆、青海、吐鲁番等油田的会战，对外输送10余万人，各类设备4000多台（套）。"凡有石油处，就有玉门人。"正是玉门油田历史贡献的真实写照。

我是1968年12月30日到玉门石油管理局报到的。1969年元旦过后，油田组织部通知我去井下技术作业处工作。井下技术作业处人事科又把我分配到了大修队。井下技术作业处是油田较大的二级单位，承担着油田物探、钻井、测井、试油、修井等任务。我所在的大修队主要负责油田浅井钻探和油井大修工作。1月5日，我正式在大修队上班，开始了一年多的石油钻井工人生活。

　　钻井是石油勘探开发工程中最重要的环节，也是最苦最累的工作。钻井工作一年四季在野外进行。一口井开钻之后必须连续施工，昼夜不停，风雨无阻。当年，钻井作业实行四班三倒轮换制度，每个班连续工作两个早班，两个中班，两个夜班后休息一天。每天上下班都要乘坐值班卡车往返于井场和宿舍之间，加上8小时工作时间，平均用时都在10小时之上，遇到雨雪天气时间会更长。上班工作时，工人需要自带一顿中间餐，有家的工人师傅常会带一个装有饭菜的饭盒。而像我这样的单身职工，就用小手帕包两个玉米面饼或馒头夹点咸菜，用来充饥。夏天天气热，没有水喝可不行，每天上班时我们会用保温桶带水上井。冬天一般不带水，8小时"抗旱"不喝一口水。钻井工人的粮食定量标准是所有石油工种中最高的，每月为52斤。可是那个年代缺肉少油，每个职工每月仅定量供应半斤肉半斤食油。公共食堂提供的蔬菜经常是土豆、白菜、萝卜"老三样"，一个月都难吃到一次"红烧肉"。井下技术作业处所在地北坪有一家包子铺，实在嘴馋时，我便去买两个肉包子吃，改善一下伙食。玉门油田位于海拔2600多米的祁连山麓，高寒缺氧。冬季一般有6个多月的时间，有时五月天还会飞雪。我初到玉门时总感到头晕气短，还多次流过鼻血。1969年的正月初二，是我上班后的第二个月。那天寒风刺骨，滴水成

冰,最低气温在零下 30 摄氏度,我们班轮岗到老君庙油矿上夜班。任务是把井下几百米的钻杆提升到地面上,行话叫"起钻"。在起钻过程中,井筒里的剩余泥浆会随着钻杆不时地喷出来,或从上向下劈头盖脸地灌入你的脖颈,或从脚下窜起,浸湿你的鞋裤。我贴身穿的绒衣被浸湿,刚穿不久的棉工服也变成了泥浆冰铠甲。工作时每个人从口中呼出的热气,瞬时就会变成雾花;额头上的汗珠流到鼻端就会变成冰珠。全班人冒着严寒,连续作业 4 个多小时终于完成了起钻任务。第二天早晨下班回到宿舍 2 个小时后,我冻僵的脸庞才消冻。整个面部又痛又痒,还有些红肿。工人师傅告诉我,这时千万不可抓揉,一旦弄破,便会成为冻疮,十分难好。但可用温热的毛巾轻抚几次,便会好转。我照着去做了,果然见效。这是我有生以来经受的一次难忘的严寒考验。由此我也认识到石油工人,特别是钻井工人野外工作的艰苦。

　　固井作业是钻井过程中最后一道重要工序,固井质量不合格就会影响油井的正常生产。固井作业是一场紧张的战斗,它要求在短时间内,把数十吨甚至更多的水泥注入井筒中,将油井套管固定好。固井作业需要钻井队和专业固井队联合完成,由钻井队长统一指挥。20 世纪 60 年代,固井还没有自动下灰车,全靠人背肩扛,把一袋袋水泥倒进漏斗车,搅拌后泵入井下。固井所用水泥要提前摆放在井场。各项准备工作做好后,钻井队长一声"开始"哨令,参战的人员便每人背一袋或两袋水泥，一溜小跑，奔向漏斗车，往返不停，直至把全部水泥搬光为止。1969年的夏天，我在鸭儿峡油矿参加过一次大型固井作业。那天遇上了大风天气，大风把水泥粉尘吹得漫天飞舞，四处飘落。搬运水泥的人，不仅浑身沾满了水泥粉尘，而且脸上、七窍里也都是水泥粉尘，面目全非。相互看看，人人都像画了脸谱的张飞和李逵，既好笑又可怜。在当时的工作环境和气氛下，谁都不会也不可能偷懒耍滑。在半个小时内，我来不及清除呛鼻迷眼的粉尘，坚挺着瘦小的躯体一口气背了十余袋水泥，最后累得连腰都直不起来了。中午饭时，食堂送来白面馒头，我连吃了四个，是记忆中吃得最多的一顿饭。

　　钻井工程是发生事故较多的工作，包括井下工程事故、地面设备事故和人身伤亡事故。钻井过程全是同铁器打交道，划伤、碰伤、压伤、砸伤是经常发生的事。据工人师傅们讲，在钻井队工作过的人几乎都受过伤，只是程度不同而已。在我当钻工的一年多里，做过场地工和钳工两个岗位。场地工的主要任务是清理钻井液中的碎砂岩，摆放井场上的钻杆，整理钻井工具台等。钳工的主要任务是负责打大钳，在钻井过程中装卸钻杆，固井时向井筒下放油层套管等。在一年多的时间里，我受过两次轻伤，一次是在井场摆放钻杆时，钢丝绳将右手大拇指后端划破，流了不少血，至今还留有一个疤痕。另一次是在钻台上，在起钻时，钻杆把右脚压伤，脚面淤血青紫，十分疼痛。老班长及时叫来值班车，并

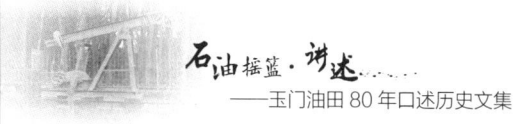

派人陪我到职工医院。经检查，大脚趾骨有裂纹，并未造成骨折。按医嘱，我休息一周后，脚痛消失，开始继续上班。

在玉门油田当石油工人的一年多里，我经受了高原严寒及钻井作业和石油工人生活的考验。在同工人同吃同住同劳动的过程中，目睹了他们最能吃苦，最富纪律性，勤劳善良，甘于奉献，团结互助的高尚品格，增强了对他们的阶级感情；初步了解了石油工业从钻井到采油再到炼油的生产过程。这一年多砥砺了我战胜困难的意志，锻炼了我的筋骨体魄。我永远不会忘记祁连山下的玉门油田——因为这是我工作的第一站。

1970年春，我奉调参加长庆油田会战，离开了玉门油田。

陈耕将珍藏的1969年9月1日作为特邀代表列席井下技术作业处第三届党代会的列席证捐赠给玉门油田

我人生的第二生命是玉门给的

原石油工业部副部长、中国海洋石油总公司
原总经理　秦文彩

我很早就参加了革命。抗战爆发后，山西成为中国共产党领导下的全国抗击日寇的重点区域之一。山西牺牲救国同盟会（简称牺盟会）是根据党中央指示，与山西地方国民党政权联合建立起来的抗日民族统一战线。正在读小学的我，受老师启蒙，14岁就加入牺盟会下属的抗日流动工作队，宣传抗日救亡主张，组织发动群众，唤起民众抗日爱国热情。随后参加民运大队，经过整编归入八路军战斗序列。经历了无数次战火硝烟的锻炼淬火，枪林弹雨中出生入死，成为一名指挥员。

1952年8月1日建军节当天，在陕西汉中，我所在的中国人民解放军第19军第57师根据毛泽东主席签发的命令，改编为"石油工程第一师"。经过最后一次检阅，我与全师指战员一样，脱下军装成建制转业到石油战线工作，经过战火洗礼的威武之师走入石油大军行列。这也成为我革命

生涯的重要转折点，从此与石油结缘。

还清楚地记得，当时我被分配到钻探局酒泉钻探处任主管生产的副处长兼实习主任工程师。对石油来说，自己是个一窍不通的"油盲"，拿枪操炮的手怎样尽快掌握石油钻井技术，实现从部队指挥员到企业管理干部的转变？这是一道明显的分水岭，能否交出一张满意的答卷，需要实践给出答案。脱了军装换工装，头顶铝盔，一身油泥，就是我当时的形象。为了打造一支"有高度组织纪律性的战斗队"和"熟练技术的建设突击队"，我们这些指战员们放下身段从头学起，当起了小学生。在郭孟和建议下办了石油师培训班，大家人手一本如看图识字的小册子——《钻井工艺流程图》，对照钻井工具的图案和文字先熟悉，再到现场加深理解，逐步消化，很快掌握了基础知识。我也不例外，拜师学艺中有了"学生处长"的故事：一间办公室摆了三张办公桌，学生是我这位处长，老师则是钻井工程师蒋麟湘和彭佐猷，凡是自己不懂的问题，都虚心向两位"老师"请教。到作业现场，也带着两位"老师"，一起分析研究讨论。这样，一边工作，一边学习，还参加夜校系统学习石油知识。钻头、泥浆、划眼、取心、固井、测井，这些最初陌生的概念，逐渐变成看得见、摸得着、受控制的东西。

当时一天钻井进尺才三四米，动作慢得像驴推磨。经苏联专家提议，先行试点，流水作业的快速钻井法在我手中迅速组织推广，最高日进尺达 162.39 米，让快速钻井法成为玉门石油钻井的一次革命，树立了企业计划经济管理的典型。我撰写的王登学钻井队和文殊山地区快速钻井的经验材料也在当时的《石油工人报》发表。我有篇理论文章《生产管理月度流水作业计划》在《群众日报》上刊登，并被收入《计划管理》一书中。国务院原副总理陈云在《群众日报》上看到这篇文章，才知道玉门有一个叫秦文彩的人。于是，由原西北局书记习仲勋陪同，在西安人民大厦专门听取了我的汇报。

1958年，川中出油的消息振奋了国人，鼓荡着玉门石油工人的耳膜。"到四川去！伤筋动骨也要去！"成为大家的强烈愿望。由于时任玉门矿务局局长杨拯民刚刚调任陕西，组织上决定由担任副局长的我，独挑重担，率队入川。33岁的我像带领队伍奔赴新战场一样，率领32个钻井队（现场组成45个钻井队），1个试油试采大队，1个运输大队及可以组建1个机修厂的管理干部和技术骨干，共3400余人，风尘仆仆地进军川蜀大地，参加川中石油会战，在玉门油田"三大四出"壮丽篇章中写下了浓墨重彩的一笔。

川中石油会战后，我先后转战多个石油会战新战场，继而担任燃料化学工业部石油勘探开发组组长，部署开发新油田，落实生产计划。在动荡不安的年代，中国石油工业破例地快速发展。担任石油工业部副部长后，积极推动石油工业对外开放，后来成为中国海洋石油总公司首任总经理。

回顾当年在玉门油田的工作生活，心生无限感慨。当时

是天上无飞鸟,地上不长草,风吹石头跑,只有骆驼草。蔬菜都是从外面运来的,好多职工一个月只有19斤粮食。就是在这样艰苦的条件下,玉门石油人建设了石油城,建成了中国第一个天然石油基地。

玉门油田经过80年开发后,现在仍然在为国家做贡献,很不简单。玉门是当之无愧的新中国第一个天然石油基地,为石油工业发展,为国家经济建设发挥了重要作用。"苏联有巴库,中国有玉门。"这也是事实,经得起时间考验。玉门出来的人才很多,出了许多部级以上干部,还出了全国先进人物王进喜,许多石油会战的带头人也都是玉门人。先后支援了十几个石油会战,既有大会战,也有小会战。不仅支援了青海、克拉玛依、四川、大庆、长庆、吐哈等油田,华北、胜利、江汉等油田也继续由玉门出人支援。不仅如此,玉门的人才还支持了中国海洋石油事业,如经济管理专家邹明,钻井专家史久光,管道专家张英,都被中国海洋石油总公司聘为顾问,在关键时刻帮了大忙。所以李季说"凡有石油处,就有玉门人。"

在我看来,"三大四出"的内容是很宽泛的,并不是简单地出了多少技术,出了多少设备,出了多少人这样的概念。玉门的"三大四出",发挥了石油基地作用,支援了全国石油工业发展,支援了国家经济建设。尤其是第一个五年计划中,国家缺油,连上海这样的工业大城市都缺电,周恩来总理也很着急,为此犯愁。好在当时有一个玉门油田,只好从玉门调原油,通过上海炼油厂炼油,烧锅炉发电。出技术更不用说,打斜井、深井、拐弯井(定向井)、多底井、超深井,其他油田都是从玉门学的。采油方面,注水、注气、三抽技术,都先在玉门成熟应用。试油技术、修井技术,也在其他油田得到推广。就连输出的管理经验都是成套的,拿过来就可以用。

计划经济下,我作为中国海洋石油事业对外合作和对外开放的试水者,在探索中趟出了一条常人不敢想象的路子,拓开了海洋石油的新天地。我认为,玉门不光有艰苦奋斗、自力更生的传统,也有对外合作和对外开放的尝试。当时不光有苏联的支持,也有罗马尼亚、匈牙利、捷克、波兰、东德等东欧社会主义国家的帮助。可以说,玉门是最早向社会主义阵营开放并合作的油田,这也给后来海洋石油开发提供了参考和借鉴。

令我至今遗憾的是,经过"文化大革命",大量的珍贵资料都散失了。那本《计划管理》借给计划处处长,被造反派查抄烧毁了,留存的登载相关文章的报纸更是不知去向,连1958年5月离开玉门时在机关广场与全体局党委委员的集体合影也找不到了。尽管报纸、书籍不在手头,但许多人和事都深深铭刻在我的脑海中,经常想起来就跟过电影似的。在玉门油田开发建设60年时,我到过玉门,在老机关楼一下就找到了当年自己的办公室。那时跑遍了玉门的沟沟坎坎,老君庙、鸭儿峡、青草湾、大红泉等地方,现在我还

清楚地记得，还知道路怎么走。

　　玉门油田是我的"娘家"，转业后学会搞石油，专业知识都是在玉门油田学的。向工人们学习，懂得了石油知识。后来到机关调度指挥，有了管理经验积累。包括钻、采、炼、机、电、运等知识，全都是从玉门油田学来的。玉门帮助了我，让我成为一名真正的石油人。可以说，能干工作，能干事业，我人生的第二生命，是玉门给的。

（赵治忠整理）

此生难忘是玉门

原石油工业部副部长　李　敬

　　1952年11月,我随部队转业来到玉门油矿,先后在西安钻探局、四郎庙钻探大队、玉门钻井公司任职,至1958年4月参加四川石油会战离开玉门,在玉门油田整整工作了6个年头。其后虽然多年转战大庆、新疆、长庆等油田,但每当想起玉门,过去的故事常萦绕耳际,久久不能忘怀。

　　1952年11月3日,是我当石油工人的第一天。穿上领来的新工作服、高筒毡靴和老羊皮大衣,戴上铝盔照照镜子,表情不大自然,穿了又脱,脱了又穿,总觉得少点啥。参观学习结束后,我被分到石油沟乌兹特姆钻井五队工作,正、副队长是郑敏衡和杨春义,技术员是李汉卿、王学文,其他32个人还不认识。刚到井队工作时,师首长秦峰下过命令,要我在一年之内学好实习技术员,掌握钻井的全部生产工艺,包括生产调度。因为是新当徒弟,所以很沉不住气。虽然工人师傅们告诉我早晨7时到八井门口停车站等车,但自己唯恐去得晚了,赶不上车。天还未亮就起来了,

急急忙忙洗漱后，吃了早点带了饭，就到停车站去等车。因为没有表，不知车什么时候来，就在停车站转来转去，东张西望，等了很久，既没有车来，也没有人来。风吹沙子满天飞，身上虽冷心里热。等了不知多长时间，终于听到班车的汽笛声传来，工人从四面八方向停车站走来，接着一辆一辆的汽车陆续开了过来。有了那次经验，以后上班听见汽笛响就到停车站，再用不着发慌了。

经过一段时间的学习和实际工作，初步了解了石油钻井技术，被调到生产技术科任副科长。我喜欢看书，也喜欢记日记。星期日是我的"书斋日"，《钻井工程》《泥浆应用》是我的一日三餐，洗衣服是我换脑子的绝活，先用温水泡一阵，再拎起来抹上肥皂再泡一阵，等脑子被那些单调的数据、符号塞得满满的时候，再拿起衣服一阵猛搓，满脑子的杂念就仿佛被洗得干干净净。一次，我得了重感冒，四肢乏力像灌了铅，走起路来晕晕沉沉的，清鼻涕像两只泉眼，一只手帕不够用，我索性穿上一件皮大衣，拿上一本书，到澡堂里去捂汗。

1955 年是玉门油矿关键的一年，在地质勘探方面，基本上探明了老君庙各油层和石油沟油田边界，增加了储量；更加令人兴奋的是在老君庙以西的鸭儿峡地区和老君庙、石油沟油田之间的小马莲泉地区发现了新的油藏，经过钻探试油后，证明具有工业开采价值。面对喜人的形势和任务，钻井处处长秦文彩在全处职工大会上强调："1955 年钻井任务是1954年的145.46%,试油为184.69%。"钻井处党委书记余群立做了《努力改进党组织领导方法与作风》的报告。会后,4个钻井队在石油沟探区先后开钻。我以生产技术科副科长的身份前去石油沟探区工作。在区队部会议室,参加会议的有石油师人董金壁、刘文明、王嘉善、窦小群等及其他区队领导和钻井队长。我首先向大家声明,我不是来检查工作的,现场气氛马上活跃了起来,小罗马五队队长陈云楷大声讲道:"我们队的司钻王廷运是个胆大心细的人,大家都知道,柴油机80匹马力,带动4排1吨多的传动链条,链条的销子铆不死,经常断裂,一断就耽误时间。这种情况大家都遇到过,是件很头疼的事。可王廷运有办法,他把提前磨平磨光的销子装在口袋里,只要链条一断就派上了用场,以前换一个销子得用1个多小时,现在只要1分钟。"陈云楷话音一落,大家纷纷议论,觉得办法很好。由于石油沟油矿每口井的成败关系到玉门油矿的总产量,所以这次会议讨论的问题,既是战前动员会,又是经验总结会。我提出希望大家靠前指挥,做好生产中的思想政治工作,务必要关心职工的生活。

当年在3号"重力高"上有2支钻井队,一个是王登学的304钻井队,一个是姚福林的302钻井队。一样的钻机、一样的人马、一样的工作区域,当王登学的钻井队提出年进尺要上6000米的倡议时,姚福林没有公开响应,但在队内要求保证年钻井进尺突破5000米大关,两个队虽然没

有正面挑战和应战，但相互之间暗暗较上了劲。两个井队同一天安装，王登学队安装得较快，姚福林队没有大型钻机安装经验，慢了半拍，于是找王登学讨教取经，王登学也是爽快人，毫无保留地把经验告诉了姚福林。两个队之间互帮互助，你追我赶。3月份，王登学队张兴文班连续每天进尺都在40米以上，全队最高日进尺达到94米，创造了3号"重力高"地区的新纪录。

1956年12月8日，朱廷玉所在的3286钻井队，在鸭儿峡地区钻凿的第一口探井试油后，初步评价M油层产油能力良好。18—20日的3天里，在钻井过程中多次发生井喷，大股的原油和气体，沸腾般地涌向地面，钻井人员及时采取措施，才把一次又一次的油流制服住。矿务局副局长焦力人从鸭儿峡井场回来后兴奋地对大家说"鸭儿峡是个大有希望的油田。"为加速鸭儿峡钻探开发，焦力人率5人工作组驻扎鸭儿峡，统筹安排各项工作。钻井公司任命我为第三大队大队长，副大队长王德成、总支书记王廷锦、工会主席蒋寿吉、团总支书记李金云、组织干事罗朝云等人率领12支钻井队开赴鸭儿峡。从此，许多刻骨铭心的回忆里，鸭儿峡的名字成了永远无法抹掉的印记。

在鸭儿峡钻井，最令人焦虑不安的是钻井用水，仅靠两辆罐车从矿区拉水，对于井队来说真是杯水车薪。为了水，杨拯民局长和秦文彩经理亲自上井协调，指示寻找水源。第二天，天还没亮，我就领着几个人，带上馒头水壶，乘坐

69型嘎斯车，顺着峡谷向南找水，车开到无法行驶的地方只好停下来，我们一连翻过两座小山，越过一道山沟，终于看见了祁连山下汇集雪水的一个水滩。我们一口气跑到水滩边，捧起水就喝，足足灌了一肚子。几个人拍打着清泉般的水花，像河边嬉戏的牧童，忘记了浑身的疲惫和困乏。水源找到了，引水管道在艰难中架设完工。从此，井队不用再为水担忧了。

鸭1井从1957年4月1日开始试采后，初期产量间歇自喷，平均日产油16.3立方米，后期日产原油3.65立方米。同年开钻鸭2井（队长李允子）、鸭3井（队长侯有运）、鸭4井（队长朱廷玉）、鸭5井（队长孙福德）、鸭6井（队长王登学）、鸭7井（队长杨文忠）、鸭8井（队长姚福林）这7口井，其中鸭3、4、5、6、8井均有不同程度油气显示。后来，矿务局成立了前线指挥部，由采油厂厂长、原石油师三团代政委宋振明担任总指挥，一团管理股长李清芳、工程师王贞益担任副总指挥，下设办公室、计划、调度室3个业务机构，办公地点设在鸭儿峡榆树沟，设置钻井二大队、鸭儿峡矿场、油建公司土建队、调度分站、采油工程队、消防队等单位，共有职工3000余人，从而揭开了大战鸭儿峡的序幕。

就在鸭儿峡会战如火如荼的日子里，我奉命离开了玉门油田，参加四川石油会战。临行前，面对哺育我成长的玉门油田，我依依不舍，心潮起伏，提笔写下了这样的诗句：玉

门六春一箭飞，奉命调奔天府国；渴望参与歼灭战，难舍戈壁石油城。玉门石油人执着的事业心和强烈的爱国精神，勤奋工作的态度，严肃认真的作风，对我的教育很大，影响很深，也让我终生难忘。

在玉门的岁月给我留下了石油师人魂牵梦萦的故地情、故地梦，以及深深的眷恋。回顾在玉门从事石油工作的经历，我深深感到石油勘探开发，在前期物探工作后，打井是首要的。有油没油，要问钻头。钻头不到，油气不冒。具有革命军队光荣传统和优良作风的石油师人，为建设和发展玉门油田表现出了吃苦耐劳、英勇顽强的拼搏奋斗精神。

我于1963年、1990年、1999年、2009年4次回到玉门。每次回到玉门我都感到有许多新发展、新变化，但唯一不变的是艰苦奋斗的精神。玉门精神就是艰苦奋斗、求实创新、无私奉献、顾全大局。石油师人将人民军队的精神和传统带入到生产建设中，在物质极度匮乏、自然条件严苛恶劣的条件下，不计得失、一往无前，影响和带动着广大石油职工一起为祖国的石油工业拼搏奉献。

玉门油田是全国第一个现代化的石油基地。在全国7个因油而生的城市中，玉门排在第一位。对石油工业来说，玉门油田发挥了摇篮作用，好多事都走在了前面，创造了许多全国第一。玉门油田的80年，概括起来就是："风风火火，坎坎坷坷，风雷激荡，苦难辉煌。"通过这80年，回顾过去展望未来，对于建设百年油田，是一次总结、动员和再出发，在习近平新时代中国特色社会主义思想指引下再创辉煌，意义很大。

离休后，我的晚年生活的主要活动是读书学习，写日记，习书法。写日记是我一生的习惯，现已经出版的《李敬日记》始于1946年4月8日。1967年12月31日至1982年12月30日曾一度中断，半个多世纪以来一直坚持，日日记，记日日。听说玉门专门来人采访，我兴奋得半夜睡不着觉，凌晨一点就爬起来为玉门油田开发建设80周年题词，并把《李敬日记（2017年）》近一尺厚、40余万字的8开手稿复印件捐赠给玉门油田。

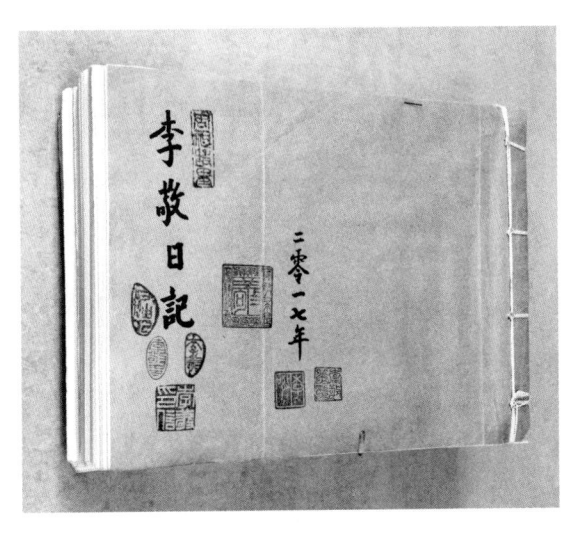

《李敬日记（2017年）》

玉門油田八十年苦難輝煌不忘初心牢記使命在習近平新時代思想指引下弘揚鐵人精神敢為天下先

慶祝玉門油田八十周年
二〇一九年四月十六日 李敬

李敬题词

（王玉华、赵治忠整理）

在玉门放飞实业报国梦

石油地质学家、中国科学院院士　李德生

1945年7月,抗战尚未完全胜利,在"一滴汽油一滴血"的严峻形势下,国内对石油的需求十分迫切,当时规模很小的玉门油矿独撑危局。时任国民政府资源委员会甘肃油矿局玉门油矿矿长严爽到重庆招聘技术人员,23岁的我刚刚从国立中央大学理学院地质系毕业,"为中国找油"成为我的专业方向,怀着实业救国的志向,我报名到玉门油矿,开启了我的石油人生。

在甘肃油矿局重庆办事处报道后,7月7日,我搭乘一辆运送器材的道奇卡车一路北上,破旧的卡车时常趴窝,2500千米的路程,经过两个多月的颠簸才到达,于9月10日进入玉门检查站大门。人事部门安排我到位于八井的地质室工作,办公室是几间平房,位于石油河东岸。从当年10月开始,我加入由著名地球物理学家翁文波任队长的中国第一个重磁力测量队。仪器在酒泉一带完成调试和测量后,利用驴车和马匹等原始交通工具,开进高台县南华村开始测

量,开展重磁力勘探,足迹遍布河西走廊,在东起武威,西至敦煌的广大地区,从事重力、磁力测图工作,并进行路线地质调查,三进祁连山。后又参加由著名石油地质学家孙健初领导的地质详查队,多次开展地质详查和细测填图工作,于次年4月结束野外工作。

1946年,为接管日本人留下的多个油田,中国石油有限公司在上海成立。翁文波调任公司勘探室主任,我随之调任该室助理地质师。先后被派往台湾、江苏等地开展重力、磁力勘探详查。

1950年至1954年,我先后任西北石油管理局陕北地质大队地质队长和大队地质师,延长油矿主任地质师,探索出一套勘探开发上三叠统浅油层的地质规律。

1954年,西北管理总局决定调我到玉门矿务局工作,出任总地质师一职,肩负勘探及开发两方面的重任。我带领勘探组成员先后于1954年、1956年钻探发现白杨河油田、鸭儿峡油田,建成了新中国第一个天然石油基地,并使玉门油田的原油产量在1958年提升到100万吨以上。

1958年,我参加川中石油会战离开玉门。随后参加松辽盆地勘探和大庆油田的开发,奔赴更为广阔的战场。几乎中国每一个大油田,都有我用地质锤敲打过的痕迹。

70多年前在玉门工作的经历,给我留下了难忘的记忆,深深印刻在脑海中。玉门的职工很敬业,很勤奋。地质人员基本都在野外,常年与戈壁沙漠为伴,很少坐在办公室。野外工作吃的、用的靠骆驼运送，没有汽车，马驮驴拉最常见。刚到油矿参观正在钻进的61号井，见到刘树人、史久光、卢克君、吴士壁等工程师都是满身泥浆，在钻台上和工人们一同操作。他们都是一心把油找到，打出来，没有其他想法。他们中间，好多人后来成了专家，还出了郭孟和、王进喜等劳动模范。

玉门油矿领导尊重知识、尊重人才，我有切身体会。1954年我到玉门矿务局担任总地质师时，还没有入党，只是普通群众。局长杨拯民找我谈话，表示组织上任用我，是十分信任我的，希望我大胆地开展工作，不要有顾虑。党委书记刘长亮则表示，我们搞五湖四海，不搞任人唯亲，谁有本事就把谁放在技术岗位上。同时，玉门矿务局还推荐选举我为甘肃省第二届政协委员参政议政。1956年，玉门矿务局进口了捷克产的两轮摩托车，分配给总地质师、总工程师和钻井队长，作为工作代步工具，个人自付30%的成本，汽油免费提供，车辆自己保管，我和王进喜分别分配到一辆。

玉门油矿自然条件艰苦，但是内部创造条件营造了"小社会"，让我记忆犹新，难以忘怀。当时全矿共有职工3000多人，基本上没有其他老百姓，戈壁滩上没有树木，只有芨芨草，植树要挖出砾石，坑内换上从周边农村拉来的黄土，路边和公园的树木都是这样来的。公共汽车路线固定，站点定时循环，不用购票。我的两个在玉门出生的孩子上幼儿园

也不用家长接送，结伴乘坐公共汽车。住房和生活物资也是供给制，来去只需带着铺盖卷、书籍、衣服等生活用品。油矿还引进了十几头荷兰奶牛到赤金农场，老人小孩能够按需分配到新鲜的牛奶。仅有的一家供销合作社供应米面油和蔬菜水果，夏天还能吃到新疆哈密瓜和兰州白兰瓜。

玉门油田提出建设百年油田的奋斗目标，这个任务很艰巨，开发了80年的老油田去年实现了40万吨稳产，很不简单。但是今后必须抓紧勘探，否则无法扭转产量下降的趋势。如果没有新的发现，以后的发展形势就不好判断。我认为，玉门油田在勘探上还是有潜力的。2019年3月我在《中国石油勘探》杂志上发表《准噶尔盆地南缘高泉背斜战略突破与下组合勘探领域评价》文章认为，独山子油田许多情况与玉门油田很相似：是新疆第一个油田，构造是背斜构造与老君庙相似，有个小炼油厂，后期资源枯竭，高含水。然而，在开发了82年后又发现了新构造，打出了高产井。对于玉门油田来说，老君庙、石油沟、白杨河、鸭儿峡都是古近—新近系油藏，其中鸭儿峡还有潜山志留系，青西、酒东是白垩系油藏。大力勘探新油气藏，必须转变思路破解新领域难题，古近—新近系找完了还有白垩系，白垩系找完了还有侏罗系和赤金堡组，可以通过重新研究地震解释，找到新的圈闭，就有新的答案和希望。

在玉门油田开发建设80周年之际，特为玉门油田题词一首，以示诚挚祝愿！

　　　　祁连雪峰，石油河畔。

　　　　石油摇篮，创业奋斗。

　　　　八十周年，砥砺前行。

　　　　抓紧勘探，辉煌百年。

中国石油勘探开发研究院

李德生题词

（赵治忠整理）

在大西北我与石油结缘

石油地质专家、中国工程院院士　翟光明

我出生于1926年,1946年考入北京大学地质系,最初的梦想是到野外寻找各种丰富的矿产,改变当时国家落后的生产条件。在大学期间,我了解到当时国家只有包括玉门油矿在内的4处油矿,而其中只有玉门油矿在生产,且产量很少。看到这么大一个国家,一年就生产那么点油,根本不能解决问题,并且还有很多国家封锁我们。我就想到确实需要在这方面出一把力,琢磨着怎么把这个工作做好,多为国家寻找些石油资源出来。大学毕业后,我没有如家人期望的那样留在北京,而是报名参加了新中国成立后西北石油管理局第一支石油勘探队。

1950年8月19日,我收到中央燃料工业部石油管理总局人事处签署的中国石油有限公司新任职员赴任凭单,拉开了我石油人生的序幕。中国现代石油工业奠基人之一、时任燃料工业部石油管理总局副局长严爽借北京开会之机,接见了我们新毕业的大学生,给我们描述了西北石油勘探的火热场面，介绍了玉门油矿劳动者的生活状态和矿区建设情况，鼓励大家到大西北去，参加国家建设。一席话让我们心潮澎湃，心驰神往。

下了火车中转卡车，一路长途奔波，我们在兰州市民主东路的一座旧式四合院内向西北石油管理局勘探处报到后，便立即开始了野外工作。当时，野外地质调查和钻探研究兵分五路，我所在的这组主要负责在河西走廊开展野外地质调查，收集祁连山一些小盆地的地表露头、地形地貌等基础资料，为大规模石油勘探开发做前期准备。8名地质研究人员中，我和大学同学徐旺都是新队员。当时西部地区还没有完全解放，土改较晚，残存的马匪还在四处流窜，抢掠财物。因此，西北军区派出11名解放军战士随队护卫，加上十几峰骆驼和两条狗，构成考察队的阵容。白天踏勘，丈量地质剖面，绘制构造图，晚上在篝火旁记日记，天天如此。第二年春天，考察队满载收获返回兰州，由我执笔编写完成的《河西走廊地区地质调查报告》，对后来西北地区油气规模性勘探起到了重要的指导作用。

刚刚告别戈壁大漠，在兰州屁股还没坐热，组织上决定将我调入陕北四郎庙钻探大队，又开始在寂寞的山沟里工作和学习。在后来石油管理总局的石油地质工作总结研习班上，我编写的《河西走廊地区地质调查报告》引起总局领导的重视，说我是一棵好苗子。1953年3月，研习班一结束，我就收到正式通知：到玉门油矿工作。次月，玉门矿务局地

质室成立，任命我为主任，当时我还不满 27 周岁。

　　石油地质人员自然离不开钻井队，少不了在钻井队和办公室之间来回奔波，并不是一个"风光"的职业。有趣的是地质人员与钻井队分属不同单位，钻井队现场有人专门送饭，地质人员吃饭却要翻过山回自己单位。有时遇上雨雪天气，道路泥泞难以通行，饥一顿饱一顿是常事，稍有耽误就吃不上饭。

　　玉门油矿在历史上创造了多个第一，是首次试验新技术的地方。首口压裂井施工地点就在老君庙对面的山坡上，用 150 型水泥车，在国内用最老的设备开创了第一口压裂井。同时，我们还听取苏联专家建议，用注水的方法保持地层压力，保证老君庙油田的持续开发。中国第一个油田注水开发方案就是由我参与设计编制的，负责储量估算和注水方案的注水井井位确定，形成先导式布井的井网设计和分层注水的具体方法，相应成立中国第一个注水区队，并组织实施，开创了中国油田注水开发的先河。一直处于原始自然状态的油矿，在我手中还提交了老君庙油田第一个正规的石油储量报告。

　　那个时候，我在玉门已经组建了自己幸福的家庭，大女儿已经在油田出生。1956 年 6 月，我被石油工业部选送前往苏联进行为期 8 个月的考察、访问、学习，后回到玉门油田，决心在玉门扎根，在祁连山上奉献一辈子。然而，造化弄人，1957 年 2 月，北京的一纸调令，又让我到了石油工业部，研究领域从野外地质、钻井地质、开发地质到勘探地质一路急转，开启了我新的油气勘探征程。此后，参与组织了全国众多大中盆地的油气勘探，成为大庆、胜利、华北、长庆、吐哈等一大批油气田勘探发现、油气开发的见证者、参与者、亲历者、实施者。

石油勘探事业需要创新，越是老油田，越需要用一种新的思想方法来考虑问题、解决问题。搞石油勘探，就是要不断地在探索中创新。在勘探的不同阶段，由于受技术水平、勘探手段的限制，有许多储量难以找到，就算找到了也难以开发。随着科技手段的进步，那些深埋在地下的石油资源定会重见天日，而且中国也具备这样的石油储存地质条件。因此，要大力加强复杂地区油气的勘探开发。

20世纪80年代，中国石油新增探明储量和产量呈现增长幅度减缓趋势，而国民经济继续保持快速发展态势，对油气资源的需求增长迅速，油气供需矛盾日益突出，继续寻找新的战略资源接替区势在必行。这就需要研究并评价新的有利区，并通过早期预探实践证实，找到新的储量增长点。1986年，在任石油勘探开发科学研究院院长时，我向石油工业部领导提出钻探科学探索井的建议。各油田每年打一口井进行科学探索，并命名为科学探索井。科学探索井作为有科学依据的风险探井，并非一般意义的风险探井。针对全国各地区不同地质情况，在正常勘探工作外，跳出正在勘探的领域和地区，在一些风险较大、认识有争议、资料不全和以

往认为无远景的领域和地区，拿出一部分力量，运用新的思想、新的方法和新的理论，促进发现新地区、新领域、新层系。翌年，此建议被部领导采纳，科学探索井计划获批，累计钻探14口科学探索井，其中最先实施的台参1井、陕参1井分别发现了吐哈油田和靖边大气田。

  酒东盆地刚好也符合这些条件，重归视野，经过分析筛选和研究论证，第6口科学探索井——酒参1井应运而生，部署在酒泉市东南30千米的酒东盆地内。在酒东部署科学探索井以前，我从祁连山的南端组织科研队伍，预测了祁连山山前构造，用自己从南美、欧洲考察的体会，结合出现不久的板块构造理论分析研究，提高了理论认识高度，并坚持认为酒东营尔凹陷应该是有油的。果然不负所望，1993年5月22日，酒参1井获工业油流，证实酒东长沙岭构造含油气，揭开了酒东盆地地下油层神秘的面纱，从此发现酒东油田。这样，在离开玉门多年以后，我以吐哈油田和酒东油田的发现，回馈自己当年工作过的地方。

  我对玉门的感情远不止这些。自己多年不搞开发了，有顾虑，不会轻易表态，就跟一名老中医不会给远方的患者下药方一样。可是具体到玉门油田后期开发，我认为勘探和开发是一项连贯的工作，恰恰与玉门油田目前实施的勘探开发一体化工作思路不谋而合。现在油井数量增多了，自动化程度也相应提高，人工操作成本也减少了。在这种前提下，应该下本钱、花精力做好细致的生产动态调查研究。细化油水分布，针对性地挖掘潜力，运用各种手段把剩余而未动用的储量拿出来，提高采收率，这是必须下功夫分析研究解决的问题。储层精细研究时刻不能放松，物性、渗透率、伸展性必须有精准认识。尤其对二次开发、三次开发要高度重视，哪种注水方法更适合，根据油田情况深入细致研究确定。运用化学助剂推水挤油可以有新作为，至于注水、注泡沫、注氮气、注二氧化碳，什么样的助剂适合什么样的地层更要加强研究。应该说，综合勘探，综合开发，综合技术，综合运用，打破常规思维，解决当前问题，大有作为。

在我的案头有一本1962年石油工业部地质司的工作手册，封面泛黄，边缘已经磨毛。打开后，上面密密麻麻地记录着油井参数等各项原始资料，并且配有表格和图形、符号，油井的井号、油压、泵压、套压等数据一目了然。我经常说，一个地质人员就得这样，各项数据不仅要写在本子上，还要记在脑子里，随口就能答得上来。后来我把这种做法带到了大庆，与大庆"四全四准""72项数据"的要求合上了拍。现在油井多了，也没人这么干了，都用计算机了。有同事看了这个本子惊讶并开玩笑说，还要干这么笨的工作？我说，当时就是这么干的！

我24岁一走出大学校门，就走进了勘探行业，并且一干就是一辈子。与石油相伴的历史从青年到壮年，从中年到暮年，几乎贯穿我的一生，是坚定与执着让我始终迸发出持久的活力。60余年的石油勘探实践和研究过程中，总结和

发现了许多规律和理论,至今仍为我国石油勘探工作所用。近年来,我研究的重点放在了如何运用新区新领域的概念来勘探开发新油气田,时刻关注新油气盆地和非常规油气资源的研究和动向,一直保持着地质科技工作者大胆假设、小心求证的乐观态度。

今年,我已经93岁了,仍坚持每天都去办公室上班,脑海里一直思考的是如何加快我国的油气勘探步伐。

(赵治忠整理)

回忆玉门

石油工程专家 朱兆明

我是1946年秋到玉门参加工作，1957年7月奉命调离玉门到北京石油工业部机关工作。在玉门油田工作了11年。70多年过去了，很多的事情记忆都模糊了，但在玉门生活的几件事，仍然印象深刻。

迎接解放

1949年春天，玉门油矿的形势一天比一天紧张。4月，炼油厂职工为抗议厂方扣发工资，暴发了自发的斗争，怒打了厂方代表戈本捷。4月5日，玉门油矿当局勾结国民党酒泉河西警备司令部对工人进行镇压，逮捕关押了19名工人，造成了著名的"四·五"事件。玉门油矿职工的反抗情绪暂时被压了下去。8月，随着解放军解放大西北的消息不断传来，矿区职工迎接解放的热情不断高涨，大家不顾国民党不

许三人以上一起行走、集会的禁令,不论在上班时还是下班后,都在议论解放军胜利的消息,玉门油矿的大部分职工都投入了护矿斗争的行列,矿长刘树人指示成立护矿队,比我早到几年的工程师史久光,在矿场部联系了几十位有进步思想的知识分子和工人,组成了护矿队,我和一起毕业来矿的窦跃逵被编入了护矿队。开始,我们每人找一根棍子或钢管当武器,后来,刘树人做通了矿上国民党矿警队的工作。借来几十支步枪,手中有了自己的武器,我们就在南坪设立了岗哨,在井场公路上设立了流动哨,禁止陌生人进入矿场,防止国民党特务进行破坏。9月中旬,听说东岗上国民党高炮部队要破坏油田,炮轰矿场和炼油厂,后来又听说国民党要把部分设备运到台湾去,我们护矿队员白天晚上都坚守在岗位上,还抽出了一部分人,在史久光和张云典组织下,把钻机、柴油机等重要设备藏在山沟里。由于全矿员工严阵以待,解放军西进十分迅速,国民党在矿区的驻军没敢进行破坏,我们的护矿斗争一直坚持到9月25日解放军进矿。

玉门和平解放,原油矿的矿警队留用。军管会认为由油矿职工组成的护矿队,仍然是保护油田、维护治安的重要力量。因此,保留了护矿队并进行了扩编,给每一名护矿队员发了枪,对护矿队进行了政治培训和枪械使用训练。护矿队员不脱产,除了自己工作外,另外安排厂内站岗、值勤。1950年2月,玉门油田建立党组织,我是首批光荣加入中国共产党的。首批入党的多数是护矿队的队员,当时护矿队确实发挥了较大作用。我记得两件事，一件是1950年初，几个暗藏的特务企图炸毁炼油厂主要装置，这伙特务在实施爆炸时被巡逻的护矿队员发现，发生了枪战，特务被全部抓获。另一件是1952年初，我代理采油厂厂长时，一天夜里，东岗最南面的一个采油站当班职工打来电话，说刚刚有个陌生人来站打听进出油矿的道路，然后向山里走去。我立刻电话通知东岗集体宿舍中休息的三名护矿队员这一紧急情况，并带枪带手电赶到小站，吩咐他们如果陌生人已走，顺小路搜索1千米，如果没有收获，在小站留下一人增加夜班力量，确保油矿安全。

难忘采油厂

中国现代石油工业起步于玉门油田。最初从事采油、钻井、炼油的工程技术人员，是从学习矿业、机械、建筑、日用化工等专业改行的。最初的油田开发技术，来源于美国。在抗日战争和解放战争这个大的历史背景下，美国把中国当成盟国，支持中国石油工业的发展。新中国成立后，特别是朝鲜战争爆发后，美国中断了对华援助，转而变成了封锁；苏联成为新中国的盟国，全面对中国援助，直到1959年中苏关系破裂。美国的石油工作者和苏联的石油工作者都做过我们的老师，从1939年到1959年20年，两个"老师"各

执教10年。我是1946年3月毕业于西北工业学院采矿专业，主要学习采煤，到玉门后，被分配在矿场采油岗位上实习，从此结缘于石油开采。可以说，我这辈子只干了一件事——石油开采。

我由一个初出校门的小知识分子，为了谋生迫不得已选择了荒凉的大戈壁，来到玉门，转变为一个共产党员，工程技术专家，自觉为国家、为人民服务。这要感谢玉门油矿，感谢我的老领导焦力人（玉门油矿副总军代表）、石万遂（采油厂军代表，我的入党介绍人）、石志刚（老革命，采油厂党委书记）。新中国成立初期的玉门油矿朝气蓬勃，职工当家做主豪情满怀，为国家多做贡献成为每一名职工的自觉行动。1951年，我被任命为采油厂代厂长，1953年任厂长。如何把原油产量搞上去，是那期间全厂职工工作的核心。在上级领导的支持下，我带领全厂职工结合我们的实际情况，学习美国和苏联的经验，敢于创新，大胆实践，在采油厂创造了一系列中国油田开发的第一。

采油理念：树立完整的采油工程理念。美国人认为，应把采油工程作为石油工程中独立的一个分支，采油技术以保持和提高油井产能为重要任务，关键在于人为采取措施保持和提高地层能量。苏联人认为，油田开发不能等上帝的恩赐，要向自然索取，科学考察油田开发的最重要目标是油田的最终采收率。

采油厂和采油工：采油厂工作不仅限于地面的日常管

理，更重要的是针对油田地质条件、人为采取改造措施、提高地层产油能力。在采油厂内部建立"井下作业"机构。要求采油工掌握油层地质知识和油井地质状况，采油工的岗位在"地下"（大庆会战时，余秋里部长总结说，石油工作者岗位在"地下"，斗争对象是油层），采油工要学会对油井进行生产动态分析。

注水：1953年，苏联科学院院士特拉费穆克在玉门考察后提出"老君庙油田应采用注水开发的新技术"，玉门矿务局领导非常支持，在苏联专家的帮助下，由黄剑谦、王贞益和杨端容编制了《老君庙油田注水开发方案》，由采油厂王季明、王林甲组织实施。1954年12月27日正式在M-27井注水，揭开了我国油田开发史上重要的一页。以后，我们对老君庙油田主力产层进行了顶部注气工程，达到了改善开发效果的目的。

酸化：1954年4月，老君庙E-16井明显减产，直至停止出油。我们分析是油层发生堵塞，经与苏联专家商议，使用酸化解堵成功。这是我国油田第一次使用酸化工艺，从此，酸化成为井下解堵的定型措施，再后来，广泛应用于碳酸岩性油田的投产、增产。

压裂：1949年之前美国专家就带来了油井水力压裂的资料，表明压裂是采油工程最先进的技术。1953年苏联专家建议针对玉门油田地层较复杂，可选择合适油层，使用压裂技术进行改造以增产，我把苏联专家的建议向油矿主管生

产的领导焦力人做了详细汇报，他立即拍板进行试验，并亲自带领我们到赤金县拉回石英含量较高的砂作支撑剂，选定A-300泥浆泵车做压裂动力，选择老君庙油田M油层的新5井（N5井）做试验井，由我和王季明现场指挥，于1955年5月进行大型入水压裂，加砂50多立方米，结果一举成功，油井产油量增加了一倍，有效期长达一年，这是中国采油工艺巨大变革和飞跃的重要标志。

1955年5月23日，玉门油田在新5井（N5井）进行我国首次油层压裂试验取得成功，揭开了我国压裂工艺发展的序幕

探索新体制

1953年，按照苏联对采油厂的管理办法，玉门矿务局在采油厂实行厂长负责制，我任厂长，石志刚任党委书记，

王季明任主任工程师。厂长和党委书记密切协作，互相支持，班子内部分工明确，各司其职，党委保证厂长负责制的实施，确保厂长在企业的中心地位，直到我调离采油厂，厂长负责制的效果明显，获得玉门矿务局的肯定。

我在玉门设计院工作期间，根据石油工业部领导的指示，在苏联专家指导下，主持完成了玉门油田建设总体设计，黄剑谦、陆天安、杨端容、谭文彬等分别对油田开发方案、油田工程建设、辅助生产设施和生活区工程等进行总体规划设计，是我国第一部完整的油田建设总体设计，对以后陆续开发的几十个大小新油田建设起到重要的指导作用。

由于全体采油厂、油矿职工的不懈努力、大胆探索，引入新技术，玉门油矿创造了一个又一个奇迹。原油产量从1949年的6.97万吨提高到1957年的75.5万吨，玉门油矿率先采用的新技术、新工艺在全国油田遍地开花，一批又一批采油工程技术人才、管理人才从玉门油矿走出去，成为全国石油采油战线的骨干，成为全国石油战线的领导。

玉门油田作为中国第一个现代工业油田，今年已经开发建设80周年了，我作为一个第一代参加玉门油田开发的老石油人，亲自参与了玉门油田早期建设，亲眼目睹玉门油田成长壮大，由衷地感到自豪，感谢玉门油田为国家做出的贡献，预祝玉门油田以新的成绩，新的姿态，第一个成为中国的百年油田！

(朱元整理)

我在玉门的野外地质勘探

石油地质专家　徐　旺

我本是土生土长的北京人，毕业后因长期在野外工作，跟当地人接触，普通话好多人还听不懂，为便于打交道，入乡随俗，当年纯正的京韵京腔多年以后已经更加接近西北口音了。

1950年，我从北京大学地质系毕业就分配到玉门，当时在西北石油管理局勘探处下属的酒泉地质大队，1954年以后合并到玉门矿务局。到1962年离开，在玉门工作了12年。在兰州以西一直到敦煌一带普查、详查、细测，沟沟坎坎几乎都跑过了，熟悉得像自己家里的东西。至今我还清楚地记得五六十年前的构造名称与井位、井号、井深，以及队员相貌、人名等情况。

在兰州报到后，我见到了时任勘探处处长的孙健初。孙健初向新分配的大学生们介绍了老君庙油矿的地质情况，分析了新中国石油工业面临的形势和任务，详细报告西部石油勘探的计划和总体安排，并且送给我两本专业书籍。随后向大学生们分配任务，安排我们在甘肃河西走廊开展野外地质调查。

地质考察对我来说并不陌生，大学在东北工矿实习期间便有过接触，但在大西北真刀实枪地操作还是第一次。现实的地质现象就是一个大课堂和一个大博物馆，有学不完的知识和多得总结不过来的规律。我在张家环教授的指导下，沿着祁连山、合黎山，一直到武威、山丹、张掖，看地层、看剖面，不知疲倦地工作着。整天奔波于广袤大地，饿了就啃馒头、吃野菜，感觉浑身充满力量。考察队员们像西天取经一样，一路向西、向西，跋山涉水，风餐露宿，最后返回兰州，获取了丰富的第一手资料。半年的野外工作让我对西北艰苦的自然条件有了充分领略和体验，第一次在寒冷的冬天经受了严酷环境的考验。考察踏勘回来后，我被分配到潮水盆地勘探大队，希望能在外围发现新油田。然而那时候在窨水构造连续部署了3口井，动用了从天津盐业公司购进的可打7500英尺（1500米）的钻机，打穿了古近—新近系、白垩系地层，一直打到了变质岩，也没有见到油气显示。窨水构造西边内蒙古阿右旗的上井子有一个侏罗系的煤矿，他们通过测量侏罗系剖面相互对比，终于找到了答案：两者大相径庭，下边不是侏罗系而是变质岩。同时，在民和盆地，钻探民参1井，也无功而返。1953年开始，为扩大找油范围，勘探处成立7个队，我所在的105队，东从祁连山到民乐，向西到阿克塞，详查细

测,面积为180平方千米。进一步落实老君庙4个构造带（青草湾、老君庙、石油沟、大红泉）的构造关系,寻找连片的可能。工作结束后得出结论,青草湾、老君庙、石油沟、大红泉四个构造是孤立的,相互并不连片。向地调处和地质局领导汇报有新的发现,青草湾没油,石油沟有油,小马莲泉有油,西部生油坳陷的油就沿着西边的鸭儿峡一直向东运移到石油沟,建议向西在鸭儿峡探一下。苏联专家并不认同这个观点,甚至怀疑工作不够仔细。次年,复查此构造时,才证实了这些结论。1954年,在玉门地调处,我们又成立了一个综合研究队,除了前面那4个构造,对整个盆地古近—新近系的情况都做了研究,思路更加明晰了。中国科学院在1955年还派出两位研究员,一位是研究地质力学的陈庆轩,还有一位是研究古生物化石的穆恩之,带着一批人合作研究,以更高标准研究了加里东运动时期的隆起带。研究表明,石油沟、老君庙一直到鸭儿峡是加里东运动时期的一个基底褶皱带上形成的背斜带,是早期形成的,也是十分有利的含油区带。

  1956年,我调到玉门地调处任主任地质师,负责业务领导工作。先后组织调查了东边的酒东盆地、武威盆地、民和盆地,一直到潮水盆地,对窖水盆地又重新做了研究。由于各种条件的限制,当时评价希望都不是很大。为此,局长杨拯民仍不甘心,带着我和秘书,并且带了防身用的手枪和猎枪,专门驱车到潮水盆地和永昌县,现场查看了岩心,以及探槽中少量的油砂，终于接受了这个残酷的现实。之后，杨拯民一直在思考，下一步玉门该如何发展？在总地质师李德生的建议下，决定在外围甩开勘探，于是在老君庙以西确定了探井746井（后改为鸭1井），发生井喷后表明有工业开采价值，鸭儿峡油田由此发现，并组织了鸭儿峡会战。

科学探索总是在实践中不断前进的，过程是曲折的，有时会走弯路，有时会有挫折，甚至还有话题沉重的小插曲，这都是不可避免的。所有这些，我都是亲历者，身边就有活生生的例子。1958年"大跃进"时期，玉门石油管理局在吐鲁番组织力量进行会战，调去了几部钻机及地质队、电法队、地震队，我也是其中一员。在那里定了一口浅井——台北1井，钻进到一半的时候，突然宣布重新把我调回潮水盆地。原来，我到吐鲁番后，玉门石油管理局派一名主任地质师负责组织潮水盆地的研究工作，地震队、电法队和浅钻都开展了工作，发现了一些高的隆起，其中窖南5井在中侏罗统见了几颗油砂。这名主任地质师认为窖南凹陷是一个统一的侏罗系湖盆，有较大含油远景。自己拿着油气显示、测井的资料，再加上3条剖面，画了个构造图，跑到大庆给石油工业部领导汇报。部领导一听大喜过望：潮水盆地有油气显示，还有10平方千米的一个大构造，便立即组织会战，定名为武腾会战（武威、腾格里会战）。会战指挥部设在武威，组织了两台大钻、两台小钻，还调了5个地质队、2个地震队、2个电法队，希望把从潮水、武威一直到腾格里整个区

域扩大，找寻一些比较好的油气储量。结果这个会战很短暂，从1960年开始，到1962年结束。1960年9月开始在黄毛石墩一个隆起的地方，打了1口井，很快钻遇基岩（花岗岩），没有油气显示，说明原来的解释不对。加上窖南5井试油以后，只见油花不见产量。由于重点构造出现异常，后备构造不足，会战无法再进行下去了，一无所获，铩羽而归。玉门石油管理局就把我从吐鲁番调回来，做收尾工作。在总结时大家认为有人为了买功弄虚作假，在国家最困难的时候造成几千万元的浪费，保卫处也打算要刑事处分。通过座谈，大家考虑到这名负责人不属于有意破坏，是属于技术方面的个人表功，最后局里给此人党内警告处分，撤销主任地质师职务。武腾会战虽然失败了，但它的教训却是深远的。告诉我们一个道理，在没有对构造认识清楚的时候，盲目投入大规模勘探力量，容易遭受重大挫折。

在我多年的地质勘探经历中，始终不忘的是吐鲁番盆地钻探的遗憾。潮水盆地的工作结束后，1962年我就调到大庆勘探指挥部参加大庆石油会战，吐鲁番盆地的台北1井命运却发生了大逆转。台北1井钻遇第四系、古近—新近系、白垩系、侏罗系，在中侏罗统发现了3段油砂，取出来的油砂非常饱满，油珠都向外冒，油气显示不错，电阻率也很高，限于当时的技术条件和经验，最终解释为非油气层，甚至没有下套管试油，未取得重大发现。到第二次吐鲁番会战时，做了全盆地覆盖的数字地震。在台北1井不远的地方，部署了中国第一口科学探索井——台参1井，完钻后喷出工业油流，发现了吐哈油田，成为玉门油田发展史上重要的里程碑。经历了这样的曲折，使吐哈油田的发现推迟了近30年。

在我勘探找油的经历中，始终坚持和倡导一个老地质工作者严谨求实的科学态度。我始终认为，石油工业是一个复合工程，石油勘探必须注重理论指导下的实践，要会战，必须先做地震勘探，先把构造搞清楚。同时，技术民主可以减少失误，需要一个认认真真、脚踏实地、深入实际的研究班子，这个非常必要，可以少走弯路。

（赵治忠整理）

苟利国家生死以，岂因福祸避趋之

——翁氏家族的玉门情怀

中国地质事业著名创始人、玉门油矿开发的重要组织者翁文灏孙女，石油管道运输第一人翁心源之女翁维珑

玉门油田是中国石油工业的摇篮，从我的爷爷翁文灏、七爷爷翁文波，到我的父亲翁心源，都与玉门油田结下了深厚情缘。"苟利国家生死以，岂因福祸避趋之。"既是翁氏家族的真实写照，也是石油先驱的清气风范。

翁文灏——玉门油矿开发的决策者和重要组织者

我的爷爷一生从事科学事业，成就卓著，是中国现代石油地质学术的创始人，早期石油地质调查的组织者和石油勘探开发的决策者。早在1934年，他关于在陕甘新陆相侏罗纪地层中含有石油的论述开创了中国陆相生油研究的先河,这一观点也被玉门油田的发现所证实。

抗战全面爆发后,日军封锁了中国沿海港口,在国外石油产品几乎完全断绝的情况下,他决心创办中国自己的石油工业。爷爷曾对孙越崎说:"你知道我国的主要资源有煤也有铁,而唯独缺油,全部依赖外国进口。一个国家如果没有石油是难以立国的。"在充分调查研究的基础上,他力主开发甘肃玉门油矿,爷爷可以说是玉门油田开发的决策者、组织者。

1937年6月,根据爷爷(时任国民政府行政院秘书长、资源委员会主任委员)的安排,由美国地质学家韦勒、萨顿和中央地质调查所地质师孙健初组成的甘青煤油探勘队前往甘肃、青海两省进行实地勘探。1938年初,由孙健初、韦勒、萨顿共同署名的《甘青两省石油地质调查报告》完成,报告认为"玉门一带有希望找到储量可观的油田"。他为此两次召见孙健初,听取玉门石油地质情况的汇报,玉门油矿的开发由此提上议事日程。

1938年1月,爷爷调任国民政府经济部部长兼资源委员会主任和工矿调整处处长时,决定开发玉门油矿,于1938年6月12日在汉口成立甘肃油矿筹备处。此刻,他最为头疼的是钻机。爷爷专程前往重庆会晤中共中央副主席周恩来,商议将延长油矿的两台顿钻钻机拆迁至玉门。"表明此意,请其电致陕北,惠为同意。"周恩来当即表示:"同

心为国，绝无疑义，慨允照办。"在八路军有关部门的帮助支持下，钻机于 1939 年初先后运送到玉门油矿。1938 年 10 月，爷爷派严爽、孙健初、靳锡庚赴玉门进行勘探开发工作。12 月 26 日，他们到达老君庙后，当即着手调查地质，勘探油苗，测量地形，择地开凿。

从延长油矿调来的顿钻钻机

1939 年 8 月 11 日，玉门油矿的第一口油井正式投产，日产原油 10 吨左右。消息传出，全国抗日军民受到极大鼓舞，一批又一批爱国青年从四面八方奔赴玉门，投身到开发石油的行列之中。爷爷勉励甘肃油矿局同仁努力工作，为抗战做出贡献。1942年初，爷爷亲抵玉门油田视察，一直到5月才回到兰州。在玉门油矿视察期间，他先后视察了第一和第三炼油厂，第四、第六、第八和第十井，机械厂、甘油泉、沥青厂，慰问了护矿部队官兵，并同孙越崎、严爽、金开英等商谈积极扩充油矿开发计划并筹措资金，订购物资，组织人员支援玉门，到1945年油田原油产量达6.5万多吨，生产汽油1万多吨。爷爷曾有"油石陕甘探炼新"和"滚滚油泉涌玉门"之句以志之。

在"一滴汽油一滴血"的形势下，玉门油矿为抗战胜利做出了重要贡献。

翁文波——在玉门油矿创建中国第一个重磁力勘探队

翁文波是我爷爷的堂弟，是我的七爷爷。1934年毕业于清华大学物理系，进入北平研究院物理研究所。1936年，他入榜中英庚子赔款基金会留学生，赴英国伦敦大学帝国理工学院攻读地球物理专业。1937年，爆发卢沟桥事变，日本发动全面侵华战争，身处异国他乡的七爷爷，决心投身石油物探，用自己学到的科学技术报效祖国。七爷爷在英国获得博士学位以后，本可以留在英国工作，但想到灾难深重的祖国，他毅然踏上了回国的旅途。

到玉门油矿后，他首先提出了用地球物理方法加强地质勘探，并立即对几口油井进行电测，将取得的资料进行研究整理，同年7月写出了《甘肃油矿物理探矿报告》，应用物探技术指导钻井。油矿筹备处根据他得出的电测资料，将第三口井日产量由10吨提高到13吨以上。

1945年10月，七爷爷在玉门组建了中国第一支重磁力勘探队，并兼任队长。他带领20多名队员，沿河西走廊在东起张掖、高台、酒泉，西至玉门、安西、敦煌等广大地区进行重磁力普查勘探，深入祁连山和北山做区域剖面，并沿线观察地质露头。1946年3月，他们完成了《甘肃走廊西部重力测量提要》报告，绘制了河西走廊1:10万的地质、重力综合图20余幅。

1945年10月，中国第一支重磁力勘探队在玉门油矿成立，翁文波任队长

自从七爷爷辞去重庆中央大学物理系教授的职务，带着助手来到祁连山下的玉门油矿后，正在上海震旦大学读书的冯秀娥，也就是我的七奶奶也做出了一个令人震惊的决定：提前退学，离开上海，追随未婚夫西出阳关去戈壁滩。一个星期天，他们的婚礼在老君庙旁一块平地举行（其实就是野餐）。这时，一位来宾突然问七爷爷："您是博士，中央大学教授，为什么到这荒凉无比的油矿来？而且在这儿结婚？"他毫不迟疑地回答："我们祖国积弱甚深，为振兴中华，我看到了中国石油的希望，我的事业在玉门。"

翁心源——在玉门油矿修建中国第一条伴热输油管线

我的父亲翁心源于1934年毕业于唐山交通大学土木系，随后，参加了铁路建设工作。抗战爆发后，大片国土沦陷，铁路建设遭受了严重破坏。父亲受爷爷的指点，改行从事"一滴汽油一滴血"的石油事业。父亲很早就意识到用管道运输石油是最安全科学高效的手段。当时的玉门油矿，交通极为不便，不仅机械设备、生活用品要用马驮车运，产出的原油、炼出的汽油和柴油，也要一车车地运往各地。因运输能力的限制，致使油田的开发和油品销售都受到极大影响。正是看到了油管运输在石油开发中的重要作用和石油工业的广阔前景，父亲才决心开创这项新的事业。1942年初，他

被派赴美国学习石油运输和油管工程。1944年底，回国后的父亲带着母亲、姐姐和我从天水、宝鸡一路坐着油矿运货卡车经过长途跋涉来到玉门油矿。当时我太小只留下片段的记忆，玉门油矿一望无际的荒原，飞沙走石的天气和声声狼嚎的黑夜。生活条件极为艰苦，常听母亲回忆说，冬天缺水时，只有用留存下来的雨水和融化的雪水做饮用水和烧饭。住的平房极为简陋，四面透风，晚上睡觉为了取暖和壮胆，全家挤在一起。父亲想尽快把所学的知识用于实践，这样就可以把油尽快地输出去，所以刚把家人安顿下来，就冒着寒风到矿区勘察地形，设计输油管线。他负责设计监造从八井区输油总站到四台炼油厂的输油管道，当年建成投入使用，平均日输原油约2000桶，被誉为"地下油龙"。在此前，玉门油矿几个出油井的油是沿着人工挖成的土沟输送到土油地，再由汽车和骆驼运到炼油厂去提炼的。这条中国人自己设计建造的第一条输油管道，确立了父亲中国石油管道工程奠基人的地位。石油储运在当时是一门新学科、新技术，为了提高职工的技术水平，他把在美国学习所得，写成书籍供大家学习，填补了当时尚无此类书籍的空白，许多人从中受益，著名石油管道专家梁翕章、张英，就是先后在他的鼓励和影响下从事石油管道这一行的。

父亲期盼着油气管道纵横交错布满在祖国的大地，而今他的遗愿正在实现，中国管道建设赶上了好时代，目前逐步形成了横跨南北、纵贯东西、联通海外、覆盖全国的油气管

道网络。看到这些，父亲在九泉下一定会很安慰的。

1944年，翁心源在玉门油矿设计建造的中国第一条输油管道

  翁家的石油情怀也在我们这一辈和下一辈中延续，爷爷和父亲对我们子女的要求很明确，就是报效祖国。在爷爷和父亲的鼓励支持下，我们三姐妹上大学时都报考了重工业，认为男孩子能干的女孩子也一定能干。我姐姐当时看了一个有关平炉炼钢的宣传画，她就报考了北京钢铁学院，毕业以后放弃留校机会，毅然而然地前往银川那边的铁矿；我考取

了北京石油学院，后来又分到储运专业，跟我父亲一个专业，我就感觉到为了父亲也得加倍努力工作；我妹妹学的是石油勘探专业。对我们来讲，爷爷和父亲对我们教育的影响是非常深刻的。

玉门油田建矿已80周年，翁家与玉门的情缘也一直延续着，这种为油而战的爱国情结也在传承着，这条为祖国奉献石油的路还在不断地向前延伸着。

（薛雅、赵颖整理）

1944年随父孙越崎赴玉门、独山子油矿见闻

民革中央委员,"工矿泰斗"孙越崎之子 孙大武

玉门油矿经艰辛筹备期(1939—1941年)以及1942年超速发展,1944年进入稳增、提质阶段。这年5月,家父孙越崎(1941—1945年任玉门油矿总经理),奉经济部长翁文灏之命率玉门油矿人员接收原苏联与新疆省合办的独山子油矿。

父母结婚近20年,父亲首次携妻儿远行,我7周岁。之前,住重庆远郊。此次同行,饱览外面的世界,有些情景至今仍有印象,算"儿童回忆记"吧。

B-29轰炸机地勤用玉门油,欲用玉门沥青铺跑道

去玉门时,路过成都,公路旁,正建B-29重型轰炸机机场。9月我们返回时,B-29轰炸机已由此起飞轰炸过东

京,地勤用的是玉门油,矿上很多人知道,都挺自豪。后来又听父亲说,B-29轰炸机起降尘土飞扬,影响安全,美军请玉门提供沥青铺跑道,但玉门油矿无合用产品,不久,B-29重型轰炸机机场迁往太平洋岛屿,此事作罢。

玉门矿区印象

刚到矿区,感觉周围太荒凉。我们参观了油井、炼油厂、电厂、机械厂、面粉厂等,这都是男孩子喜欢的地方。还见了好多人,应该有靳锡庚、单喆颖、翁文波、卞美年等"大咖"。父亲和严爽矿长、金开英厂长都是老友。1927年,严爽北京大学毕业,老师翁文灏介绍去父亲所在东北穆棱(鸡西)煤矿,首次共事,1934年父亲任陕北油矿探勘处处长时,严爽为钻井队长,一同进了"油门"。父亲和金开英20世纪30年代中期相识,他女儿金蔚斯在后方上大学,寒暑假常来我们家。

这时,协理邵逸周、业务处长郭可诠、运输处长张心田、课长邹明、最早到矿的地质学家孙健初等重要人物不在矿区。邵逸周、孙健初两位我始终没见过。

在玉门一个多月,住干打垒房,有电灯,烧渣油,用户外公厕。以今日眼光看,太简陋,在那年代,算相当好的。矿区合作社(市场)的食品尤其蔬菜比来前听说的好很多,基本生活有保证。我们吃饭是母亲自己做和食堂买结合的。因油矿医院医生医术高,让我在这里做了个小手术。

母亲请了位当地大男孩带我到外面玩了些天,我们在矿区和附近戈壁转了好多地方,有一两次离矿挺远了,不过最多还是待在东岗,这视野开阔,离家近。2009年,故地重游,地势、地名大致能对上。

新疆内向及中苏达成独山子油矿移交协议

1942年,依靠苏联支持统治新疆多年的盛世才认为苏军将败于德军,遂改投国民政府(内向)。是年7月,盛世才请蒋介石派西北战区司令朱绍良和经济部部长翁文灏到迪化(乌鲁木齐)具体商谈。盛世才拿掉了他的"六星旗",换上民国国旗,也不再自称"世界反法西斯六大领袖之一"。盛世才未用"易帜"之名,但性质与1928年张学良东北"易帜"类似。也是这次,盛世才要求中国政府与苏联谈判收回独山子油矿权益。为此,翁文灏与父亲一同到油矿做了实地调查、评估。1944年,两国终于达成协议,独山子油矿由中国出资收回。

进　　疆

据此协议，国民政府决定由玉门油矿负责接收独山子油矿。7月末，父母与严爽、金开英带我同乘一车，与其他四五辆满载器材的卡车和二三十名员工一起由玉门出发。

那时轿车和现今有些不同，排挡杆在转向柱上，与今日转向灯杆类似，有三个前进挡一个倒挡，手刹在现在引擎盖开启键位置，因此没有正副驾驶间的排档鼓包，前排座椅是长条整体的，坐两大人一小孩足够宽。

同行车队中有辆新"5吨大马克"，在3吨多的车群里鹤立鸡群，到了新疆，它更"吸睛"，"回头率"可高了。当地多是苏联产2吨车，像火柴盒，很落后，俗称"羊毛车"。途中一晚恰与一苏军车队同宿，他们用的也是"羊毛车"，苏军小兵围着"大马克"看不够。

进疆第一站哈密，住原苏军兵营，吃俄式食物，面包很香。此后在新疆大多也吃俄餐。

紧张的接收气氛

到迪化，见到父亲两位要好的同学，省"监察使"罗家伦（"五四运动"北大学运领袖）和建设厅厅长林继庸。此时盛世才见苏军反攻节节胜利，又想再次投苏。罗、林两人得知盛世才没见父亲，也没请吃饭，认为极不正常，怕要出大事，叮嘱要小心，家父是大大咧咧的人，不太在意。

我们就在这种略感紧张的氛围中到达独山子，这里地势很像玉门，也是在山前冲积扇上，但矿区小。房屋比玉门好得多，落地窗帘能"藏猫猫"。过了两三天，父亲一个朋友的儿子，本是来疆勘察铁道路线的，被罗家伦紧急派来秘密通知父亲：盛世才在8月11日，大约就是我们离迪化那天，已经把除他以外政府派来的官员全抓起来了，生死不明！这人来时很神秘、紧张，还避着我，小孩好奇，躲在大窗帘里偷听。父亲得知情况后也很紧张，但他举止镇定，仍按约于8月17日接收，玉门油矿李同照任独山子油矿主任。仪式后，还有俄式晚宴，喝了好多酒，苏联人又唱又闹，家父历来不沾酒，他通俄语，沟通好，虽没喝酒但气氛依然热烈。我也从未喝过酒，这次趁乱喝了一小点，特兴奋，挨了训："别发疯！"。

交接后，还参观了油矿农场，第一次见到履带式拖拉机。大概是复产顺利，在矿又待了几天，就去了伊犁。

这是玉门油矿首次外延扩展，从管理、技术层面看，挺成功。

去伊犁、霍尔果斯

离开独山子,经当时被戏称"苍蝇县"的精河、高山翡翠——赛里木湖、童话般的二台,到了伊犁的中苏边境霍尔果斯。来这,是为了缅怀当年左宗棠、曾纪泽收回新疆、伊犁的功绩。但目睹中方"有边无防",荒无人迹现状,时局又混沌紧张,大人个个心情沉重。那时,没有任何人能想象到六七十年后,边防能如此稳固,霍尔果斯会如此繁华!

严爽、金开英印象

这次一个多月的新疆之行,和严爽、金开英两位长辈朝夕相处,印象深刻,他们都是厚道、和蔼、认真的人,但不善哄逗孩子。

严伯中式学者样子,他的眼镜老往下滑,时不时要用手托一下。我觉得他有点怕我爸,有些回忆文章也这么说。

金伯微胖,洋派,戴金丝眼镜,手常攥着个"pipe(烟斗)",潇洒、自在,他带相机,是热心摄影师,可惜相片几乎无存。

父亲、严爽、金开英,当年矿上"三巨头",他们乘车很少打盹,谈天说地,话题广泛,家父兴致最高。说得最多的是两个油矿、山川景致、地质矿藏,记得在吐鲁番火焰山(胜金口),大热天,停了快一小时,就为了看地层、看石头;其次谈左宗棠、曾纪泽收复新疆、伊犁及西域历史;盛世才和新疆形势有时会成重点;也谈风土民情、抗战;很少涉及文学、艺术、宗教,都不是文化人。

自5月离重庆,9月到家,短短4个月,我似乎上了"玉门油矿"与"新疆"两个"启蒙班",一下长了好多知识,之后对这两方面事始终关注,至今如是。

在玉门油田开发建设80年之际,孙大武捐赠的书籍

永远的石油丰碑
——纪念大祖父孙健初先生

地质学家、玉门油田开发建设奠基人孙健初侄孙
孙明学

2019年8月18日,是玉门油田开发建设80周年纪念日,也是大祖父孙健初先生诞辰122周年纪念日。在这个特殊的时间,更加怀念先辈们为中国石油工业所做的突出贡献,因为他们创造了中国三个第一:他是中国第一位跨越祁连山的地质学家;他们探明建成了中国第一个石油工业基地;他们培养了中国第一批石油地质人才。大祖父虽仅在世55年,但给我们留下的爱国、献身、探索、创新等精神财富,激励着一代代石油人砥砺前行。

孙健初同志纪念碑

心系国家，献身地质

孙健初，字子乾。1897 年 8 月 18 日出生于河南省濮阳县白堽乡后孙密城村。1920 年 9 月考取山西大学采矿系预科班，两年后入本科。大学时期大祖父付出了超过常人的刻苦与努力，成为学业上的优等生，顺利获得了"公费资助"

项目。他的刻苦精神和对地质专业的钻研，得到了瑞典籍教授新常富的赏识。这位瑞典籍教授久居中国，热爱中国，提倡"实业救国"，大祖父在潜移默化中受到熏陶，坚定了他"以纯正科学来救国"的理想。

大学毕业之际，赴山西五台山实地考察，在掌握了大量实地调查的资料后，他开始潜心分析研究，写就首篇学术论文《山西太古界地层之研究》，并且在国内的学术刊物上发表。更重要的是这篇论文对中国地质界非常有价值，数次对国外的学术权威提出了质疑，这对提振中国地质人的信心，也有很大帮助。这篇论文不仅让他崭露头角，还帮助他叩开了中国地质调查所的大门，在1929年应招进入中国地质调查所。

在中国地质调查所，大祖父孙健初参加和主持了一系列地质调查活动。从1929年到1934年，当地治安情况十分恶劣，他冒着生命危险，先后三次去绥远大青山、察哈尔一带调查，发现20多处煤矿和一些石棉、水晶、石墨矿；两次去辽宁、吉林，勘查煤矿、金矿；又去安徽、河南调查铁矿、煤矿。在长期地质调查的实践中，他先后写出《绥远及察哈尔西南部地质志》等20多篇论文和报告，得到了地质界权威人士的好评。

由于对地质调查和社会生活的广泛接触，"科学救国"的思想激发了他对"地质与人生"的思考。1934年，他和同事侯德封进行了历时5个月的黄河上游地质调查，撰写了

《南山及黄河上游之地层》《黄河上游之地质与人生》等论文，专门探讨"地质之层序及其经济意义"，体现了他们爱国、爱家、爱人民的情怀，并且还具有经济指导作用，就是在今天，对于保护环境、发展经济也还有指导意义。

矢志不渝，开发玉门

1935年初，受中国地质调查所委派，大祖父负责青海、甘肃、宁夏地区的地质调查。通过这次调查经历，他有了一个更加宏大的目标：横跨祁连山。因为一直到20世纪30年代，尚未有一位中国地质学者横穿祁连山脉。于是在他心中坚定了一条信念：巍巍祁连，万宝之山，中国地质学者的身影决不能缺席。因为已经进入冬季，经过简短准备，只带了一名同事，马上向祁连山进发。两个多月的跋涉，忍受住千辛万苦，横跨祁连山，征服了祁连山脉最高峰，昭示世人：中国人开始认识这个"万宝之山"了。期间，他们绘制地图，采集标本，观察地层情况。他们完成的文章，成为研究祁连山地质的重要文献，被评价为最可靠、权威的资料。这次的壮举更加坚定了他考察西北、开发玉门和实业报国的志向。

在祁连山的北麓、石油河上游东岸边，有一座小庙，就是后来闻名中外的老君庙。根据玉门附近有油苗的论断，大

祖父决心克服一切困难前往这里勘察。在1937年前往玉门受阻后，1938年12月23日，他再次向老君庙进发。当时，寒风刺骨，沙石弥漫，道路艰险，但这并没有挡住他的脚步。在恶劣的气候条件下，他冒着民族冲突带来的危险，在骆驼背上度过半年野外艰苦生活，终于查清了玉门油矿的生油层、储油层和地质构造状况，并发现、选准老君庙为试探点，获取了大量的第一手资料，为开发玉门油田奠定了坚实的基础。

1939年3月上旬，他们运来第一台钻机。8月11日，探得第一个油层，当天产油10吨。这在当时是一个惊人的数字。按他拟定的钻探计划，逐步扩大勘查后，相继有3口井日产量高达200余吨，完全证实了玉门油田是一个储量丰富、具有工业开采价值的油田。这期间付出了难以想象的艰辛，但是像大祖父这一辈人，他们从来都是把别人视为艰难的辛苦留给自己，既反映了一种精神情怀，更是他们的个人自信，一种不需要别人称赞的自信。中国地质界的前辈们，正是以这种自信，留给中国地质界的力量比大青山还雄伟，比玉门油田还辽阔。

此后，大祖父孙健初全力从事石油地质工作。新中国成立初期，中国石油工业基础薄弱，国防建设、经济恢复急需石油，当时玉门油矿是全国最大的油田。新中国成立后，中央燃料工业部决定召开第一次全国石油工业会议，孙健初任会议主席。他深感责任重大，夜以继日地制定勘探计划。会后，他根据中央领导朱德、李立三等同志的讲话精神及各方面的专家意见，编制了全国石油勘探方案，确定了集中力量开发西北石油资源的勘探方针。1950年8月，他被周恩来总理任命为中国地质工作计划指导委员会委员；11月，被毛泽东主席任命为西北军政委员会财政经济委员会委员。

关爱后人，培育英才

大祖父非常关爱年轻人的学习和成长，希望年轻的石油地质勘探人员，尽快掌握先进的石油地质研究经验，更好服务祖国的石油工业建设。为此，他大力提倡年轻人学习石油地质勘探开发业务，鼓励年轻人多阅读石油地质著作和刊物。他自己毫无保留地将所掌握的知识，用各种方式向年轻人传授。更多时候，是他自己现身说法，结合野外调查实际，给年轻人讲课。有时讲他在美国学习的心得体会，有时将大家的野外地质调查报告拿出来，组织宣读，相互学习，取长补短。有时又将勘探处的地质工作者和地质调查所的同行聚集在一起，开展讨论，营造了浓厚的学术氛围，使得许多刚毕业的大学生进步很快。后来成为中科院院士、石油勘探开发科学研究院副院长、教授级高级工程师的田在艺，在回忆大祖父时说："在我一生从事石油地质工作的道路上，孙先生永远是我的好老师，是我学习的楷模。"

正是在大祖父的严格要求和人格感化下，当时在老君庙地质室以及兰州勘探处的地质人员，个个都养成了爱看书、爱学习、专心学术的好习惯，以后都成了中国石油地质界的专家。大庆会战的8位工程师有7位来自玉门油矿。海峡对岸，以高雄石化企业为支柱，20世纪80年代一度经济起飞，这座支柱的奠基者们均是老君庙走出来的玉门油矿人。著名诗人李季曾经赋诗："苏联有巴库，中国有玉门。凡有石油处，就有玉门人。"

1954年，石油工业部在玉门油矿建成"孙健初同志纪念碑"；1986年落成的兰州科学宫，孙健初与其他3位科学家的古铜色塑像耸立在迎门大厅；中国石油大学（华东）、西南石油大学先后为孙健初塑像；中国地质博物馆、河南省地质博物馆分别永久收藏濮阳市国土资源局副局长穆伟设计创作的《健初探油》《戈壁寻梦》铜质雕像。以纪念为我国石油事业做出突出贡献的一代地质巨匠——孙健初，他的献身精神及卓越成就，永远受到后人的敬仰。

怀念我的父亲靳锡庚

——献给纪念玉门油矿开发建设 80 周年

石油钻井工程专家、玉门油田主要发现人和创建人
靳锡庚之女　靳素勤

玉门油矿是中国现代石油的发源地,是父母亲艰苦奋斗创业的地方,也是我的出生地,有着刻骨铭心的记忆,是让我魂牵梦绕难以忘怀的地方,我为自己是玉门人而感到自豪!

我的父亲靳锡庚,生于 1900 年,1998 年 4 月 17 日病逝于北京,享年 98 岁。光阴似箭,逝者如斯,转眼间,父亲离开我们已经 21 个春秋了。

在玉门油田开发建设 80 周年之际,回忆父亲,生前历历慈祥貌,耳畔时时肺腑音。在这个值得纪念的日子里我将此文献给他,以表哀思。

岁月流逝,带不走我们对你无尽的思念,带不走我们对你深深的敬仰。父亲之恩重如泰山,儿女情长深如大海,你

的音容笑貌、身姿背影以及点点滴滴的往事，仿佛就在眼前。虽说人有悲欢离合，月有阴晴圆缺，虽说生老病死乃人间常情，然而，养育之恩、骨肉之情，又怎能随风而去、淡出记忆呢？！

不知有多少个深夜我辗转反侧，不知有多少个场面我触景生情，不知有多少往事我历历在目，不知有多少个回忆让我潸然泪下，更不知有多少思念之情让我难以忘怀……

父亲的一生，充满了艰难、曲折，他在人生历练中形成了不计名利、默默奉献、坚韧、善良、勤劳、勇敢的性格。凭着对国家的忠诚，对事业的热爱，勤勤恳恳，忘我工作。父亲对祖国石油工业的发展做出了重大的贡献，他把毕生精力投入到抗击侵略、解放新中国、富强国家的事业当中。

抗日战争爆发后，中国沿海地区先后被日军占领，石油来源濒于断绝，在"一滴汽油一滴血"的抗日战争背景下，父亲同孙健初等人一同来到玉门老君庙地区进行石油地质勘探，他们成为玉门油田的创建人和第一批建设者。为了找石油，父亲与6名同仁辗转千里，来到环境极端恶劣、渺无人迹的戈壁滩。他们一行7人拉着骆驼和器材迎着刺骨的寒风，踏着齐膝的深雪，艰难跋涉，脸和手脚都冻木了。面对恶劣的自然环境和艰苦的生活条件他们没有退缩，祖国需要石油、为国家排忧解难他们视为己任，找到石油就是为国家做贡献。

1938年底，父亲在玉门老君庙进行石油地质勘探和地质测绘。他夜以继日的劳作，为画出精确的测绘图，他不顾疲劳和危险攀登到山的顶峰，身体透支的父亲最终晕倒在戈壁滩上……父亲与其他技术人员团结合作，经过半年的艰苦努力，终于完成了老君庙及石油沟地区百余平方千米的地质测绘，这是民国时期中国唯一的一次冬季野外石油勘测。

依托父亲他们完成的详尽勘测资料，玉门油田用旋转钻机第一次钻成了我国高压自喷油井，我们终于有了自己的石油，这不仅创造了石油的历史，更是大力支援了抗日战争。

1944年冬，父亲作为中国方面的钻井技术人员，参加了独山子油矿接收工作，并写出了《独山子油矿钻采概况》一书。

父亲是玉门油矿的主要创始人、我国石油石化工业的奠基人之一。1943年，他领导打出的玉门10号井是世界上为数不多的高产油井之一。他还研制了油井衬管，改进了瓦斯炉制作法，提高了生产率20倍。当时玉门油矿的产油量，占全国的95%，父亲为中国的第一个油田（玉门油田）和中国第一个石化基地（兰州石化）的建成，为抗日战争和解放战争，做出了特殊的贡献，是国家的有功之人。

我和父亲一起生活多年，父亲对我的教育和影响，贯穿我的一生。他一生刚正不阿，光明磊落，是一个严父也是一个慈父。

我印象中的父亲，性格直率，一身傲骨，他一生克勤克俭，生活中艰苦朴素，为人做事坦坦荡荡。我是父亲的第五

个女儿,父亲给我取名靳素勤,意思就是要朴素和勤劳,生活上不能追求享受,工作上要勤勤恳恳、踏踏实实。1969年,我国正处于国际形势紧张阶段。毛主席说三线建设要抓紧!备战!备荒!为人民!在父亲的支持鼓励下,我参加了三线建炼油厂的大会战。当时湖北荆门荒山一片,条件艰苦,建设者风餐露宿,所有建设材料,一切都靠人拉肩扛硬搬,我们自己动手建造席棚子,每天要爬山进沟上班,遇雨天拄着棍子两步一滑的爬,常常身上、雨靴里都是泥水、汗水。面对如此艰苦的生活和工作条件,我从未气馁过。父亲曾对我们说:"任何时候都不要怕困难,要学会坚持、勇敢面对,要坚强,困难像弹簧,你强它就弱,你弱它就强。"在最艰难的日子里,是父亲给予我无穷的力量!

一年多后,我从湖北回来结婚,到北京家里看望父母。当母亲看到我被担子压得红肿的肩膀,手上、脚上磨出的血泡、血口子,脸上、身上被蚊虫叮咬的累累伤痕时,心疼地说:"这样还怎么结婚呀!"父亲反应很平静,只淡淡地说了一句,"缺乏锻炼。"父亲硬邦邦的话使我很委屈,他也太狠心了吧?

几天后,我要返回三线了,父亲却一反常态,与母亲一起把我送到很远的公交车站,这在我的记忆中从未有过。临分别时,他从身上掏出了20元钱塞给我,当时我感动的直掉泪,这笔钱在当时可不是个小数目。我感到心里有一股暖流瞬间传遍全身,所有的委屈烟消云散。车开了,满头白发的父母恋恋不舍地朝我张望挥手，车子越开越远，此时的我早已泪流满面。

父亲这一辈子光明磊落，清正廉洁，两袖清风，他无论在自己的事业上，还是在教育子女方面都有严格的标准。他从不利用职权给我们提供任何便利，更没有要子女留在身边照顾家庭的想法。他常说：你们要把工作做好，不要求你们在身边照顾我，努力做好工作就是对父母最大的孝顺。

记得1990年，有一次我回京探望父母，由于是夏天，气温高，我中暑了。到家后，躺在床上，浑身无力，特难受，母亲用湿毛巾给我降温，90岁高龄的父亲，坐在我的身边，拿着一把蒲扇，一直给我扇风。

他一边扇着，一边给我讲经历过的故事，他那慈祥的面容，轻轻的声调，温柔的动作，让我特别感动！至今还历历在目。

每一个父亲都爱孩子，但我父亲的爱，是深深地藏在心里，他对每一个子女成长，都是从心底里赞许，为子女的坚强表现自豪。我的三姐靳素芬，是一个地下党交通员，在1947年掩护其他同志的撤退中，不幸被捕。敌人将三姐头发绑马尾上，从杞县到开封拖了30多里。后又使用各种酷刑拷问，三姐坚贞不屈，一言不发，最后被敌人活埋，壮烈牺牲了。当年三姐为了保护家人，更改了姓名，和家里断绝了联系，全家都不知道三姐的下落。新中国成立后，当杞县民政局拿着烈士证，到北京交给父亲并讲述三姐英勇事迹的

时候，全家人都悲愤痛哭，特别钦佩三姐英勇不屈的精神，而父亲当时没掉一滴泪，只是后来对我们说："你三姐很了不起！"现在想来，三姐的性格的确很像父亲。

很多人可能都不记得了，2002年6月16日，海淀区的蓝极速网吧曾着过一把震惊中外的大火，火灾导致25条年轻的生命被无情吞噬，另有12人重伤，死伤者几乎全是附近大学的在校学生。从火灾现场逃出来的人们庆幸自己躲过一劫，而在这些生存者中有7人就是被我的三弟靳鸿九救出来的。他救人的事迹，得到社会的广泛赞誉，当年的《南方周末》报纸做了详细报道，北京市政府也授予他"见义勇为"英雄称号，他成为我们全家人的骄傲。三弟的善举绝非偶然，以前他还曾经救过两个人。而这一切，归功于父亲对子女的耐心培养以及言传身教，父亲的正直、善良和仁爱潜移默化地影响着我们，使我们懂得应该如何做事、如何做人。

父亲的坚强、自信，不服输的性格还充分体现在他平时的生活中。在他90多岁高龄时，眼睛已经不好，但仍坚持生活自理。父亲很注意仪容仪表，衣着朴素的他总是把自己打理得干净整洁，连头发也保持纹丝不乱。父亲说："这是对别人的尊重，更是对自己的尊重。"他每天坚持锻炼身体，几十年如一日，从不间断。那时家里地方小，人口多，条件简陋，空间小，他就站在双人床上打太极拳，锻炼身体。

在他98岁时，一次意外摔倒导致髋关节骨折了，许多大医院的医生都不敢给这么高龄的病人做手术。父亲为了能站起来,坚决要求手术。我们将父亲转到一家部队医院,医生给父亲做完骨密度测试后,吃惊地告诉我们,你们98岁的父亲却有着60岁的骨质。髋关节手术很成功,术后第11天,父亲居然能扶着椅子站起来了,他开始扶着小推车练习行走,令在场的医护人员惊呆了。医生称这是一个医疗奇迹,是他顽强的毅力和强大的内心以及数十年坚持锻炼的结果。为父亲做手术的解放军306医院将他的事迹,作为一个典型案例进行宣传,鼓励患者向父亲学习。我不由想起父亲曾说过,当年他报考焦作工学院时,是一千多人中取一个人,我父亲竟被录取了,那可真是千里挑一呀!太让我佩服了!

作为玉门油田创业者的后人,我们几个子女都以父亲作为学习的榜样。父亲顶风冒雪、艰苦创业的精神,为石油献身的品格,一直都是激励我们前行的动力,令我们感受到心灵的净化与精神的升华。

新中国成立后,父亲虽在领导的岗位上,仍没忘掉钻研业务,他翻译了许多国外油田开发技术资料。著有《试油方法》《老君庙勘探开发总结》等,译著有《钻井采油工艺》等。

父亲一生追求进步,热爱社会主义,热爱祖国。他在84岁高龄时,加入了中国共产党,实现了自己多年的夙愿。他热爱石油事业,为寻找石油付出了艰辛的努力。他一生节俭,并以艰苦奋斗为创业之本教育后代。

父亲是为石油而生，为石油拼搏一辈子的人。他不为名，不为利，为事业呕心沥血、鞠躬尽瘁，父亲一生没有给我们留下什么值钱的物质遗产，但是他的精神却深深扎根在我们的心里，这是一笔取之不尽、用之不竭的无价之宝。

他一生光明磊落，正义、善良。无论环境多么困难，从不向困难低头。在父亲的影响和鼓励下，我们几个子女也以做石油人为荣。我的大弟参加了1960年大庆油田的会战，一直在大庆工作至退休。二弟1964年参加了山东胜利油田的会战，也一直干到退休。到现在我们家里已经有38个人投身祖国的石油、石化领域。

父恩如山，父恩似海。父亲一生坚守自己的信念，创业的激情，不屈的意志，都是留给后代人永远学习的精神魂魄和不竭的动力。父辈的"三老四严"石油精神我们将世代传承。

追思让我们怀念，叙情让我们释怀，继承让我们卓越，反思让我们开悟，您的亲人永远怀念您，永远……愿父亲安息吧！父亲母亲将永远活在我们心中！

家风的传承

爱国将领杨虎城嫡孙，玉门矿务局第一任局长
杨拯民之子　杨　瀚

我的父亲杨拯民自1950年前往玉门工作，到1958年3月离开玉门，在玉门度过了8年的岁月。他曾说过，在玉门他只做过一件事情，那就是在油矿同仁们的共同支持和帮助下，带领全局职工，齐心协力，艰苦奋斗，把玉门油矿建设成了中国的第一个天然石油工业基地。

父亲对玉门是很有感情的，我和姐姐的名字也是起源于玉门，我的姐姐叫杨祁，祁连山下，我叫杨瀚，戈壁瀚海。我满月的时候就被带到西安了，因为那时候父母工作都很忙，没有时间照顾孩子，直到1958年夏季我4岁的时候，奶奶带着我回玉门看父母，在玉门待了一两个月后父亲就调到陕西省人民政府当副省长，我就又随着家人坐火车回到了西安。父亲很少在家中说起他工作的事，他认为所做的事情都是应该做的，也从来不会炫耀、标榜自己所做的贡献。我们只能通过旁人的讲述而得知，这是他的一个基本原则，

在当时背景之下，这是一个共产主义者的基本作风和处事方式。

父亲的这段石油生涯受祖父杨虎城影响颇深，可以说是与我家的家风密不可分。父亲曾经告诉我，祖父一直要求子女认真学习、爱国爱民、做一个真诚的人，这是基本的家风。

首先，从小的耳濡目染奠定父亲为国为民的初心。父亲小时候与祖父聚少离多，但从七八岁开始，祖父经常会带着他去参观一些工程项目，特别是经济建设方面的。当时修公路、修铁路、修水利工程，我祖父都带他去，慢慢地懂事以后，我父亲就接触经济建设的方方面面，从那时候起就逐渐培养了他的兴趣，为他打下一个立志从事经济建设的基础。

我父亲从小就很奇怪"拯民"这名字是怎么来的，因为别人都有小名就他没有。我祖父在他很小的时候就告诉他：因为崇尚孙中山先生的"三民主义"，其中有一句话叫"亟拯斯民于水火，切扶大厦之将倾"，所以起名叫拯民。从开始启蒙的时候，祖父就给父亲灌输了一个为国为民的理念。父亲在1949年新中国成立前后那段时间都是在部队，新中国成立以后，我父亲就向组织提出申请，要搞经济建设。这里面有两个因素，一个因素跟我祖父有关系，我祖父一直期望我父亲不要从政，也不要从军，希望他能在经济、工业及技术领域做一些发展。第二个因素就是那时候国家很需要石油，我父亲就主动提出要投身于国家经济建设之中，时任西北野战军司令员的彭德怀还跟他谈，希望他去西北空军当参谋长。最终，他还是决定从事经济工作，就这样到了玉门油矿。

其次，祖父的言传身教加深了父亲对科学、对知识分子、对工人的尊重。我父亲曾亲口给我们讲过几件对他影响比较深刻的事。祖父到陕西羊城当了省主席、十七路军总指挥以后，家里的用人、副官、卫士等就多了起来，有时候这些人就称呼他们为少爷、小姐。后来这个事被祖父听见了，他就很不高兴，郑重宣布，以后在家里不许叫他们老爷、少爷、小姐，就直呼其名。这就表现出祖父不忘自己是农民出身，本身就不是老爷，所以我父亲他们就不可能是少爷、小姐。

他有几张照片比较有意思。其中一张是祖父和我父亲一起跟同村的老乡们照相，就完全把自己当成农民中的一员。另外还有一张照片更有意思，就是在20世纪20年代的时候，祖父参加当地一个县乡绅教育界开的会，开完会以后大家一起合影，第一排放着椅子，上面坐的都是穿着长袍马褂、戴着瓜皮帽有身份的人，唯独他盘着腿坐在地上，这就表现了祖父对群众的一种尊重。另外祖父在陕西的时候也是对知识分子非常尊重，重大决策全都是听专家的意见，而不是自己拍板决定。这些事情对我父亲的影响非常大，所以最后我父亲的行事作风也养成了这么一种对专家、对知识的尊重。

当年祖父请中国著名的水利专家李仪祉帮助建设水利工程，这个老头非常的倔强。祖父有一个上级作风不太好，来陕西视察时祖父专门派了一个手下人陪着他吃喝玩乐。而当时的李仪祉是省政府委员，知道这件事后，在开会时就拍着桌子大骂："你们拿着民脂民膏乱花，什么狗屁官！我不干了！"说完以后一甩包就走了。这就等于骂祖父了，祖父当时一句话也没说，等散会以后晚上跑到李仪祉家首先跟李仪祉认错，说不应该那么做，又把原因给解释清楚了，说咱们还得继续干，咱们干不是为个人，是为老百姓，要先把水利修好。就这样，李仪祉第二天就又来参加会议了。类似这样的事情挺多。

当时的玉门油矿条件很艰苦，我父亲又是个外行，但是他比较善于学习，本身又是高中生，还上过中国人民抗日军政大学、马列学院，也学了不少东西，文化技术水平还是不错的。所以在当时他就拜了很多技术人员为师，也没有干部的官僚作风，而且甘心向技术工程人员，特别是向很多从国外回来的专业技术人员学习，每周必听苏联专家汇报技术问题，很快就掌握了一些基本的石油勘探、开采、冶炼方面的知识。1953年的时候，面对支援石油基地建设的大量新工人，父亲在全局办起了各种各样的培训班、文化夜校和技术夜校，并聘请大量知识分子来校任教。他在知识分子中间形成了很强的凝聚力和向心力，曾经把配给自己的小汽车配给了钻井专家史久光。

1952年，57师的到来一下子增加了一批青壮力量，又都是战士，实行半军事化管理，所以对整个石油队伍的风貌起了关键作用。但是刚到地方，他们还保留了一些军队的传统，当时也存在很多问题和矛盾，有好的作风，也有劣根性，和当地群众、工人的相处上也存在过于讲政治、不讲技术蛮干等一系列问题。在处理这些问题的过程中，我父亲和师长张复振的关系处理得比较好，最后这些问题都解决了。

玉门油田，是我们国家第一个现代化的大油田，从历史上讲，在抗战时期为中华民族做出了很大的贡献。玉门的产量能从1950年的8万吨上升到1958年的100万吨，这么快的发展速度，一方面是由于国家在各方面的大力支持，另一方面也离不开建设玉门的人们。父亲算是比较年轻的干部，思想不保守，比较遵循科学发展规律，尊重知识分子。当年"三反""五反"的时候上面也有任务、有要求的，但是在他那也不搞阶级斗争。而且那时候大家都是一心想建设好新中国，从工人到技术人员到干部三个层次上大家都是心往一块想的，所以就克服了很多困难，促使玉门油田有了一个较大的发展。特别是1950年到1959年这个期间，奠定了我们石油工业的一个基础。主要是以下几个方面：一个是奠定了工业规模的基础，再一个就是奠定了科技人员的基础，还有就是奠定了工人队伍的基础。我觉得这是我们工业的三个核心，一个是设备，第二个是专业技术人员队伍，第三个是工人阶级，也就是职业工人。同时，形成了一个系统的工作方

式、工作模式、工作作风，为后来石油工业的大发展奠定了技术、人员、作风这三个方面的基础，从这三个角度就把我们国家的石油规模给建立起来了。李季有首诗："苏联有巴库，中国有玉门。凡有石油处，就有玉门人。"玉门的"三大四出"为全国贡献了大量人力、物力，实际上我们国家后来所有的大油田，都有玉门油田的贡献。

  我父亲对玉门是非常怀念的，像铁人王进喜就是他们那一代人培养起来的，王进喜在大庆大放光彩，实际是从玉门奠定的基础。包括那两个标杆钻井队也是在玉门培育出来的，所以大庆精神实际上也是玉门精神的一个延续。石油还是有精神的，石油精神的传承就是一种遵循、一种榜样，我认为当代这种石油精神，其中就应该包括继承这种尊重科学、尊重工人、尊重所有参与者的精神。

（薛雅、赵颖整理）

李季的群众路线

著名石油诗人李季之妻　李小为

群众路线是党的根本工作路线,就是一切为了群众,一切依靠群众,从群众中来,到群众中去,把党的正确主张变为群众的自觉行动。习近平同志指出,新时代的文化文艺工作者要走进实践深处,观照人民生活,表达人民心声,用心用情用功抒写人民、描绘人民、歌唱人民,要坚持以人民为中心的创作导向。说的也是党的群众路线在宣传文艺工作的要求。

回顾李季在玉门油矿的工作经历,正是践行党的群众路线,坚持以精品奉献人民,用明德引领风尚,写出了"苏联有巴库,中国有玉门。凡有石油处,就有玉门人。""在那喧闹的祖国大地上,有一条喧闹的山岗,山岗上有一座年轻的城市,这就是我们亲爱的玉门油矿。""我只愿当一名石油工人,一顶铝盔就是我的最高奖赏。"等脍炙人口的经典诗篇,成为我国石油诗歌的奠基人,受到了广大群众,特别是石油人的喜爱。

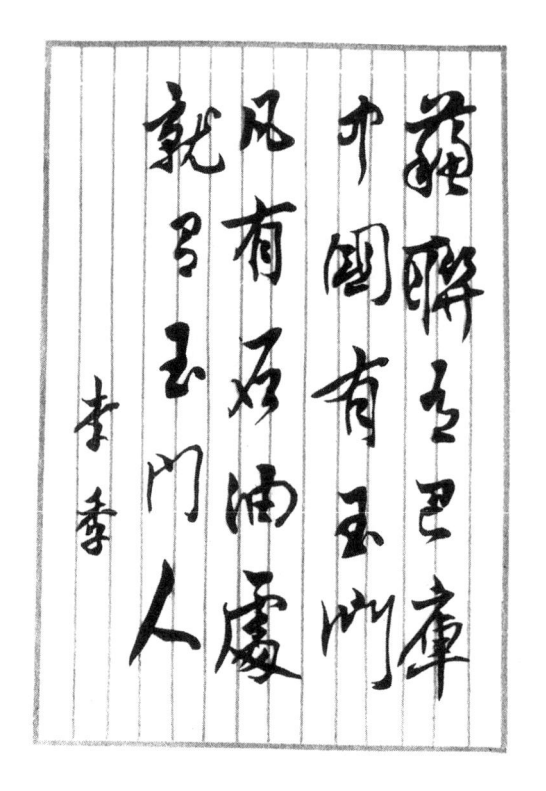

诗人李季1957年赋诗

宣传工作离不开群众路线

1952年，中国作家协会组织作家深入生活，在选择目的地的时候，他光想着写作品就要熟悉生活，打算重新回到三边的沙漠老窝。针对这种想法，胡乔木同志曾这样告诉他："最熟悉的不等于最有意义的。"在乔木同志的精辟意见启发下，他深深地感到了一个大规模的建设时期已经开始，描写工业题材的作品，特别是诗歌，远不能满足广大读者的要求，他勇敢地做出了到一个祖国和人民最需要的岗位——石油工业战线上去的决定。李季于当年冬天带着我由武汉辗转来到玉门油矿，并担任中共玉门油矿党委宣传部部长。当时油矿的宣传部除负责宣传教育、职工政治理论学习外，还直接领导着石油工人报社、有线广播电台、文工团、职工文化夜校等宣传教育机构，工作量大、面宽，但连正、副部长在内总共只有几个人，而且各方面的工作都没走上正轨。因此，李季一到任就建立了每周一次部务会议等一系列规章制度，努力协调机关部门与基层的关系，定期研究各路工作面临的问题，提出解决措施，使各路工作都能紧密围绕油矿的中心工作发挥自己的作用。

为了广泛宣传党在过渡时期的总路线和尽快建成第一个石油工业基地的重要意义，李季亲自拟订了建立全矿宣传网的工作计划，从局机关到各厂矿、学校、医院都配备了政治报告员，由各单位的党政领导担任，要求每周给本单位的职工上一次政治课，宣传形势任务、讲解方针政策、回忆革命传统、开展劳动竞赛；建立了厂、车间、班组三级宣传员队伍，分别负责通讯稿、广播稿、黑板报等宣传鼓动工作，定期举办黑板报展览，并进行讲评；开办通讯员轮训班，引导

捕捉新闻线索，交流写作经验。文工团和职工业余演出队把油矿涌现出来的先进人物搬上舞台，用身边人、身边事教育职工群众。通过这些措施，使油矿的宣传鼓动工作开展得生动活泼而富有成效。

推行大家办报，工人办报

早在 1952 年，玉门矿务局党委专门召开会议研究报纸工作，明确规定：今后由党委宣传部部长兼任报社社长，并要求全党联系群众共同办好报纸。在《石油工人报》创刊的第一期上，玉门矿务局党委就明确提出：办报必须坚持"面向工人""工人报，工人办"和"大家办报"的方针。顾名思义，《石油工人报》就是面向工人、服务工人、为工人而办，这就是《石油工人报》的初心和使命。依靠群众办报，培养通讯员队伍，发挥专业和业余两个积极性，是《石油工人报》长期坚持的光荣传统。

1953 年 3 月，李季兼任石油工人报社社长。期间，他反复给报社的编采人员讲群众工作的重要性，他说：我们共产党干什么都讲群众路线，办报纸也一样，要替群众说话，要靠群众来办。当时报社编辑部的年轻人很多，大都是从生产第一线抽调而来，业务素质不高。为了提高报纸质量，李季除坚持对上头版的重要稿件进行审查、修改外，还要求采编人员努力学习马列主义的基础理论和新闻专业知识。为了便于给年轻人传授业务知识，李季引导采编人员对每期报纸从体裁到内容，从标题制作到版面安排，逐条进行评论，发现不足及时改进。在他的言传身教下，报社的记者们深入一线抓典型，编辑们精心编排版面，使这份石油行业的第一张企业报办得图文并茂，受到了全矿职工的热烈欢迎，为鼓舞广大职工加快石油基地的建设做出了积极的贡献。

李季在自己工作、创作非常繁忙的情况下，仍十分关心油矿热爱文学创作的年轻人，倡议举办写作学习班、成立职工业余创作组，亲自给年轻人讲课、改稿，并要求他们要真正深入生活，虚心向工人师傅学习，以积累丰富的创作素材。

群众路线是文艺创作的生命线

早在1942年，李季在陕甘宁边区先后担任过文化教员、教育干事、连指导员及《三边报》社长，更是在1948年，担任了延安《群众日报》副刊编辑。在这期间，正是李季践行群众路线的一个过程，并以陕北民歌信天游的形式创作出了长篇叙事诗《王贵与李香香》。

他到玉门后，"要尽力忘掉自己的作家身份，从工作、生活到思想感情全方面，把自己变成一个和当地所有人一样的'玉门人'。"

玉门油矿沸腾而丰富多彩的生活,使李季产生了强烈的创作欲望。为了准确地反映石油工人的劳动、生活和内心世界,李季经常戴着铝盔、身穿工作服,深入到勘探队、钻井队、采油值班室、炼油车间、建筑工地、职工宿舍,与干部群众共同劳动、学习、娱乐,倾听他们的喜怒哀乐,获得了丰富的创作素材。经过一个时期的生活,当诗人感到自己的感情难以抑制的时候,他创作的诗歌像地下的石油一样喷涌而出。

李季身边有很多可敬的工人朋友,其中就有铁人王进喜。还在王铁人做井场勤杂工的时候,他们就交上了朋友。那是一天早班乘交通车的时刻,他们站在汽车上,脸对着脸,互不相识。在他眼前的是个黑红脸膛的青年。下车时,李季几乎被雪滑倒,这青年扶了他一把。多有劲的手!他道了声"谢谢"。当天李季赶到青草湾一号井场,登上钻台,仰视着钻杆上下起落,泥浆夹着雪花飘落着。忽然,一双有力的手把他拉下了钻台,耳边浓厚的甘肃口音向他喊道:"不戴铝盔不准上钻台,下来!"声调是严厉的。他一抬头,正是早班车上遇到的青年。李季笑了,忙接过他递来的铝盔,好奇地问:"你是哪里人?搞什么工作?"他说:"赤金人,当井场工,名叫王进喜"。此后,两人常常见面,彼此喜欢接近。当时李季不会想到,王进喜后来成为工人阶级的楷模,但他像爱每个玉门人一样地爱着这个朴实的"油娃子"。20世纪60年代初,大庆石油会战,王进喜在大庆,李季也赶去了。油田指挥部为了照顾不肯休息的铁人，安排他和李季同住在招待所的一个房间里。一天深夜，王进喜又不见了，李季四处寻找。忽听得咚咚声响，走近一看，铁人正浑身冒汗地在打夯。李季很奇怪，问他深更半夜打夯做什么？铁人说，眼看冬天到了，总不能叫大伙睡在野外，他想起小时候在赤金堡，父亲就是教他用黄泥沙土打墙，叫"干打垒"，他正在试验这里的土质行不行。李季把他拖了回来，发现他没有穿大衣。问他，他说给了值班的司钻。李季顿时感动得眼圈发红，把自己的大衣披在王进喜身上。1964年春天，李季写出了歌颂英雄石油工人的长诗《钻井队长的故事》，这首诗中，可以明显看到铁人的生活原型。1970年听到广播里传出铁人王进喜病逝的消息，正走在田埂上的他双脚一滑，无力地跌坐在田埂上……

李季始终把三边和玉门当作第二故乡并引以为豪。他曾说："如果离开了三边和玉门，我一首诗也写不出来。"这不是夸张的话，而是他的心里话。当李季回到北京后，听到有人说"宁在上海当茶房，不到玉门当大匠"，连夜写下了长诗《生活之歌》，发表于《中国青年》。诗中表现了石油工业战线龙腾虎跃的新面貌，歌颂了工人阶级的创造性劳动，鼓励青年们"投入到火热的集体"中。这些都离不开他那些年在玉门的生活经历。

1958年春，李季回到了分别三年的玉门油矿，开始了长篇叙事诗《杨高传》的创作，而"杨高"就是以戈壁滩上

从部队转业的石油建设者为原型。

李季对文学创作严肃而认真,对待他人热情而真诚,经常有文学爱好者写信给他请教问题,他有信必回,有问必答。其中有一位中央美术学院学美术的大学生范梦想为《杨高传》创作插画,向李季请教有关插画的问题。李季与她多次书信交流,告诉她艺术创作要深入生活。他说:"你必须首先喜欢它,它的美,只有向爱它的人展示。"

毛主席说过:"中国的革命的文学家艺术家,有出息的文学家艺术家,必须到群众中去,必须长期地无条件地全心全意地到工农兵群众中去,到火热的斗争中去,到唯一的最广大最丰富的源泉中去,去观察、体验、研究、分析一切人,一切阶级,一切群众,一切生动的生活形式和斗争形式,一切文学和艺术的原始材料,然后才有可能进入创作过程。"这是李季的生活和创作指南。

"根深才能叶茂。"这是李季常常爱说的一句话。群众路线就是李季的根。他对石油建设者的了解不是依靠猎奇来的一些生活表象,而是真正做到了和石油工人同甘苦、共患难,真正融入群众当中去,和群众做知心朋友,彼此能倾谈肺腑之言,把作品写到了石油工人的心坎里。

(薛雅、赵颖整理)

梦萦玉门

——写在纪念玉门油田八秩华诞时

玉门石油管理局原党委书记　高玉江

玉门石油管理局原局长　田玉军

公元 1939 年。

这是一个镌刻在中国石油工业摇篮玉门油田创业发展里程碑上伟大而又神圣的年轮。

公元 1939 年。

这是一个足以令玉门人乃至全中国的石油人,世世代代引以为骄傲自豪而又永远铭记的年代。

正是公元 1939 年,玉门油田在冒着抗日战争的烽火硝烟中诞生,从此,中国有了第一个天然石油基地。

今天,当裹着一身风霜雪雨、砥砺前行、拼搏奋进、前仆后继、矢志逐梦、累累硕果的玉门油田,向着八秩华诞傲然走来之时,怎能不引起人们对玉门油田这片中国石油人心中圣地的无限眷恋,从而把人们带入对玉门油田几度凤凰涅

槃，几度风雨春秋悠悠岁月的漫漫记忆。作为曾在这里开启石油人生，度过青春年华以至整个职业生涯，并不断成长进步的我们，此时此刻对玉门油田似乎别有一番思绪。于我们而言，或是由一个幼稚青年走进玉门油田开始，从此在这里工作、生活、成家立业，成长进步，恍然度过了半个世纪的春夏秋冬；或是作为一个自小吮吸着石油河乳汁，经受着祁连山风雪洗礼长大的石油工人的儿子，就在孕育了自己生命的玉门油田这块热土上，绽放年华，激扬青春，磨炼意志，锻造品质，奋斗梦想，走出了一条令我们深以为荣的石油人生之路。对于玉门油田，我们不只是埋在心底的感恩、眷恋，而且从这里走出的人生之路，每一步总让我们想起，积淀的石油情结，每一段总让我们难以忘怀。我们会从心底里说：玉门油田是我们生命的圣地，是我们人生的牵挂，是我们精神的家园。因此，在玉门油田80岁生日之际，珍藏在我们心中记忆，犹如开闸的河水奔涌而来，往日工作、生活、奋斗中亲历的那人、那事、那情、那景，一桩桩、一件件、一幕幕浮现在眼前。

80年，在人类历史的长河中只不过是一朵小小的浪花。然80年，于一个单位或企业，可谓是不短的岁月。而在这80年中，我们能有一段与玉门油田魂牵梦绕的不凡岁月，这是我们一生的光荣与骄傲。回首曾经在玉门油田度过数十载的年华，不论是在生产一线磨炼，还是从事基层单位管理；不论是履职企业交通运输、后勤保障、农副业生产岗位，还是主抓油田青年和共青团工作，任职油田二级单位领导；不论是担任玉门石油管理局工会主席，还是挑起党政领导重任，无不给我们留下了挥之不去的印记。从穿上玉门油田工装的那天起，我们就沉浸在"我当一个石油工人多荣耀"豪迈旋律的感召与陶醉之中，在投入油田生产建设的火热战斗之中，无时无刻不分享着玉门精神的滋养、哺育、陶冶：

就是在玉门油田这片热土上，我们为石油诗人李季"苏联有巴库，中国有玉门。凡有石油处，就有玉门人。"的著名诗句而振奋。

就是在玉门油田这片热土上，我们为铁人王进喜"石油工人一声吼，地球也要抖三抖。"的英雄气概而震撼。

就是在玉门油田这片热土上，我们从两万余名玉门人奔赴松辽盆地、投身大庆石油会战的豪情中，体味到玉门精神的历史底蕴和丰厚内涵。

就是在玉门油田这片热土上，我们从一万余名玉门人跑步上长庆、参与陕甘宁石油大会战的风采中，领略到玉门风格的精髓和玉门人的博大胸怀。

就是在玉门油田这片热土上，我们从投身吐哈盆地勘探找油和吐哈油田开发会战的激情岁月中，感受到玉门人"我为祖国献石油"的崇高信念和无限忠诚。

就是在玉门油田这片热土上，我们从经受的国企改革、油田改制重组的一次次阵痛的考验中，懂得了玉门人顾全大

局、心系国家的永恒意志和优秀品质。

就是在玉门油田这片热土上,我们从面对资源枯竭严峻形势,生产经营举步维艰,油田满怀"不信春风唤不回"的一片雄心,坚忍不拔、奋力拼搏、敢于坚守、永不放弃的艰苦奋斗中,触摸到玉门人建设百年油田的坚强信念、神圣梦想。

就是在玉门油田这片热土上,我们追随着一代又一代玉门人创业奋斗的辉煌足迹,饱受着一代又一代玉门人锻造的玉门精神的熏陶,继承着一代又一代玉门人熔铸的光荣传统,就像一棵稚嫩的小草,扎根、发芽、开花、结果。作为一个农民的儿子,作为一个石油工人的后代,我们深深懂得,是玉门油田这个摇篮养育了我们,是玉门油田这片圣土栽培了我们,是玉门油田这个熔炉锻炼了我们,是几代玉门人温暖的胸膛成就了我们,是无数玉门厚重的肩膀支撑了我们……没有玉门油田就不会有我们的今天。我们将永远引以为荣和自豪的是:以"艰苦奋斗,三大四出,无私奉献,自强不息"为内涵的玉门精神,浸淫着我们的血脉;以走遍白山黑水、黄河两岸、燕赵大地、烟雨江南、荒漠戈壁,谱写我为祖国献石油壮丽诗篇而载入中国石油工业史册的玉门风格,已经注入了我们的灵魂。如果说我们的石油人生有所收获,这就是我们的最大收获;如果说我们的石油人生有些成功,这就是我们的最大成功。

随着岁月的渐去,曾经的往事难免会沉落和远去,但总会有一些我们亲力亲为，甚至迎难而上，锲而不舍，用全部的心思与精力，扑着身子真抓实干与油田生存发展和职工群众切身利益攸关的一些重大决策，具体工作也会引起我们绵绵不断的温暖回忆……也把曾经的艰难曲折、酸甜苦辣，一幕幕闪现在我们眼前。

　　油田重组改制，让我们经受了前所未有的挑战与考验。1999年8月，这在玉门油田发展史上，又是一个令玉门人刻骨铭心、难以忘怀的日子。根据中国石油天然气股份有限公司的总体部署和要求，整整开发经营60年的玉门油田，进行了大刀阔斧的重组改制，在原来玉门石油管理局的基础上，分别组建成立中国石油天然气股份有限公司玉门油田分公司（简称油田公司）和玉门石油管理局（简称管理局）两个各自独立运营的平行单位。在没有进行重组改制之前，1989年由于玉门油田资源枯竭，为开辟新的资源，根据中国石油天然气总公司安排，玉门石油管理局投入大量人力、物力参与新疆吐哈油田勘探开发。1995年，玉门石油管理局与吐哈油田理顺管理体制而分家经营，原属于玉门石油管理局的勘探、钻井、测井、物探、井下作业等主要生产单位，最精良的设备都划转到了吐哈油田，使本来生产经营就举步维艰，仅靠当时年产原油不足40万吨维持企业经营运转的玉门石油管理局更加困难。与吐哈油田分离后，当时的玉门石油管理局也曾进行了一系列企业内部的改革改制，减员增效。为此，把原来的老君庙、鸭儿峡、白杨河、石油

沟4个油矿进行了重组改制,实行"四矿合一",合并精简了原来四个矿的机关和管理人员。同时还将油田所属学校、公安等后勤单位分离,积极探索油田二次创业的途径,力图打响玉门油田生存发展的翻身仗。然而面对老区资源短缺、新区勘探没有突破、企业经营困难重重的实际情况,整个油田的二次创业面临一个又一个难以越跨的难关。特别是在油田重组改制后,不论是属于上市公司的玉门油田分公司,还是属于存续企业的玉门石油管理局,又遇到了许多前所未有的困难、问题、矛盾的考验与挑战。当时重组改制时,把炼油、采油等优良资产都划归了玉门油田分公司,而留给玉门石油管理局的则是一直亏损的工程技术单位和吃费用的后勤服务单位及所有的离退休职工。油田储量不断减少,企业发展后劲不足,多种经营渠道不畅,市场竞争乏力的阴影,犹如一座座大山压在油田领导与广大职工头上。尤其是作为存续企业的玉门石油管理局,一没有主营业务,二没有更多创造效益的手段,三没有必要的资产保障,也就是说,用承接的不良资产养活包括离退休人员在内的原玉门油田绝大多数职工,不要说创效,就是维持企业正常运转,适应油田生存发展需要,都有许许多多的实际困难和具体问题。一时间,悲观哀叹之气,笼罩着整个油田。面对这种情势,从管理局到油田公司的党政工团组织,都把教育和引导职工振奋精神、坚定信念、顺应油田重组改制的形势放在首位,教育和引导职工群众抓住企业发展的有利时机,努力开创玉门油田二次创业新局面。

我们记着，面对重组改制后的新机制、新体制和新挑战，当时油田公司响亮提出：打井、找油、钻探、开发，这是玉门油田重获新生的希望。并在油田叫响了"不信春风唤不回"的响亮口号。为此，油田公司上下拧成一股绳，大打勘探找油攻坚战，放开手脚在青西、酒东等地域进行勘探大会战。经过不懈努力，1999年至2000年连续打井8口，结果口口井见油，仅青西地区探明一口日产量为100吨的深井，从而为青西油区的发现奠定了基础，也成为玉门油田从资源枯竭而导致的日趋衰退中走出困境的一个重要拐点。到2000年，玉门油田的原油产量就由长期徘徊在40万吨，上升到43万吨。到2001年达到60万吨，从而使全油田公司对"十五末"突破年产100万吨原油充满信心。从油田公司到管理局，无不看到了玉门油田焕发青春、重振雄风的曙光。加之，玉门与吐哈分家之后，玉门油田投资6亿元新建的年生产能力为250万吨的炼化装置，不仅改写了玉门油田的炼化历史，也成为玉门油田二次创业的重要支撑。

我们更记着，伴随着重组改制，作为存续企业的玉门石油管理局，生存与发展的困难接踵而来。为顺应当时国有企业改革大势，应对油田重组改制带来的新变化，管理局积极推动了以转换机制、减员增效、开拓市场、搞活经营为目标的一系列改革。而这每一项改革都是难啃的硬骨头。特别是在2001年，中国石油天然气集团公司对玉门石油管理局领

导进行调整之后，面对一些职工对油田重组改制疑虑，油田公司与管理局相互之间在理顺关系、彼此依存、携手合作、共谋发展等方面出现的新情况、新问题、新矛盾的实际情况，管理局党委和行政领导班子明确提出，进一步协调好与油田公司的关系，是摆在全局重中之重的工作。我们积极倡导召开的第一个会议就是与油田公司领导班子的恳谈会，两家领导班子成员坐在一起，共商玉门油田改革发展和二次创业的大计。通过这次恳谈会，管理局与油田公司两家达成共识：玉门油田的光荣传统要靠玉门人继承；玉门油田的形象要靠玉门人树立；玉门精神要靠玉门人发扬；玉门油田的振兴要靠玉门人共同努力，玉门油田的繁荣是玉门石油人共同的历史责任，从而在管理局和油田公司广大干部职工中产生了强烈共鸣。与此同时，管理局在全局开展"油田振兴我振兴，油田发展我发展"的主题思想教育，适时调整全局经营发展战略，把为油田公司提供优质高效服务，作为全局始终突出的工作主线。油田公司领导也强调"你中有我，我中有你，互相理解，互相支持"的理念，进一步明确油田公司有关经营业务和发展项目，优先保证管理局应有的份额，从而把管理局与油田公司之间并肩发展，推向新的高度。油田上下心和气顺、一荣俱荣、一损俱损成为各级领导干部和职工家属的共同意愿与心声。管理局乘势而上，不等不靠，千方百计探索寻求全局生存与发展的新思路。特别是立足油田，紧盯市场，面向全国，关注世界，在发展全局多种经营等方面，费气力，下功夫，审时度势，不失时机确立了"以电力生产供应为基础，油田作业、建筑安装、机械制造为支柱，综合经营业务做补充，社会公益事业保稳定，积极实施人力资源开发工程的"四加一"发展战略。正是在这一战略的推动下，管理局的经营发展出现新的生机，在一些业务领域也开掘出了新的活水。为能参与激烈的市场竞争，管理局还在与油田公司联手滚动发展的同时，努力打造具有玉门特色的业务品牌，开拓新的经营领域，使之成为管理局新的经济增长点。特别值得一提的是，我们从管理局实际出发，一方面进行电厂的扩建改造，提升电厂发展保障能力，一方面又重新整合钻井、油建、修井等专业队伍，在积极参与国内石油工业市场竞争的同时，还组建钻井、油建、修井4支队伍走出国门，承揽生产业务，使玉门精神在土库曼斯坦、阿塞拜疆等国家大放异彩。通过这些措施，不仅对油田公司的增储上产提供了充分保障，而且也确保了整个玉门油田每年生产经营目标的完成。我们就是这样经受了油田重组改制带来的挑战与考验，不断迎来和打造油田正常经营和向好发展的态势。这期间尽管颇多困扰，几经艰辛，几多烦恼，几多困苦，甚至有过心酸，有过泪水，但却让我们在改革开放大潮的风口浪尖上得到了洗礼与锻炼。这也是玉门油田重组改制的那些岁月，给予我们最宝贵的精神财富，让我们真正体会到了什么叫负重，什么叫责任，什么叫担当，什么叫不懈追求，什么叫不离不弃。

建设酒泉基地,终圆几代玉门人之梦。玉门地处西北边陲的大漠戈壁、祁连山下,高寒缺氧、交通不便,生活条件十分艰苦。改善职工的生活与生存环境,就成了几代玉门石油人梦寐以求的心愿,历届油田领导也都为此奔走呼吁过,但都因种种原因而未能实现。重组改制后,在管理局与油田公司关系日趋顺畅的情况下,两家领导班子,把建设玉门油田生活基地的工作摆上了重要议事日程,从2001年下半年就开始了生活基地建设的论证工作。为此,我们与时任油田公司的主要领导,一次次进北京,上兰州,向中国石油天然气集团公司(简称集团公司)和甘肃省政府一次次汇报建设和搬迁玉门油田生活基地的想法与要求。一次次向上级主管部门反映职工的意愿与呼声。俗话说好事多磨,这一承载着几代玉门人希冀和梦想的大事,终于得到集团公司领导的重视和有关部门的关注。一时间,考察论证的人员来了,搬迁选址摸底的人员来了,资金预算论证的人员来了,研究可行性报告的人员来了,油田生活基地搬迁的事再也不是纸上谈兵了。经管理局和油田公司领导班子共同协商,并在广泛征求职工群众意见的基础上,提出了将生活基地建设并搬迁到酒泉的设想,还经过深入讨论研究向集团公司申报搬迁到酒泉的5条理由:一是玉门油田勘探开发初期,其工作与生活基地就设在酒泉。二是酒泉现有早期建设并有部分离退休职工仍在居住的生活基地。三是酒泉海拔较低,适合生活居住。四是玉门油田勘探找油在酒泉东部有新的发展。五是搬迁到酒泉城建费用低，可减少基本建设投资。这5条理由，也得到集团公司领导的认可。时任集团公司总经理马富才主持召开领导班子会议，专门研究玉门基建搬迁问题，同意玉门油田生活基地搬至酒泉。自此，玉门油田生活基地建设与搬迁得到集团公司的批准，同意在酒泉建设新的生活基地的方案。于是2002年，玉门油田生活基地建设正式立项，并批准拨款5亿元专项资金，用于玉门油田生活基地建设，以此拉开了筹建玉门油田生活基地建设的序幕。为了使建设项目尽快得以实施，我们又与时任油田公司的领导一起，无数次地走访规划部门、土地管理机构和设计单位，从项目设计到土地审批，样样没有少跑路，样样没有少求人。费尽不少周折，经过反复磋商，总算靠集团公司投资的5亿元，征得建设用地1800余亩（1亩=666.67平方米），用于建设住宅工程。管理局和油田公司，又想方设法从企业内部自筹资金征地400余亩，后又根据建设规划和工程设计，补充征地900余亩，主要用于科研、办公等配套设施建设用地，为工程建设奠定了坚实基础。经过一番精心组织、深入考察、严格把关的工程招标之后，占地总面积3200余亩的工程于2003年正式开工建设。集团公司对玉门油田生活基地工程建设高度重视，组建了管理局和油田公司基建领导小组，专门设立了玉门油田生活基地工程建设指挥部，并发出正式文件任命了指挥部总指挥，坐镇指挥和领导整个工程建设期间的工作。管理局和油田公司的主要领导，都相继投入很大精力

参与工程建设的重大决策与具体工作。又从管理局和油田公司总计抽调60余人，负责主抓主管工程建设，协调处理工程建设中的具体事务。当时，我们向集团公司立下军令状，确保两年完成全部工程建设任务，到2005年实现油田生活基地的全面顺利搬迁。为让这一军令状早日变为现实，从担任工程建设的总指挥到投入基建指挥部工作的全体人员，无不是夜以继日，不辞辛劳的忘我工作，时任管理局、油田公司领导班子成员，也都无不时刻牵挂着基建工程建设，凡是与基建工作关联的一些具体问题，都能在第一时间研究解决，尽最大努力，创造各种条件，为工程建设顺利进行营造良好环境。期间，管理局和油田公司的主要领导或有关领导成员，或坐镇酒泉工程指挥部，或亲临建设工地，帮助解决了不少实际问题，特别是在协调与地方政府相关部门关系，疏通涉及工程建设相关渠道，破解影响工程施工进展的一些难题上，付出了大量心血，做了许多富有成效的工作。集团公司有关部门的领导也多次深入工程建设现场，在督察工程建设进展情况的同时，对工程建设中出现的诸如配套设施完善、相关生活工作设施配套乃至生活基地整体搬迁面临的实际困难，也引起极大关注。就是这样，经过我们上上下下近6年时间的共同努力，2005年开始，涉及包括历年离退休职工在内的16000余户，总计45000余人先后分批陆续搬迁新居，一个集生产指挥、科研教育、医疗卫生、文化娱乐于一体的功能齐全、设施完善、环境舒适的石油新家园如期竣工。实现了我们对集团公司立下的军令状，兑现了对广大职工的承诺。可就在面临生活基地搬迁之时，我们深为广大职工因搬迁而需要担负相应费用而焦虑。因为我们深知，长期以来，由于油田资源接替不足，企业一直亏损，职工收入低微，要拿出足够的搬家费用对每一户家庭来说，都存在很大困难。于是我们又多次找集团公司汇报情况，向有关领导反映油田职工的实际困难。时任集团公司副总经理郑虎，不仅认真听取我们的汇报，详细了解搬迁中的实际困难，而且对我们提出的一些想法深表关切，经过他的慎重考虑，积极协调，集团公司又一次性拨付我们5亿元，专门用于职工搬迁新居的补贴。不仅如此，集团公司还就玉门油田生活基地搬迁，对职工实行一定优惠政策，做出了明确规定。我们以此为依据区别职工不同情况给予应有的优惠性照顾，从而大大减轻了职工的搬迁压力，使每一户职工都以较低的负担搬进酒泉，人均住房面积达到了35至40平方米左右，生活条件得到极大改善。使得半个多世纪以来，几代玉门人、历届玉门油田老领导，为之期盼、为之奋斗的"下山"之梦终于实现。

在这里，我们特别要说的是，在享受玉门"下山"带来幸福与欢乐的时候，我们永远不会忘记集团公司不少领导为此倾注的极大关心和高度重视。2000年，时任集团公司副总经理闫三忠来玉门油田检查指导工作时，就专门听取了时任油田公司和管理局几位领导关于玉门"下山"有关设想的

汇报，并专门到酒泉进行视察考证，对玉门"下山"给予充分理解。为此还专门与酒泉市主要领导座谈，共商玉门"下山"事宜。在玉门"下山"进入立项阶段后，时任集团公司副总经理陈耕专门到玉门油田调查研究，了解情况，还特意会见甘肃省委、省政府领导，就有关玉门油田生活基地建设问题进行磋商。当基地有关学校、幼儿园等设施建设面临资金紧张困难之时，曾任集团公司副总经理的任传俊，在玉门油田调研期间，专门到基地建设现场了解情况，并积极协调，使资金短缺问题得以解决。据我们所知，集团公司为玉门基地建设及搬迁先后拨付的资金就达十七八亿元。为了促成酒泉基地成功立项，焦力人、赵宗鼐以及黄亦纯、吴碧莲等许多从玉门走出的老领导都积极帮助，从中做了很多工作。同时，在酒泉基地论证、征地、建设、搬迁等各个环节，酒泉市委、市政府给予了大力支持与特别帮助。尤其是时任酒泉市委书记的陈宝生（现任教育部部长）等各位领导，协调解决了许多具体问题和困难。所以说，没有集团公司各位领导和有关部门的关心、重视、支持，没有地方各级党委、政府的帮助，就没有玉门油田今天这样温馨的生活家园。

坚持以人为本，尽心尽力解除职工后顾之忧。随着国有企业改革的不断深化，玉门油田和全国所有国有企业一样，都遇到了管理体制转换、用工方式转变、机构精简、人员分流、主辅分离等方面的改革，从而给职工队伍和油田大局的稳定带来许多矛盾和挑战。以致于不少职工在就业、生活等方面也出现了不少的困难和问题。早在玉门油田与吐哈油田分离之后，当时的玉门石油管理局就将所属的一些后勤单位从企业中剥离出来，千方百计精简机构压缩人员，一切都为着降低企业生产经营成本。油田重组改制后，由于大量辅助性单位都留在了管理局，当时从考虑企业的生存与发展出发，又借鉴了一些国有企业的做法，管理局采取了有偿解除劳动合同、末位淘汰、主辅分离、关停并转、定员定岗、清理编外人员、清退临时用工等一系列改革措施，使得一大批职工脱离了工作岗位，成了下岗失业人员。特别是那些与企业有偿解除劳动合同的职工，他们的住房、医疗、养老等保险没有了保障，几乎完全推向了社会。在这种情况下，我们面对的是6000余名解除劳动关系的员工，曾在原来油田所属农场、勤杂等辅助和后勤岗位工作的"两半户""家属工""五七工"3000余人。加之油田连续多年不曾招工，尚有1000余名没有就业的职工子弟。同时，还有历史上遗留的一些精简下放的老职工或职工遗属。这部分人或者由于没有了工资来源，或者因为医疗养老保险不落实，或者因年老体弱，缺少技能，再就业困难等种种原因造成生活困难。因而，油田内部群体上访曾时有发生。面对这部分职工及其家属的生活困境，我们尽管通过党、政、工、团组织，以走访慰问、实施送温暖工程和困难帮扶等形式，给予必要的济困救助，但总是杯水车薪，无法使之从根本上摆脱生活困境。

看到那些在玉门油田辛勤劳作了大半辈子的工人师傅和那些过去长期奋战在油田农场、环卫等苦累岗位，为油田生产建设默默奉献了一生的"五七工""家属工"，整日为没有了工作岗位而四处奔走，为生活困难、有病难医而叫苦不迭，作为领导我们又何尝不是心急如焚、忧心忡忡，思量着解决他们工作、生活、就业、就医、住房等方面的实际困难，并以此作为维护油田大局稳定、维护职工队伍稳定、维护职工合法权益、保障职工基本生活的大事，排上了我们管理局党政工作的重要日程。为此，我们又是多次向集团公司反映油田职工的生活状况，提出妥善安置有偿解除劳动关系人员、"家属工""五七工"的工作与生活的意见和建议。在向集团公司争取到一些资金后，我们在认真调查摸底的基础上，积极稳妥地解决困难职工的生产、工作、生活等实际问题。一是对那些有偿解除劳动关系的职工，我们从油田实际出发，并结合职工个人意愿和业务技能，适度安排到一些辅助性工作岗位，每月发给相应薪酬，并接续落实住房、医疗、养老等保险，解决了他们的后顾之忧。二是对那些"五七工""家属工"，则由管理局、油田公司依据地方政府有关政策规定共同筹措资金，每月发给一定的生活补助，使他们的基本生活有了保障。三是对有偿解除劳动关系的职工纳入油田生活基地搬迁时新房分配范围，与油田职工享受同等的资金补贴和相关政策优惠，"五七工""家属工"的工龄也作为分房打分时的考虑。四是对于那些历史遗留的需落实政策的职工及其家属，依规因人因情给予合理的生活补助，帮助解决一些迫切需要解决的困难和问题，满足了他们一些较为合理的要求。五是对油田千余名职工待业子弟，我们同样想尽一切办法，通过开办多种经营实体，清退外用工、劳务输出等多种举措尽可能多地安排他们上岗就业，有的还组织必要的技能培训，为他们就业创造条件，提供支持。通过采取这些措施，让这些一度工作无着落、生活困难的职工得以妥善安置，有效地保证了油田大局的稳定，有效维护了职工的合法权益。

推动油田重组整合，开创和谐发展新局面。自从油田重组改制以来，应该说，管理局、油田公司领导，都为理顺两家关系做了许多工作，付出了许多努力，贡献了很多智慧，也取得了明显成效。但随着时间推移，思想上不合拍、工作上扯皮、情感上疏离、利益上计较等现象在一些工作环节、在一些干部职工当中还屡有流露，有时还显得较为突出，给整个油田的和谐共赢、健康发展带来严重影响，甚至制约着两个单位的彼此经营与发展。也正是由于这些现象的时隐时现，或长期存在，或嘈嘈杂杂，我们越来越深刻认识到，在油田爬坡克坚、力图走出围城的艰难时刻，不管是管理局还是油田公司，唯有树立风雨同舟、生死与共、风险共担、利益共享的大玉门意识，"再引春风度玉门"的愿望才能实现。因此，进入2005年，抓住油田生活基地搬迁至酒泉的有利时机，实现管理局与油田公司重组整合的意念在我们心里越

来越强烈。于是，管理局与油田公司主要领导及时沟通认识，交流想法，并在油田的整合统一上达成共识：玉门油田要求得生存与发展，必须走大统一之路。强调要实现油田的重新合并，就必须实现"六个统一"：统一思想，关键是两个单位主要领导思想的统一；两家单位领导班子成员的思想统一；两家单位处级以上干部的思想统一；两家单位机关的思想统一；两家单位在职职工的思想统一；两家单位的宣传口径统一。在这"六个统一"达成共识之后，管理局和油田公司又就重组整合的想法，向集团公司领导做了汇报，详细介绍了我们就油田重组整合的具体设想及对玉门油田带来的好处。结果我们的想法得到了集团公司领导的支持与赞同。原来随着中石油系统企业改革改制出现的一些新情况、新问题，集团公司也正在思考和谋划着一些企业重新整合创新的思路。趁着这一大的势头，我们管理局与油田公司重组整合终于在油田生活基地正式"下山"搬迁之际得以实现。

  油田重组整合之后，我们也相继或者退出油田领导班子岗位，或者因工作变动，离开了玉门油田。但我们时刻思念着玉门，时刻关注着玉门，时刻牵挂着玉门。因为，在我们内心深处，我们永远是玉门人的意念从来都没有淡忘过，更没有动摇过。现在每当想起在玉门油田度过的不平凡岁月，经历的最艰难时期，对我们都是一种心灵的净化，一种精神的升华。可以自豪地说："对在玉门油田几十年的付出与奋斗，我们无怨无悔，问心无愧。"

我们高兴地看到，自重组整合以来，在创建"双百"油田伟大梦想的感召下，整个油田已经开创了和正在开创着和谐发展的新局面，资源接替有了新的保障，炼化生产实现了历史性扭亏为盈，海外合作项目前景看好。

我们高兴地看到，在党的十九大精神指引下，乘着中国特色社会主义进入新时代的浩荡东风，玉门油田吹响了三年整体扭亏为盈，五年原油产量重上百万吨，高质量建设百年油田的攻坚号角。到 2021 年生产原油 80 万吨，实现整体扭亏；到 2023 年生产原油 100 万吨，炼油化工年均盈利 5 亿元以上。作为玉门人，我们为玉门油田的喜人形势而振奋，而自豪，而欣喜！

值此，玉门油田迎来 80 岁诞辰之际，由衷地祝福我们的玉门油田兴旺发达，蒸蒸日上。我们也坚信，有着光荣传统和玉门精神长期滋养、培育的玉门人，一定会在习近平新时代中国特色社会主义思想指引下，在奋斗新时代的伟大征程中，不忘初心，砥砺前行，夺得实现"春风再度玉门"伟大梦想的新胜利。

让我们共同伸开双臂迎接这一天的早日到来！

我们也期待着伸开双臂拥抱这美好一天的幸福时刻！

我与石油

中国石油山东销售公司党委书记、总经理　刘德祥

走进石油摇篮

石油离我很远。石油在地下睡了多少年,科学家说上亿年。后来被一个叫孙健初的先生,骑着骆驼叫醒了。

我离石油很近。我的出生地离石油出生地不远,我出生的时间离石油睡醒的日子也不远。

石油在地下静静地睡着,我在不远处野草般地长着,从未想到,有一天会相逢。若干年的一天,我走进石油。只好说这就是缘分。和缘分更近的是出生地都很穷。

石油出生在玉门。这个地方在祁连山脉西端,嘉峪关外。地上茫茫戈壁,少有的几棵草叫戈壁草,戈壁原是这里的名称,大概戈壁一词也是从这儿来的。地上没有人家,羌人曾路过,羌人的笛子埋怨这里的杨柳不发芽,因是春风吹不到的玉门关。这里没有出过历史学家,但历史学家写了这里很多的事，写苏武和他的羊群，以及后来的张骞出使西域的驼队，还有后来的唐僧师徒去西天取经故事，但读来读去终觉最多的仍然是孤寂和荒凉。有朋友调侃，难怪那些少数民族嫌弃这里的荒芜而不惜一切侵袭中原，害得秦始皇劳民伤财修长城，又有孟姜女哭长城。然而，谁也没料到这里出生了石油。

我出生的地方不起眼，祁连山靠南的小湾处，名叫南湾。我在这里度过童年，记忆里的东西都与贫穷相关。我的父亲当兵复员在县城派出所工作，响应上面号召，又回到了这个地方，还把我城里的母亲也带到这里，不久生了我。村子没有学校，要到另一个村子上学，还要经过个没有桥的小河，冬天也要赤脚趟过。村里没有煤炭木材，家家户户都用牛马粪取暖做饭，因此我的童年时光要么学习要么捡粪。

石油等待我出生，又等待我放弃师范学校录取，引我走进石油的怀抱。石油改变了地上的一切，包括我的人生。而我出生的地方至今也没有多大变化，依然贫困。

井队黄昏

石油这位宝贝儿，从地下两三千米请出来可不是简单的事。先是地质调查发现那里有油，用钻井技术打到油层，再经过采油工艺才能见到油流。围绕着每一个过程又有许多配

套技术。

我学的专业是钻井，自然就来到钻井队。第一天黄昏，夕阳也许欢迎我们这些新人到来，一缕阳光洒进帐篷里，照得我脸庞红烫。队长邀我们喝了一杯接风酒，这是我第一次喝白酒，也是第一次用茶杯喝酒。据说这是井队的传统，到了这里没有不喝酒的汉子。

第二天黄昏时刻，我被任命为队团支部宣传委员，主要任务是每月更换黑板报，再就是开全队大会前组织唱"我为祖国献石油"。

时间稍长，我发现，井队的人们最喜爱的不是东升的晨曦，也不是夜晚的月亮，而是夕阳洒落的黄昏。

黄昏的井架连同身后的山脉构成壮美。每当黄昏，下班路上大伙回眸望去，高耸井架披着夕阳的金色，像西域少女婀娜风韵，发动机轰鸣在山间回荡似小伙子求爱的宣言，还有默默流淌着的钻井液像少女脉脉的含蓄。这是一处多么壮美的动感画卷，只有在这里苦过、哭过、笑过的男子汉才会感受到它的味道！

黄昏的四合院是精神家园。这是一个由顶顶帐篷围成的四合院。白天都在休息，院子一片寂静，黄昏时刻就热闹起来了，有光着膀子赤着脚打篮球的，有下棋聊天的，还有看书写字的。这个院里的人来自四面八方，有附近地方的，有山东、上海的，有部队复员的，也有学校毕业分配来的。这个院里最让人着急的是男女结构严重失衡。失去女人约束的男人们生活习惯越加无拘，光着膀子不着衣饰，对于女人或者爱情的话题，是这个院子里男人间生活的主题。每个人都是情书高手，都会吟诵再别康桥。大家盼望黄昏来临，等着队车捎来的信笺，或许有女同学的回信……

黄昏还是轮休逛街归队的集结。钻井队远离城镇，工作一轮有一天休息，一般都要去逛街，早晨去黄昏归。一大早就发车了，我们先去商场采购日用品，再到图书馆买几本书，然后进行本次休息最要紧的活动，美美吃喝一顿。解放门包子店成了钻井工人相聚的地方，在这里可以见到不同井队的同学或同乡。运气好些还能遇到钟情的女友，这个地方成了美好的记忆。饭后去看电影，出来就到了归队的时间。车开进四合院里，又是黄昏，夕阳下，我们高兴地回到帐篷。

黄昏，最怕听见母亲回荡在山谷的呼唤。钻井过程会发生安全事故。我的同学，一位才华横溢的天水小伙，晒不黑的"白娃娃"，一次"顶天车"事故中被带走了生命，也是一个黄昏，队车拉着他的母亲和弟妹来到四合院，取回儿子的遗物。我不知道他在生前怎样给母亲描述过这里，他走了，母亲来了，拿着上学校时给他缝的被褥走了，母亲的哭泣在这山谷回荡了好久。

我的父亲这一辈子为我做的最重要的一次主，就是劝我把已经录取的师范学校改报石油学校。那一年的黄昏，父亲来到了我们的四合院。队领导的热情没有挡住他对自己所做的主的后悔。第二天我陪父亲到市区转了一天，在石油河畔

照了一张合影，中午到钻井工人处去吃了一顿包子，说了一些鼓励我坚持奋斗的话就回去了。有一次我和早就离开石油的朋友聊天，他问我坚持下来的动力是什么？我说是为了父亲，证明他做的主是对的。我父亲临离开这个世界时，拉着我的手说了好多话，夸我是他的骄傲，还说我娶了一位好媳妇。

老实说，父亲到临走也不清楚他的儿子是咋样坚持下来。艰苦的钻井工作，枯燥的四合院生活，还有井队哥们儿在市区打群架惹的不好影响，很多人都看不懂。这也许是这个行业特有的性格，也许是他们习惯了黄昏的生活，认命了。

飞舞铁龙

地质学家把地球当作试验室，目的是让人们用好地球上的资源。又对地质形成分为陆相和海相，把形成时间概念说成宙代纪，又想着让人们用上地球里面的资源，最宝贵的是石油。这是中国地质学最美妙的构想，这个构想让一群钻井人实现了，于是把这群人称呼为铁人。仔细看看铁人的做事，再想想，你会觉得他们是在舞龙。

铁龙，强悍雄猛的名字。

这是一具刚头铁身制成的龙。龙中最长的龙。龙头长有三支牙轮，头会高速旋转，牙能高速自转。牙轮锋利坚硬如金刚，地球中没有嚼不碎的物质。龙嘴喷涌高压浆液，狂风作浪，呼啸而来。龙的脖子坚强无比叫"钻挺"，是典型的凶猛型头小脖子大动物。龙的身骨刚柔共济，能长能缩，长能万米，名叫钻杆。龙之尾靠在地面，给龙提供超级能量，名叫钻盘。钻盘连着钻机，还连着山谷。

飞舞铁龙，多么有神意的职业，多么神奇的人们！

那高耸的井架，头顶进云海，专门续接钢骨龙身，好像铁龙横空出世，从天而降，直入地下。舞龙的人们好像天派雄兵，仰天而立。你想象那地下龙头，龙尾高速旋转给龙骨储满了动能，还有龙尾注入的高压浆液，使得龙头在地壳下虎啸奔腾，势不可挡。

钻头与石油的对话

钻井有探井和生产井之分。探井顾名思义是探寻石油，钻头不一定见到石油。生产井一定能使钻头和石油会面。钻井的心思是促成两个有情者见面。可谓"金风玉露一相逢，便胜却人间无数。"这一面见的不容易，促成的也不容易。所以说钻井是行大善。

石油的故乡在钻井人现在住的四合院一带，根据地质研究的陆相原理，远古时代这里是青山绿水，就像现在江浙一带。地球造山运动，这里成了荒芜之地。被埋在地下的有机物经地壳沉积变化，又用了多少纪年，有的演变为石油，有

的变成了别的物质，目前地上的人们只知道石油有用。或许多少年后，别的物质又有用了。

石油的祖上在造山前，有的是森林兄，有的是绿水妹，有的是绿草花卉姐，有的是飞鸟走兽弟。这里绿树成荫，鸟语花香，春色满园，是一个幸福的大家族，人们生活在这里如天堂。

可以说，石油家族是有功的。

石油在地下睡着了，睡得很香，不知道父母兄弟落宿何处。睡得很静，不知睡了多少时代。谈不上亲情，也不会产生乡愁。突然一天的一个时刻，从外面挺进一位客人，跋山涉水，历尽千险，故乡来人了。故乡人，具体说是四合院的那群钻井人商量好了，不让石油再睡懒觉了，选派钻头这位喜欢轰轰烈烈声音和震天撼地动作来吵醒。

石油揉揉眼睛坐起来了，脸上充满惊讶，"几万年了，都睡够了。这么遥远的距离，你是咋来的，你们到底是些啥样的人？我倒要上去看看。"石油抖落了身上的沉岩，深呼吸一口热浪，奔腾万丈，汹涌喷发，虎啸着窜向地球。在那里，早有翘首以待的人们满目春风在迎接。

钻工大楼

20 世纪 80 年代，矿区有一处很有名的楼，叫钻工大楼。它的真名是钻井招待所，只是钻井人住的多了，便叫成了钻工大楼。这座只有四层高的楼，周围都是平房，所以就叫大楼了。

这楼在钻井处机关院内，与机关大门正对。右侧是机关苏联老式办公平房，楼前面有一个篮球场。出了机关院子过马路就是解放门包子馆，这就是那个钻井人爱去的地方。和包子馆相连的是解放门电影院，不远处是图书馆，旁边有一座碑叫解放碑，这一片都叫解放门。井队工人上矿下车和归队上车的地点就选在解放碑边。这里很热闹。早上10时左右，一辆辆队车到了，精神焕发的工人们从车厢上敏捷地跳了下来，从这里散了，中午又凑到包子馆吃喝起来，下午4时许又在这里乘车归队。

比起外面的热闹，楼内就安静一些。

这里住宿不要钱，凭井队队长或书记签名的介绍信登记住宿，住几天都在介绍信上面写好了。能到这里住宿的人要么是开会的，要么就是回家探亲中转的，还有就是前来探亲的家人。可以想象，那些拿着介绍信回家的儿女，这一夜心中有多么喜悦。想着要给父母说些什么，还得把有些谎言说得更圆，想着父母穿上自己用工资买的衣服高兴的样子，想着母亲做的饭有多香，想得一夜睡不着觉。

我的父亲先后两次住过这个大楼。一次是我在井队工作，另一次是我到机关工作。记忆最深的是第一次。我从火车站把父亲接上，坐1小时汽车到这个楼里。我在解放门包

子馆招待父亲，俩人喝了1瓶二锅头，父亲很高兴，那一夜他睡得很香。第二天去了公园，在孙健初纪念碑前合了影。去了老君庙，在第一口井前又合了影。父亲指着西河坝里留存的窑洞说，"那时的石油工人这么苦"。父亲执意要去看看井队，我们坐上队车到了四合院，队领导招待了父亲。

前几年我去参加玉门油田70周年庆典，专门看了一趟大楼，走到钻井大楼前我已是泪流满面了。

这楼，分明承载了比住宿还要多的东西。这房子里床的样子，窗帘的颜色，床头柜的抽屉，还有门锁的开关，今天还在眼前。你现在身处何方，哪怕在国外，提起钻工大楼，没有不知道的，想起钻工大楼，没有不感慨的。最感慨的是那个年代和这楼相连着的难忘记忆。

照片疑惑

调到矿区团委工作后，好一段时间不适应。具体说是忘不掉那个四合院，还有那里的黄昏。

我常默默地去想，终究想不清楚。井队生活几年间，我们这群人竟连一张合影照片都没有。是没有相机？还是存心不想让这里作为照片背景。总之谁也没有提起过照相的事，好像相机这玩意儿也把我们遗忘了。我的影集里竟也缺这个时候的照片。

20世纪80年代初的钻井技术和上个年代没有多少改进，钻头仍艰难磨着地球，钻井液吃饱岩屑流得很费劲。而改革开放的繁华已快速改变着这座矿区。对于这些曾经有梦的知识青年来说，内心有难言的矛盾。这边是没有料到的处境，那边是家里人引以为荣的心境。在四合院里你可以看到他们抱着世界名著或临摹柳公体趾高气扬的神气，合住书页便更着沾满油污的工装接班了。经常能听见有人朗诵书中自己喜爱的句子，今天听见的是《简·爱》中简的语言"人的最美好的生活是人的尊严加爱"。

在钻井场上，几乎一样的安全帽加上"四十八道杠"的工服使你在远处无法辨识谁是谁。你会看到机器轰鸣声里手势交流的各种动作，紧张地操作一个接着一个，逼着你不能怠慢，就是体格弱小者为了面子也得死撑着。在这里干活你看不出哪个是班长哪个是技术员。只有在矿区，你才看到三节头皮鞋与之搭配的时髦穿着，还有烫出造型的头发。这恰恰是这代钻井人心中的一种无奈，把自己连同四合院放置在野外很无奈。这比钻头磨击岩石还要难受一些。

有人说，我们总念叨钻井队的日子，不是因为别的，只是因为我们最好的芳华是在那里度过。谁会忘记刚离开父母走入社会的那段日子？谁会不记得自己的最初青春期，或者头一次被异性搅乱了心的时候。

难忘的几件往事

玉门石油管理局原副局长、濮阳市人大原副主任　同维焕

我今年已 87 岁,往事如过眼烟云,好多都模糊不清了,但在玉门油矿经历的几件事却记忆犹新。

逃壮丁到玉门当学徒

1932 年,我出生在陕西渭南一个穷苦的农民家庭。1947 年,因逃避国民党抓壮丁,我偷偷地逃到酒泉。1948 年 6 月,通过舅舅的朋友介绍,我到玉门油矿运输队当司机助手,就是学徒工。从此,开始了我的石油生涯。

我当学徒是私下拜的师傅,不属于油矿在编的工人。一切都听师傅的,叫干什么就干什么。我们车队主要是把玉门炼油厂加工出来的汽油,长途跋涉运到兰州或新疆的乌鲁木齐。那时都是槽子车,先把油桶立着摆在车槽底部,摆满以后上面铺上木板,再把油桶放倒摆在木板上。一共装两层三十几个油桶,约有三四吨。从玉门到兰州有一条沙石路,但平时缺少养护,变得坑坑洼洼非常难走。往新疆乌鲁木齐的路更差,几乎都是戈壁滩,颠簸得厉害。从玉门到兰州或乌鲁木齐都得三四天。徒弟不仅替师傅开车,还要照顾师傅一路的吃住。晚上还不能住在屋子里,要睡在槽子车上面,防止汽油被盗或发生火灾。记得1948年冬季的一天,汽车走到河西走廊西端的安西县境内,天已完全黑了。这里前不着村后不着店,只能在野外过夜。师傅第二天还要开车,自然睡在驾驶室。看看天气阴沉沉的,我抱着老羊皮的行李卷,铺在汽车底下,破棉被上面压上光板羊皮袄,就蒙着头睡了。天刚放亮我就被冻醒了,原来后半夜下起了小雪,风卷着雪花钻进车底,铺盖上都是雪粒子。

那时玉门油田员工的住宿条件很差,都是四面透风的简易房子,睡的是土炕。做饭、烧炕、取暖都是烧油渣子。屋里屋外被熏的黑黑的,连周围的麻雀都是灰黑色,我们的脸好像从来没有洗干净过。

迎接解放军进入油矿

1949年8月26日兰州解放,人民解放军即将进军河西走廊,国民党军队负隅顽抗,玉门油矿顿时紧张起来。为了

防备溃逃的国民党军队和反动土匪的破坏,时任中国石油有限公司协理兼甘青分公司总经理的邹明,按照孙越崎转达中国共产党的指示,要组织工人护矿,把玉门油矿完整地交给新政权,交给人民。炼油厂是重点保护单位,邹明下令停产,把空油桶灌满沙子焊接起来,围在炼油厂周围,炼油厂工人三班倒进行守护。工人护矿队在矿区日夜巡逻、巡查,油矿通往外面的路口都有站岗的,通往酒泉的路口设了两道路障。我们运输队的一百多辆汽车开到附近偏僻的山洼里隐藏起来。矿上只留了我们小队的十几辆运输车值班,以备急用。有些家在酒泉的司机担心家人的安危,包括我的师傅,就请假回酒泉了。因此,我们几个学徒都单独顶一辆车。我把车调整好,加满油,随时待命。9月22日,解放军部队攻下嘉峪关,酒泉国民党驻军一看形势不妙,立即宣布起义。9月24日,我们接到命令去酒泉迎接解放军。25日,我们车队载着解放军官兵在前面带路,解放军第一野战军第三军装甲部队开进了玉门油矿。油矿的路两侧站满了欢迎的人群,人们兴高采烈,庆祝玉门油矿获得新生。

  我记得非常清楚,一名解放军连长看我穿的衣服破旧,就把自己的一套新军装(不带领章)送给我。我激动得不知说什么好,立即穿在身上,好多天舍不得脱下来。还故意在人多的地方炫耀,惹得那些年轻人羡慕得不得了。

公家的车不能给家里人用

玉门油田解放了，我也成为油矿的正式员工。我浑身有使不完的劲，连续两年被评为"红旗驾驶员"，1952年初光荣地加入了中国共产党。大约是3月份，组织上经过考察和挑选，让我给玉门油矿局第一任局长杨拯民开车。杨局长是著名爱国将领杨虎城的长子，是从革命圣地延安成长起来的共产党员，给他开车心里真有些忐忑不安。但杨局长和蔼可亲，一口一个"小同"，叫得我心里暖暖的。本来这是杨局长的专车，他却经常让邹明等其他领导坐。当时玉门油矿还有一台美国雪佛莱牌轿车，杨拯民说这车质量好、安全，就安排负责钻井的史久光坐它跑现场，杨局长却坐一辆他从部队带来的吉普车。

有一天临近中午，天空突然下起了雨。我想，杨局长的孩子在玉门小学读书，学校离家比较远，走到家会被淋湿的。于是，我私自开车到学校把杨局长的孩子接回家。杨局长知道后，严肃地对我说："小同，我是共产党的干部，公家车不能给家里人用，今后你一定要注意，我更应自觉。"

我真想回玉门看看

在党组织的培养教育下，我不断进步。从 1955 年担任局机关运输队小车队队长开始，三年一个台阶，1964 年，我 32 岁就担任玉门石油管理局内燃机修造厂代理党委书记。1966 年"文化大革命"中我受到批斗，被强制劳动改造。1968 年，我从"牛棚"里解放出来，不久担任了玉门石油管理局后勤部主任、革命委员会常委，分管全局的农副业生产和后勤服务工作。

1970 年 10 月初，我接受了一项重要任务，代表玉门石油管理局的领导和 20 万职工、家属，专程到北京 301 医院看护病危中的"铁人"王进喜。王进喜是玉门赤金堡人，1939 年到玉门油矿做苦力，新中国成立后成为新中国第一代钻井工人。在玉门期间，王进喜就是西北石油管理局劳动模范、"钢铁钻井队"队长。1959 年 9 月，他被选为全国"工交群英会"代表，参加了庆祝新中国成立 10 周年天安门观礼活动，第一次见到伟大领袖毛主席。1960 年参加大庆石油会战，他和大庆油田成为全国工业的一面红旗。"文化大革命"后期，王进喜是大庆石油管理局革命委员会副主任、党的核心小组副组长。在 1969 年党的第九次全国代表大会上，他被选为中央委员，并受到毛主席和周恩来总理的亲切接见。王进喜祖籍是陕西渭南人,我们也算是同乡。他是玉门标杆钻井队队长,玉门石油管理局领导经常到他的队上去,他也时常到玉门石油管理局开会,我们自然就熟悉了。我还开车拉他与局长一起到兰州参加劳模会。王进喜给我的印象是特别能干、能吃苦,而且很能讲话,讲得实在、生动,我爱听他做报告。

我带着王进喜的姐姐来到北京301医院,看到王进喜被病痛折磨得已不成样子,但他十分坚强,咬着牙一声不吭。我明白,王进喜为了摘掉中国贫油的帽子,拼着命干,长期生活无规律,积劳成疾,一经发现已是胃癌晚期。组织上安排了特护人员,我的任务是每天应王进喜之约,在病床前与他聊玉门油田的事。王进喜对玉门怀有深厚的感情,关心玉门油田的建设和发展,牵挂那些曾与他一起奋斗的工友,总是提起一些人的名字。他与我讲:"我真想回玉门看看,看来是不可能了。"每次交谈不到半个小时,他就累得不行,护理人员赶紧让我离开病房。后来就不允许交谈了,只能到病床前问候一下,或看一眼。

1970年11月15日半夜时分,王进喜同志病逝。我与有关部门的同志正在商议治丧事宜,这时周恩来总理在石油工业部部长康世恩的陪同下,来到王进喜的病房。周总理面容凝重,用手缓缓地掀开覆盖在王进喜头部的白色床单,凝视一会儿,眼含泪花,嘴里喃喃地说:"王进喜同志,你安息吧!"说完,又亲手把白色床单轻轻地盖好。接着转身到

隔壁的房间，向王进喜同志的家属表示亲切的慰问，对王进喜同志为中国石油事业所做的贡献，给予了高度评价。他勉励在场的每一位同志，要化悲痛为力量，继承王进喜同志遗志，努力做好工作。

事情已经过去 49 年，但周总理到医院向"铁人"王进喜遗体告别的情景，永远定格在我的脑海里，周总理勉励的话语我时刻牢记在心。在后来的岁月里，我以"铁人"王进喜为榜样，在石油战线兢兢业业工作直到退休。

我在玉门工作了 36 年，与玉门结下了深厚的情缘。我爱那地底下的石油，爱那滚滚流淌的石油河，爱那广袤的戈壁和起起伏伏的山峁。我已老矣，更加怀念玉门。今年是玉门油田开发建设 80 周年，仅写此文表示深深的纪念。

（高树理整理）

饥年旧事

——探望玉门油矿感怀

华北油田公司原党委常委、宣传部部长　姚治晓

戈壁庄的西边是原来鸭儿峡采油厂的农场，我曾在这里工作过三年。昔日繁盛热闹的农场，如今已是人去屋空，门窗残缺，鸟雀成群，田鼠屋窜，整个农场一片凄凉。除了大片房子的残骸，土地几乎恢复了它戈壁滩的本来面貌。当年通往矿区平坦的公路，现在路面已经凹凸不平了。就在这路边，我找到了30多年前自己亲手栽种的那棵白杨树，它现在已经长得可以双臂合抱了，这棵树见证了这里发生过的一切。

戈壁庄本来是一个只有几户人家的小村庄，靠从祁连山根流出来的一股有碗口粗的雪水为生，村庄周围种了十多亩地，就可以使全村人粮食自给有余了，其余的土地都荒着。戈壁庄的北面十多里地有一大片洼地，那里有东湖、西湖等村庄，那些村离祁连山较远，山根有一条河流不到村就被戈

壁滩的沙石吸干了，但是，河水还是穿过沙石从地下流入了洼地，地下水饱和之后涌出地表，便形成了这偌大的一片湿地。据说水旺年份，湿地中曾出现过两个湖泊，于是便有了东湖、西湖的美称。

20世纪50年代末60年代初，我国遇到了新中国成立以来最大的自然灾害，粮食歉收，棉花减产，人民生活遇到了暂时的困难。按照甘肃省粮食部门的规定，玉门油矿的石油工人按劳动强度的不同，吃饭实行定量供应，油、肉、蛋、糖等副食品凭票供应。钻井工每人每月54斤，辅助工种每人每月35斤，机关干部每人每月28斤，按人头平均每人每月二两食油半斤肉，其他副食品不定期发票供应。不久，因地方粮源不足，职工的粮食定量按工种依次下调到45斤、36斤、30斤、24斤。有的单位还号召辅助工种和在机关工作的党员带头不吃早餐，节约粮食支援一线重体力劳动的工人，这样最低的竟到了20来斤。于是，职工中出现了男的浮肿、女的闭经，接着出现了吃野草中毒、吃糨糊中毒，再接着出现了偷馒头、偷面粉、偷餐证券，再往后就出现职工外流……过了不久，地方政府又宣布职工及家属穿衣发布票、穿鞋发鞋票、结婚成家的发锅票。当时一切短缺的物品都实行了票证供应。饥荒严峻地威胁着职工队伍的稳定，当时的领导们号召职工队伍团结在党的周围，克服暂时的困难度过荒年。

这就是20世纪中叶中国历史上有名的三年自然灾害造

成的困难时期。在这关系职工队伍生存的时刻，油矿的领导者们开始动脑筋想办法。有的建议储存蔬菜，其道理是多吃菜可以少吃粮食，有的建议把骆驼草粉碎加工掺入面粉，其依据是骆驼吃了不中毒，人吃了肯定不中毒，有的建议进山打猎，其理由是副食品供应太差。这些办法都采用了，实践证明给面粉里掺骆驼草的办法较为实用，于是便出现了夹心饼、混合面、骆驼草点心、水发馒头，等等。这些发明创造一出现，上级就决定召开现场会交流经验，倡导"互相学习，粗粮细做，取长补短，改善生活"。后来又决定书记挂帅进食堂抓生活，派监督岗进食堂监督供应量，同时防止有人多吃多占，当时，吃饭成了头等大事。

饥饿使人们认识了粮食的重要性，同时也认识到了当时采取的办法不是解决饥饿的根本办法。冷静下来之后，上级领导者们琢磨着种地，于是从祁连山下到戈壁滩头，很快出现了戈壁庄农场、东湖农场、青山农场、戴家滩农场等。凡玉门矿区周围近到十多公里，远至百余公里，有条件的地方各厂处级单位都抢着占地办农场。

当时我所在的鸭儿峡采油厂是离戈壁庄最近的单位，仅十多公里。领导派人很快占了一块近千亩地的荒滩，提出了"亦工亦农干革命，工业农业双丰收"的口号。同时做出了农场人员轮换制和机关干部参加农场劳动的制度。随后抽调人员，开荒造田，平整土地，打井取水，挖沟排碱。头一年主要是开垦荒地，同时种一些少许的试验田，基本没有多

大的收获。到了1961年,厂里筹划春耕前的准备工作,摆开了大干的阵势,召开职工动员大会。当时我是保卫科的干事,整天忙于维持社会治安,保卫食堂安全,处理偷面粉、偷馒头和队伍稳定等事宜。当时我想,全科7个人,都忙不过来,夜里电话不断,常常加班加点彻夜难眠,怎么还抽人去种地呢?给我谈话的是我们的科长,他说:"当前吃饭是个大问题,农场种地很重要,你是刚转正的共产党员,应为党分忧解愁,接受组织上的考验,到农场劳动3个月。"听了科长的通知,我立即表态:"服从组织决定。"但是,心里是惧怕的,因为我看到从农场回来的人都是蓬头垢面,脸上脱皮,手掌结茧,手背裂口,但是,一想到是党对我的信任和考验,立马又来了精神,感到自豪,觉得我好像比其他人高了一个档次。

在一个风雪交加的上午,我们被确定去种地的几个人背上被褥,提着脸盆和洗漱用具,按通知的时间到调度室乘车,值班的同志说,有一辆昨天进山拉羊粪的车因下雪没有赶回去,一会就走。于是我们就乘那辆送羊粪的吉斯车(苏制卡车)向戈壁庄驶去。雪很大,风很大,站起来很冷。我们就把行李放在羊粪上,人坐在行李上手抓栏杆背向前方,这样感觉挺好,只是风卷起的粪土向人脸上扑。虽然只有十多公里的路程,可是,因雪大风大走了一个多小时,冻的我们鼻涕长流。

到农场后我发现了好多熟悉的面孔,这里面相当一些是偷过馒头、偷过面粉或犯过其他什么事，和保卫科打过交道的人。现在我要和这些人一块劳动了，心里感到怪不是滋味。一天在地里干活，一位因偷了别人的餐证券经我亲自处理过的人走近我小声问："你是不是也……偷了别人的馒头？"我看了他一眼，没有搭理，他转过身一边走一边自言自语地说："怪不得你也劳改来了，饿极了谁都偷。"我对他的问话无意做什么解释，但他的话却在我耳边引起了回旋，望着他那1.8米的高大个头，我暗暗思忖，一个月28斤粮食他能吃饱吗？在日后的劳动中，我发现他很能干活，对我也没有无礼的表现。有一次抬土他主动把装满土的筐向他一方移了移，这显然是他对我的照顾。有一个星期日他上二班给田里灌水，到了零点接班的人因到矿区休息没有赶回来，他主动提出连班，冬季灌水在农场来说是一项既苦又累的活，何况是夜班，可是他连续工作了16个小时。在以后的日子里我们相处得很好，我思摸着他是饿极了才干了那件不该干的事。古人言："仓廪实而知礼节，衣食足而知荣辱。"

我们在农场平田整地、打埂灌水干了两个多月。一天厂党委书记张一青同志来农场检查工作，见了我问长问短，我一个小干事平时党委书记是看不见的，今天主动问话使我受宠若惊。他最后问我来了多长时间，我说再有十多天就回去了。他说："你就再干一个月吧！"我说："有事呀？"他说："情况是在不断地变化……"但他没有说出什么事，我心里暗暗吃紧，但又不敢反抗，嘴上还是答应了。过了几

天，厂组织部来人通知农场党支部书记调到采油队工作，并通知我代理农场党支部工作，我说："我是刚转正的新党员，没有做支部工作的经验，代理党支部工作不合适吧？"他说："组织上已经决定了。"并叫我立即接手续，搬到办公室去住，好像住办公室是一种待遇。其实我心里明白，眼下没有人愿意到农场来，一是辛苦，二是农场人员复杂，全场一百八十多人，除了一线下来的老工人，偷馒头、偷面粉的小偷就占三分之一，谁愿意到这里来呢！而我党龄又太短，正式任职不合适，所以只能是代理了。

那时农场只有一栋简易的用土坯做墙的泥土房，是作食堂操作间用的，操作间西头隔了一间小房子作为办公室，只能住下场长、书记和食堂管理员三个人，其余的人都住地窝子和帐篷。农场场长是一位8级老工人出身的井下作业队队长，因年过半百，调到农场当场长。我俩配合很好，有分工有合作，按各自的职责进入正常运行，平田整地工作进展的很顺利，只是繁重的体力劳动与仅仅28斤（厂内部调整标准）粮食定量仍困扰着人们劳动的积极性。

那个时候没有自由贸易市场，国营副食品商店除了酱油、醋、盐，有时还卖一些甜水（类似果子露）之外，再没有什么吃的可买，即使有吃的东西也要凭粮票才能买到。星期日大家提着三个瓶子早早到商店门口站着，商店一开门，久等的人群蜂拥而进，商店内外一片瓶子的碰撞声。人们吃饭时把从食堂买来的饭菜加些水煮沸，再加上些酱油、醋、盐伴甜水喝下去充饥。那个时候人们聊天的话题都是吃饭，晚上若走职工宿舍，耳闻目睹的都是人们在一起谈论过去的"美味佳肴"，有的说"家乡的白米饭真香，要是现在能吃上一碗就好了"，有的说"1958年吃大食堂，米饭馒头随便吃，吃红烧肉都不吃皮，真可惜"，还有的说"我们在部队吃饭根本不知道什么叫定量等。当时有人把这些现象称为"三瓶会战，精神会餐"，其实这样的会战不抗饥饿，这样的会餐越说越馋，越馋越饿，越饿越睡不着觉。

有一天深夜，我隐隐约约听到屋子外面有响声，还有人说话的声音。出于保卫干事的职业习惯，就起来沿篷察看。发现有一顶帐篷里有灯光，我便向灯光走去，忽然灯光熄灭了。这时我闻到了一股皮毛烧烤的怪味，就走过去喊他们把灯打开，走进帐篷后，我发现八个人围坐在火炉边，炉火上的脸盆里发出咕嘟咕嘟的沸声，我揭开盖在上面的脸盆，看到里面煮着有手指宽一尺多长的一盆白色条带，我问煮的什么，八个人都低着头，无一人答话。在我一再追问下，其中一个人说是牛皮。我看着脸盆里沸腾翻滚的牛皮一时不知可否，这时一个人马上拿起脸盆盖上，嘴里咕叨着说："不多了，就这些"，脸上表露着怕我分享的难色。人是"急不择言，饿不择食"，在这一瞬间人发自内心的语言和表现出来的外在行为是一致的、真实的，没有任何虚伪和做作。此时此刻我没有勇气责怪他们偷了农场的牛皮，我只想到牛皮吃了是不会中毒的，红军长征路上不也吃过皮带吗？想到这里

我心中一阵酸楚，便退了出来。第二天早上我发现炊事班房顶上晾晒的野牛皮、野驴皮都不见了，也不知什么时候被人吃光了。我问食堂管理员打猎队送来的肉呢？他说在库房里，我说那是过春节要用的肉可不能丢了。

那个时候虽然很苦，但逢年过节老搞革命化，好像成了规矩，叫做过革命化的节日。不是进山拉羊粪就是组织义务劳动，劳动完给大家改善一下生活，就算过节了。祁连山里有无数的羊圈，都堆积着厚厚的无人要的羊粪，它是各农场肥料的主要来源。我向场长建议春节前进山拉一次羊粪，节日让大家休息。场长说西湖大队来人借车拉麦子，条件是拉一上午麦草给我们三斤食用油，若代装车，麦垛底归我们。我问要麦草垛底干什么？场长说垛底有残留的小麦，一个垛底能筛出一百多斤小麦粒。我听了觉得可行，就和场长商量决定不拉羊粪了。春节前我们用汽车给老百姓拉了半天麦草，结果麦草垛底筛出了一麻袋麦子粒，足有二百多斤。大家高兴极了，当天下午就拉到农村水磨上换成面粉。因这是粮食定量以外的收获，大家提出要细水长流，当天晚上全场在场职工每人发了一碗揪面片、一个馒头的餐票，那顿饭是我们农场吃得最痛快的一顿饭，就连锅里的面汤也以原汤化原食为由喝光了。那年三十晚上，我们把食堂拌好的饺子馅、包饺子用的面粉发到班组，由班长组织大家吃年夜饭，大家都很开心，都说春节过的有滋味。后来有人向厂纪委反映我们以物易物，用公家的汽车给农民拉麦草换食品，属于犯纪。厂纪委派人来调查，我如实汇报了情况，调查的同志最后只说了一句话，"今后工作应注意政策"，后来也没接到什么处理意见。春节过后一个多月，厂党委书记张一青同志又到农场来了，场长向他汇报了冬季生产情况，我汇报了党支部工作和职工思想动态。他听后表示满意，对我们的工作做了肯定并就春耕、春播的准备工作讲了一些意见，没有提以物易物的问题。给我续加一个月的劳动期限早已超过了，他也不提我回厂的事，我几次欲问又难张口。书记大概看出了我的心事，最后他半开玩笑地说："情况是在不断地变化，你再干半年吧，到时候再说。"我不知道这再干半年是奖还是罚。就这样我在一次次"情况是在不断地变化"的情况下，在农场一直干了三年，三年里我一直是代理党支部工作。时间长了大家都称我"书记"，其实，我是个名不正言不顺的党支部书记。

在三年的种地生涯中，我饱尝了戈壁滩务农的酸甜苦辣：1962年的春播工作中，我们将戈壁滩含碱地春季翻浆的湿度误以为是可以下种子的墒情，结果百余亩地数千斤小麦种子下地一苗不出，急得我和场长天天在地里扒开地皮看麦粒，7天、8天、10天过去了，麦种子仍原样未动，主管农业的副厂长怀疑墒情不好，我们怀疑种子有问题，副厂长说别的农场麦子出苗率很好，我俩傻眼了。晚上我到戈壁庄找老农求教，他说地墒不够，我说播种前我看过墒情很好，他说这里滩地翻浆，那是假墒，我问有什么急救办法，他说

灌水也许能出一些苗,我们回来立即组织人灌水,后来在低凹处出了一些麦苗,数百块地东一片苗西一片苗就是没有一块地是全苗。百十亩地的产量仅比下种量超出不到千斤。这一年的春耕春播工作,我们向厂党委和厂里做了检查,我们悔恨极了。党委张书记怕我们泄气,风趣地说:"成绩是主要的嘛,种子数量还是收回来了,买个教训,明年就好了。"他这一说,我们的心情似乎轻松了一些。

种小麦失败了,我们就抓紧种菜,由于有种小麦的教训,我们的工作慎重多了。厂里又给我们派了一些生产骨干,有党员有团员还有一些很能干活的积极分子。我们开展了班与班的劳动竞赛,成立了业余农业科技小组,请农艺师讲课。同时,进行碱地灌水加沙,改良土壤,对种菜的地进行精选。对没有把握的地块宁愿荒着也不去种,使种菜工作进展很顺利,提前完成了播种面积。一天管理局主管农业的于副局长来检查蔬菜播种和田间管理工作,发现一大片地没有种。他问什么原因,我说那里是上游排碱水经过的地段,种上不出,他说甜菜抗碱,我又给他解释种甜菜没经验。他不耐烦了,提高嗓门,带着几分火气地说:"没有结婚怎么知道人家姑娘不生孩子!"我无言以对,就和场长商量种甜菜,说实在的,对在这几块碱地里种甜菜我们的态度是不积极的,但上级指示不得不种。我们不抱任何希望地在碱地里种了三亩地的甜菜。谁知那年甜菜竟丰收了。

在秋菜田间管理的时候,管理局的党委书记焦万海同志带了一些人来到我们农场检查工作。临走时说:"采油研究所要来一些同志到你们农场体验生活,你们给准备两顶帐蓬,粮油定量和你们职工一样对待。"听了焦书记的安排,我和场长心里都犯叽咕,因为我们的定量是厂内部调整的,外单位的人来了……心里不满意,嘴上不好说,何况是局党委书记说了,只好点头答应了,好在农场有蔬菜接济。第二天采油研究所干部部门送来了十多个人,我和场长出去迎接,还叫了几个年轻人准备帮助搬行李。车到了一看,全是一些年轻的女大学生,只有两个带队的女同志年龄大一些。她们一下车叽叽喳喳乱叫,有的背着琴,有的拿着球拍,还有的抱了一大包书。我叫人帮她们把东西搬进帐蓬,送人的同志忙着找场领导办交接手续。这时我发现场长不见了,我叫他们跟我来,走到办公室门口就看到场长坐在床边生气,他一见我就说:"这哪里是来劳动,是来唱戏,拿琴的,拿球的,没有一个拿铁锹的。"紧跟在我身后研究所的同志客气地说:"是来体验生活,给你们增加麻烦了。"办完手续,安排好住宿,我们就和领队同志商量工作问题,决定把她们编入现成的劳动班组,并给班长打招呼,工作上给予适当照顾。实践证明我们最后一句话是多余的,挑筐、拉车运土之类的重活那些男的都抢着干,根本到不了她们的手。自从来了这些女同志,农场就热闹起来了,田间有了笑声,帐蓬里有了歌声,院子里有了打球声,球场外有了喝彩声。大家劳动的积极性增强了,劳动效率也提高了,就连帐蓬里的卫生

也有好转。那些平时邋遢的男职工，出门衣服也比以前整齐了，那些出言不逊、满嘴脏话的人说话也收敛了，似乎整个农场面貌都发生了变化。这一自然现象，是我们前所未料的。社会大概就是这样：因为有了劳动，人们才组合到一起；因为有了男女，社会才有了生气。这些大学生在以后的日子里，不仅在田间劳动时积极肯干，吃苦耐劳，而且在农药杀虫、化肥使用等工作上都发挥了应有的作用。那一年蔬菜长势很好，夏菜、秋菜都取得了较好的收成。我们将长成的头茬、二茬菜给厂里的职工食堂送去，以答谢各单位对农场的支持。当我们看到一车车蔬菜从田间开出，心中有一种胜利者的喜悦。我们党委的张书记来了，我给他说今年的蔬菜长势很好，特别是甜菜有望丰收，他笑了笑说："你们是'喜爱小麦麦不成，不爱甜菜菜满筐'。"我说："我们不是不爱，是爱莫能助。"

　　蔬菜给职工的生活补贴是微不足道的，只是局部缓解了一下困境，真正抗饥饿的是粮食。就从这一年起，人们在实践中已摸索出了种地的经验，油田各农场粮食连年丰收，大大缓解了粮食紧张的被动局面。这一创举引起了石油工业部领导的重视，玉门油田工业办农业的经验常常见诸报端，现场会议频频召开，参观人员络绎不绝。就在这一时期，从玉门油田调到大庆去的职工家属薛桂芳，在茫茫草原带领五名家属开荒种地，于是"五把铁锹"闹革命的消息传遍全国，一时工业办农业在全国各石油企业蔚然成风。非城镇户口的职工家属纷纷迁居农场，既增加了劳动力又解决了夫妻分居，领导满意，职工拥护。玉门油田在地方政府的支持下，农场建设日益完善，数以千计的职工家属在农场安家落户。当时，虽然全国经济形势逐步好转，农业取得了好收成，市面出现了副食品，但是，粮食定量供应、生活物资凭票购买的规定仍在执行，这一未变的政策，促使着企业办农业的决心，并一直延续到党的十一届三中全会之后的20世纪80年代末。

改革开放带来了社会的进步和经济的繁荣，市场经济促使企业走上了规范化的道路，也促使工业战线、农业战线发生了很大的变化。企业办农场是特殊年代的产物，随着油田职工家属生活条件的改善，戈壁庄农场又恢复了它戈壁滩的本来面貌。

再见了戈壁庄……

再见了白杨树……

石油人成长的摇篮

中原石油勘探局原副局长　任宗声

1953年,玉门油矿被列入国家"一五"计划156个重点建设项目之一。技工、学生、机械设备纷至沓来,数万人将自己的青春芳华奉献给了新中国第一座石油基地的建设。

1956年初夏,一列西去的火车,把我们这批西安石油学校的青年学子拉到玉门油矿实习。从玉门东站下了火车,坐在矿务局接我们的敞篷卡车上,大约走了30余千米,一路上映入眼帘的戈壁滩虽然绿意全无,但是我们并不觉得荒凉,反而增加些许惊奇:这石油很怪,长在人烟稀少的地方,地上穷得寸草不生,地下却富得流油。其实对我们这些刚入校不久的学生来说,油矿是个什么样完全没有概念,渴望看看油矿风采的心情还是挺急切的。

汽车把我们拉到当年北坪钻井公司所在地,给我们发工作服和安全帽,同学们当场试穿,都新鲜得不得了,因为从来没穿过工衣。由于玉门早晚很凉,工服都是两层的,外面布很厚实。带队的老师说,同学们穿的和正式工人都是一样的。实习期间，油矿领导给予我们生活上无微不至的关怀，每天车接车送，一个月发25元伙食费，这在当年是中等偏上的水平。一种对油矿的亲切感油然而生，心里热乎乎的，感到国家对石油工人的劳保福利、对青年人的培养是极其重视的。

学校组织实习的目的是帮助我们系统了解石油专业知识。我们每天去各种类型的钻井现场，听技术人员介绍施工情况，观察工人师傅现场操作。那些年用的钻机基本上都是美式和苏式的，还没有国产钻机。少数先进钻机及重点井上有苏联专家现场指导。专家听说是钻井专业的学生来实习，就带着神秘的语气说，钻地球是非常复杂的技术，你们要下功夫钻研。这些话给我留下了深刻印象。我们先后去固井、测井、管子站、机修厂观摩学习，方知钻井工程是系统性、技术性非常强的组合体系，哪一样跟不上都不行。

业余时间同学们三五成群逛双马路，这是油矿最好的路。矿务局机关、玉门市政府机关和文化、体育、医院、商业等单位都分布在路的两侧，两条路中间栽种了整齐的行道树。从南坪到北坪是下坡路，从南坪浇水一路流下来才保住了这点绿色，这唯一的人工美景来得太不容易了！石油职工下班后都喜欢到这地方逛逛。文化宫里有书，体育场上有球，青年人活动场所基本都有。同学们都说玉门是个好地方，将来能在这儿工作是幸运的。双马路街心公园中间矗立着孙健初先生的纪念碑。没有先生的早期勘探，哪有今天的

玉门油矿。如此贡献，值得石油人永远怀念。

虽然1939年玉门油矿就诞生了，但一直是个小地方。新中国成立后，大规模的经济建设需要石油，而能提供石油的只有玉门油矿。在中央的大力支持下，一座新兴的石油城在戈壁滩上拔地而起。我们听说玉门的日用商品全是上海直供的，真是国家的香饽饽，觉得当石油工人无比荣光。这一切让同学们明白，国家多么期待油矿多产石油啊。

1956年的玉门一派欣欣向荣。我们接触过的干部和工人的精神面貌都积极向上，给同学们留下美好的印象。一个月的认识实习很快结束了，我们实现了思想和学业双丰收。油矿的情怀，石油工人的品格感染着、激励我们学好专业报效祖国。我们怀着无比眷恋的心情，踏上东去返校的列车。

1958年，是中华人民共和国历史上具有标志性的年份，全国各地掀起鼓足干劲、力争上游、多快好省建设社会主义的高潮。就在这一年的毕业典礼上，马文校长对我们讲，祖国建设一日千里，你们到哪里去？到边疆去，到艰苦的地方去，到祖国最需要的地方去，我再加一句，到有石油的地方去，哪里有石油，哪里就是你们的家！铿锵有力的声音至今仍回响在耳旁。当年只有一个志愿，就是服从组织分配。学校宣布，大多数去柴达木、克拉玛依，因为那里发现油田急需人才。钻井专业只有少数同学分到玉门油矿，我是幸运者之一。真是双重高兴啊！一是我在那实习过，对玉门有感情；二是老石油基地学技术的条件好。拿着学校的报到证，背着简单的行装，我马不停蹄赶到玉门。

我被分到钻井一大队贝乌四队，从队长到工人主要是石油师的官兵，还有一些新退伍军人。实习生上班从场地工干起，钻井液槽旁捞砂子、井场撬钻杆、洗刷接头丝扣，帮技术员拉皮尺量钻杆、套管，值班房记报表。这个阶段完成了才能上钻台，学打内外钳、井架工等操作技能。

这一年，所有钻井队都力争多打井、快打井，争着在祁连山上立标杆。我们队和王进喜所在的贝乌五队同在白杨河打井，摽着膀子展开劳动竞赛。我们队长和王进喜吃住都在井上，一天睡不了几个小时。年底王进喜队打井超过5000米，立了标杆，评上全国劳模，参加国庆10周年群英会。真是羡慕啊，我们队打了4600余米，就差几百米，全队人员惋惜的心情可想而知。我还记得，大队党总支书记动员王进喜做一套毛料中山服，代表石油工人去北京见毛主席。他说啥都不做，最后经多次做工作，才勉强做了一套，只在北京开会时穿，回到玉门又穿上老工服，这就是王进喜，这就是玉门人，我由衷地敬佩。当年玉门油矿像王进喜这样的还有很多，各系统、各单位都有响当当的代表人物，他们撑起了玉门油矿，撑起了中国石油工业，他们是石油战线最可敬的人、最可爱的人，是中华人民共和国的脊梁。

1960年，是中华人民共和国历史上极其艰难的岁月，但也有亮点，大庆石油会战便是其中之一。玉门油矿从

1959年就进入了比较困难时期，从生产到生活，影响方方面面。基层工人十分朴实，只要有任务，劲头蛮足的。当年我干生产调度工作，经常跑现场，井队都在想尽办法把井打好打快，岗上、沟里、采油平台上各种作业井井有条。但是下班后走进食堂就能感到吃的大不如以前了，地处偏远的玉门比其他地方的困难来得更早些。

到1959年底，玉门要进行钻机维修职工培训，准备参加大庆会战。我被抽到培训队讲钻井工程。第一期结业已临近1960年春节，消息传来，第一批钻井队于3月调往大庆，王进喜的钻井队就在其中。不久，第二批、第三批就布置下来了，真有点当年"雄赳赳、气昂昂跨过鸭绿江"的味道。

玉门油矿支援会战已经不是第一次，克拉玛依会战，川中会战，玉门都要上队伍。诗人李季说："凡有石油处，就有玉门人，"这话是石油发展史的写照，只不过大庆会战调的队伍和设备是规模最大的，几乎一半以上的精锐都走了。对当时的石油工业还有什么比拿下大庆油田更重要吗？这就是玉门人的胸怀，玉门人的大局观。这年入冬，我结束了培训队的任务，跟着队伍踏上东去大庆的列车，不分白天黑夜一路疾行，完全像部队调动一样，石油系统军事化的作风真是过硬。路过北京丰台，石油工业部送来一汽车烧饼、馒头，这在当年已经是非常了不得了。列车一连走了七天七夜，终于到达萨尔图车站，从此融入大庆会战的洪流中。

别了，培养我成长的玉门；谢了，帮助我进步的油矿领导。无论走到哪里,都会想起这辈子的第一张生活入场券是玉门颁发的。把每一天都当作新的生活开始,又是一场考验,保证合格,争取优秀,以报答玉门。

几十年来,无论我转战到哪个油田,无论我在哪个岗位,玉门精神都在激励着我;无论碰到多大困难,无论遇到多大挫折,玉门精神都在鞭策着我。玉门油矿,是我心中的圣地,是我魂牵梦绕的地方!

想想过去,看看今天,从一个玉门油矿,发展成为石油大国,百万人的石油大军,这是几代石油人的辛劳和汗水浇灌长大的。水有源,树有根,这一切都不能忘记玉门人的卓越贡献,值得所有石油人铭记心中。不忘初始,才有未来。

(高树理整理)

我与玉门的十一年

长庆石油勘探局原副局长　倪宗僖

1958年5月，我从北京石油地质学校毕业，当时有新疆、银川、四川等地的油田可以选择，大部分人去了新疆、四川，我选择了来玉门油田。我们那批一共有27人来了玉门，因为我立志想成为一名地质师，而玉门油田当时来讲是一个比较成熟的油田，技术配套设施比较完善，认为更适合勘探工作。在玉门虽然气候上、饮食上不太习惯外，当时也不觉得条件艰苦，因为我们来之前的那批人，是老知识分子，还有石油师部队转业的人，都是很能吃苦的人，所以我们是跟着这些人成长的，是这些前辈们把我们带出来的，我们传承了他们的精神，所以并不觉得苦。

来到玉门油田后，我被分配到勘探公司，就是后来的井下技术作业处。当时的钻井一大队在青草湾打鸭儿峡的井，我是搞地质的，跟着钻井队当采集工，负责录井、采集资料等工作。1959年的时候我调至大红泉，参与了探井大四井的录井工作。

1959年秋，因为要开始向大庆调人，青草湾钻井一大队与矿上的钻井队合并，我也就回到了矿上。原来我们打的都是深度在两千至三千米的探井、评价井。回到矿上，变成了打浅井，而且当时的打井速度快，经常一两天打好一口井，完井周期一般三天左右。这就意味着我们录井工作量非常大，经常连睡觉都在井队上。

1959年我加入了中国共产党。1960年春，我被抽调至勘探公司总支当宣传干事，主要工作是到各个井队上去，搜集好人好事，做简报等工作。三个月后，调至局党委，为当时的书记刘长亮担任秘书，刘长亮是一位老干部，1931年就参加了工作，他当时的职务是张掖市委第一书记、玉门市委第一书记和玉门局党委书记，我是他在玉门局党委的秘书，主要负责帮助刘书记收集资料，在技术上做一些工作。

其间，跟着书记去了很多地方。1960年7月的时候在刘书记和当时的常务副局长陈宾的带领下，一行11人带着秦剧团和文工团去大庆慰问，整个过程两三个月。

1960年12月，玉门市委组织党校大批干部下乡，我作为书记秘书就同刘书记一起下乡，主要就是安排人民生活，一个人去一个队，搞访贫问苦，召集人民谈话。当时的条件很艰苦，每人一天就四两口粮，当时是十六两称，按现在的换算方式实际只有二两半，很多人待了几天就坚持不下去了。为了度过冬天，开始搞自救，政府通过过一段时间加二两粮的方式进行配合。我算是其中待的时间最长的，1961

年7月才回到局里。

回到矿上之后，我逐渐发现自己不是特别擅长宣传工作，同时也发现离我地质师的梦想越来越远，思想就开始动摇，便向领导申请回去搞地质，领导同意后，以归队技术干部的身份被分配到二油矿地质室搞采油工作，担任采油一队的技术员职务。干了没有多久就被抽调至二油矿党委做宣传工作，先是帮忙，后来党委下文正式调任，我拒绝了。当时正好玉门油田由于调走了大批勘探人员，开始重视勘探工作。1963年9月，我又被调入井下作业公司。在工作五年后，重新从工人岗位干起，先后在井下处地质大队、地质室工作，后来担任了地质队队长。

"文化大革命"期间，我担任革命领导小组组长，整个小组有70余人。其间，我还是以生产为主，尽量不让阶级斗争影响生产，我向上级建议解散地调队，把人员往井队分，当时局里也在组织新的勘探力量，成立了地质勘探队。1968年底，玉门局成立地质调查大队，我担任地质综合研究队队长。1969年，我们主要做了花海盆地勘探工作，在花海工作了整整一年，写了《花海盆地报告》。

1969年底，成立了陇东石油勘探筹备处，地调队抽调6人前往陇东，我是第一批28人队伍中的一员。1969年11月1日，到达庆阳，带去了地调大队全员和全部设备，随着勘探开发的进展，各队人马也陆陆续续来到庆阳，拉开了庆阳开发的大幕。

而当时的背景是备战备荒为人民，玉门由于相对而言离苏联比较近，处于前线地区，所以计划将重点转移到陇东，保证安全。期间发生了很多难忘的事情。当时到了庆阳后，由于是战备状态，地调大队在庆阳武装部对面挖地道，1970年3月20日那天，地道塌陷了，我们大队5个人都被埋在地道中，其中有我们小队4个人。后来这5个人还被庆阳市列为烈士。来庆阳后没有住的地方，我们只能住废弃的窑洞，后来就用"干打垒"的方式自己造房子。庆阳的地形比较复杂，特别是雨季，房子很多都是黄土修建的，雨季很容易发生洪水，曾经有一次雨季洪水来了，一个石油队被冲走，井场被冲塌，测井车都被冲跑了。就是在这么艰苦的条件下，我们继续发扬玉门人不怕苦不怕累的精神在找油、采油。

纵观玉门油田发展，玉门油田始终没有放弃勘探，包括后面发现的吐哈油田等。一个油田的发展离不开勘探，作为石油老区，这种精神更应该发扬。

（薛雅、赵颖整理）

根深叶茂的 603 精神

长庆石油勘探局原副局长　陈国法

1956年，我从老家临洮考入了玉门技工学校，1959年毕业后被分配到老君庙采油厂综合四队，在实习期结束后担任了副队长职务，1959年底，队长薛国邦调往大庆，我就以工代干，担任代队长，1964年任队长。在玉门工作的经历让我一生受益匪浅，可以说是玉门培养了我。

首先记忆最深刻的就是玉门人艰苦奋斗、勤俭节约的精神。玉门的艰苦奋斗是从很小的地方，很细微的地方体现出来的：我们在工作的时候遇到破旧的阀门、手轮等都要收回去，把里面好的芯子、手轮卸下来，然后下一个阀门坏了再拿回来把好的留下，让维修队来把能用的配在一起，磨好又是一个新的；棉纱也是这样，我们那个时候没汽油，冬天把天然气管线里的瓦斯油收回来洗棉纱，棉纱不是用了以后脏就扔掉，而是反反复复使用；玉门的芨芨草很普遍，我们当时就在秋天把芨芨草抱回去扎扫把扫院子；报表也不能随便乱撕乱用，发报表都是以张为单位的。当时玉门是全国的石油基地，应该说相比之下是有钱有物的，我就想这么大的企业把这个旧的东西还要用上真是特别难得。所以说这一点对我影响特别深刻，这些都是老师傅给我们教的，让我们学的，让我们干的，艰苦奋斗精神是我们传承下来的，不是我们创造的，我们能做的就是再把这种精神传承下去，这种精神在我一生的工作中都延续了下来。

同样难忘的还有玉门风格，在中国凡有石油处就有玉门人。在支援大庆会战、新疆会战的时候，玉门还有一点"家底"，但是到了陇东会战的时候，玉门提出的口号是"跑步上庆阳"，基本上就把玉门的家底全掏空了。钻井、油建、井下还有机械厂全上了陇东了，当时油建不仅把职工调到了陇东，还把章子都拿走了，可以说大庆把玉门的"精英"拿走了，长庆把玉门的"家底"抽走了。觉得玉门人真是全力以赴支持会战，对长庆的贡献太大，后来我回过一次玉门，我的老同事就说当时非常困难，除了因为被抽走大量人力、物力后还要坚持生产外，还有人心的浮动，因为那个时候大家都想上陇东，陇东在当时来说是甘肃的粮仓，自然环境比玉门好一点，玉门过去讲就有一句顺口溜："风刮石头跑，地上夹的骆驼草，男的多女的少。"说的就是玉门当时的条件。尽管后来玉门在不断建设，但是自然环境、海拔的高度这些都是改变不了的。1960年生活困难，玉门仍坚持为国家生产石油，那个时候即使有钱在玉门都买不上一个烧饼。后来余秋里部长到玉门组织上产，看到大家都吃不饱

就做了一些调研,开了一个"吃饭大会",专门让各单位选派一些饭量比较大的同志去不限定量的吃,就看到底吃多少能吃饱,调研后余部长就说之前的定量还是太少,大家吃不饱,因为玉门没有辅食,主要靠定量的粮食。所以余部长就提了一个"三硬一软两头掐"的要求,"三硬"就是三个硬菜,萝卜啊,洋芋啊,这些都算是硬菜;"一软"就是指白菜,"两头掐"是说做白菜的时候不能把白菜帮和叶子都算进去,把这两头去掉,要让职工吃到白菜中间这段,职工的生活得到了很大的改善。

再就是玉门搞的"三老四严""四个一样"、严细作风、规格化这些管理。我当队长的时候矿上开始搞规格化,603岗位因为成绩优异,被我们队选出作为标兵岗。那时候"三老四严""四个一样"、规格化真的不是口号,而是扎扎实实落实在603岗位每一件工作中,这种艰苦奋斗、自强不息的苦干实干精神,严细认真的精细管理理念,务实创业的作风逐渐沉淀,铸就了永不褪色的603精神。

我们队上发生过这么一件事,我们的一个采油工蹲在井口取样,狼来以后一下爬在他的脊背上,他猛地起身把棉袄都撕烂了,赶紧就把管钳抡着跑,狼就在后面追,跑回站上就"砰"的一声躺倒了,给师傅说"狼、狼、狼、狼……"这个事我们当天就开职工会讲了,那时有些女娃娃每两小时就要上井去,她们就拿一个铁棍子把管钳贴在下面,制造些金属声让狼不到跟前来。晚上我们队干部就在狼出现的地方检查，看到我们的工人从站上一出来就打着手电筒完完全全的检查了一圈，一边敲着声音一边检查着。就算是有狼，都影响不了我们工人巡检，这个事那就看出每个职工都把"四个一样"落在了实处。

那时候603岗位为了把这个交接班交的严格一点，就搞了一个"面对面、手拉手，你不来我不走"的方式，交接班就到井上去，站上交接完以后一个一个点都要交，后来又发展到每一个井有二十多个点进行交接，开始所有人都觉得很烦琐，但最后大家逐渐把觉悟水平提高了，思想境界提高了，建立起互相信任后，就把"面对面、手拉手，你不来我不走"这一制度取消了，但大家早都把这种工作态度变成了一种习惯了。

规格化还体现在我们的报表填写上。当时很多职工文化水平都不高，为了提高大家的文化水平，我们就把写字列入了日常工作范围，要求每个人在每天工作的闲暇时间写50个字，把写字纳入了交接班的一部分，在这样的练习下，每个人都写得一手漂亮的方块字，报表上自然就整齐起来了。职工对自己的要求也变得高了起来，人手几个刀片，写不好就用刀片刮干净重新写。

慢慢地对岗位要求也提升了，岗位工人都要会搞油井分析，画剖面图等，职工的知识面一年一年不断地扩大，业务水平不断地提高。说搞油井分析，刚开始工人都不耐烦，说分析不来，后来学着画柱状图、剖面图，一点一点的积累，

这才出了以后分析能手。像苟春福、邓天意这些人都是从603岗位出去的。

  为了让设备运行地更好，我们职工也是集思广益想办法。抽油机变速箱运转时里面经常会产生铁渣渣，我们就想怎么能把这个东西弄出来，想来想去在食堂要了一块面，把变速箱里面擦完以后用面一个个沾得干干净净，再把新机油加上开起来，就这个事我们两三天没有睡觉。还有抽油机变速箱漏油，我们就在抽油机变速箱上做文章，打了一个回油槽，不但解决了漏油问题，还顺便解决了润滑问题。

  603岗位和工人应该说是在潜移默化中不断地与时俱进，不断地在发展提高，每年我们都要比去年做得更多更好，比如说今年把井场搞平、搞干净、检查的路线用砖铺上，明年再做好设备管理，后年把井口采油树安置的横平竖直等，大家不断地把工作做到更加完整、更加安全、更加规格化。岗位责任制以前的时候也没有，1956年杨拯民局长的时候提出这个要求，我们就开始搞岗位责任制了，你的责任是啥，你管的哪些内容，管到什么程度，是不是经得起检查等，把这些内容都写在纸上挂在墙上，它也是从无到有、逐渐调整到完善的一个过程。

  后来1970年我就到了长庆，在玉门培养我的这15年终身受益，最近这两年我还想去一趟玉门，去了以后再见一次我们的岗位，这可能是最后一次见面了。

（薛雅、赵颖整理）

魂牵梦萦玉门情

冀东油田原纪委书记、工会主席、副局长　刘联民

我是 1967 届北京石油学院毕业分配到玉门油田的，在玉门工作了 21 年。我的青春年华都奉献给了玉门，因此对玉门油田有着很深也很特别的感情，可以说那是我魂牵梦萦的第二故乡。今年恰逢玉门油田建矿 80 周年，作为一个曾经在玉门油田工作多年，从玉门油田出来的人，我感到由衷的高兴和衷心的祝福。我代表参加冀东油田开发建设的玉门人衷心地表示祝贺。同时，也对玉门油田没有忘记我们这些离开玉门油田，投身冀东油田开发建设的游子表示衷心感谢。

玉门是石油工业的一面旗帜，是摇篮也是灯塔，对国家建设做出了卓越的贡献。我个人认为：对玉门油田不能以他的产量来衡量，玉门对国家最大的贡献不仅仅是原油，还有精神的贡献、技术的贡献、人才的贡献。白山黑水、燕赵大地，凡有石油处皆有玉门人，是石油摇篮的最真实的写照。如果说没有玉门油田的"三大四出"，石油工业也不会有今

天这样大好的局面。从这个角度出发，说玉门油田是石油工业的开拓者、缔造者一点都不过分。

对个人而言，玉门是人生的一个新起点，使我从学生成长为一名合格的石油工作者。是玉门培养了我，正是在玉门的这段工作经历，使我的思想得到升华，工作技能得到长足的进步，管理经验得到了深厚的积淀，使我走出玉门后在新的工作岗位上不辱玉门人的称号。回顾多年的工作经历，我感到玉门精神对人的感化是孜孜不倦又潜移默化的，长期生活在那样一个充满正能量的地方，想不改变那是不可能的。无论对我还是对所有的玉门人，玉门精神都是深入灵魂的宝贵财富，是谁也无法磨灭的精神烙印。如果不是在那样的一个环境成长起来，我可能又是另外一个样子。

记得刚到玉门时，我被分配到鸭儿峡油矿从事修井工作，每天和小班员工从事繁重的体力劳动，如果单从着装上看，谁也不会相信我是一名大学生。至今记忆犹新的是我的身上时刻揣着一把"油刮刮"，工作闲余时和其他兄弟一道躺在山坡上互相往油衣上搓黄土，再用"油刮刮"把衣服上的油泥刮下来。记得那时的棉衣叫"四十八道杠"，两年才发一次，根本就没有多余的工服换洗，所以油衣一穿就是两年，脏了就往身上搓黄土，然后再用"油刮刮"刮干净，那衣服脱下来就像铠甲一样能立起来。现在想想，那时每天能把铠甲一样的油衣穿在身上就是一件很了不起的事。那时上下班都坐大卡车，怀里揣着铝制的板砖饭盒，两个馒头就是一顿饭。如果谁上井时带一点家里炒的土豆白菜，都会成为大伙哄抢的对象，两个馒头也会吃的其乐融融。那时的风气很正，用现在的时髦话说就是充满了"正能量"，每个人都很单纯，一门心思想的就是怎么能把活干好，一个班十几个人轮流站井口、抢管钳，那真的是在岗一分钟，干满六十秒，那种思想境界至今让人难以忘怀。

在一线锻炼了两年之后，我被油矿抽调到了修井办工作，主要的职责就是协助刘技师、韩技师进行一些文字性的工作。刘技师大名叫刘公之，是和铁人王进喜同时代的工人典范，1959年获"国务院先进生产者"称号。在跟随刘技师、韩技师的那段日子里，我除了专业知识和现场作业经验得到了极大的提升之外，更多的是精神上得到了升华。刘技师、韩技师的文化程度虽不高，但技术上却十分过硬。那时，刘技师、韩技师虽是五十多岁的人了，但上井时都和年轻人一样挤大卡车，碰到复杂作业井，两位老人是没日没夜地盯在现场。如果说我跟着两位可敬的老技师在学技术，倒不如说我从两位前辈的言传身教中学会了怎么做人、怎么做一名合格的石油工人。

在此后的十几年里，我先后在油矿机关、局机关的多个岗位上从事管理工作，但始终不敢忘记刘技师、韩技师的谆谆教诲：踏实做事，老实做人。这八个字不仅是我的座右铭，更是我一生的立身之本。

1989年，随着冀东油田的开发，玉门油田又一次发扬

"三大四出"精神,抽调了六百人支援冀东油田。因为当时抽调人的工作是玉门油田委派我负责组织的,所以我也和他们一起奔赴了冀东油田。人虽然离开了玉门,但心却永远没有离开那片石油工业的圣地。弹指间,30年过去了,77岁高龄的我和当年一同来到冀东的老伙伴都非常想再回去看看洒满青春记忆的热土,思绪飞得很远,但身体却难以承受舟车劳顿,只能借此为玉门油田建矿80周年送上真诚的祝福!玉门油田我们永远怀念你、关注你、祝福你!

(冯玉龙整理)

凡有石油处都有玉门人

中国石油勘探开发研究院　罗殿邦

新中国成立后,全国唯一称得上油田的只有"玉门油矿"。

1953年,我有幸被分配到了玉门矿务局。实习期间,我的师傅是共产党员王英君同志。新年过后,我们迎来了苏联支援我国经济建设项目中的一个小项目,教会中国的石油工作者如何打石油深井的科学技术。这口井就选到了玉门矿务局青草湾第四号井,简称青四井。技术负责人是罗马尼亚布加拉斯特大油田的总工程师莫依赛。井队长是布尔丹,司钻有亚历山大、布古尔等。中方负责人是张忠良副局长,还包括全部钻井队成员。王英君师傅把我推荐到了青四井学习。我在青四井学习完打深井的技术后,使用在玉门油矿的苏制、美制各型钻井设备,先后打了青三井、青四井、石31井、石48井、新老三井、K-29井、J-31井、C-215井等。有直井,也有定向井。有些井我没有从头到尾全打完,有的只打了一段。

在打新老三井期间，有一天早上我接到玉门石油管理局办公室领导的通知："杨虎城将军的小女儿毕业后分配到新疆工作，路过玉门油田来看望她的哥哥杨局长。她想顺便参观一口井，管理局决定到你们所打的这口井上去参观。你接待并介绍一下这口井的情况及所使用钻井设备的情况。"约两个小时后，杨局长的妹妹来到井上。她用标准的关中话，询问了我许多有关钻井技术、钻井设备以及所打的这口井的情况。问得很细，给我的印象很深刻。

1955年10月，我被调到青海石油勘探局打柴达木盆地的第一口井——油泉子构造一号井（油一井）。元旦刚过，油一井出油了！全国、全省欢腾了！青海省副书记朱侠夫、副省长马辅臣亲自到井上祝贺！

紧接着冷湖油田也出油了，而且产量很高。青海石油勘探局报社主编付广臣填词以赞：

　　忆江南　冷湖好

　　冷湖好

　　夜来景最妙

　　银珠万串从天降

　　风过油湖塔影摇

　　储量知多少

在柴达木工作了6年，是生活上异常艰苦的6年。从部长、局长到职工，100%的患上了肝炎或浮肿病。自然灾害前一年的秋天，几乎是同一天，由于职工饥饿和患病，18部钻井设备在正常钻进的情况下全停了（连钻具都来不及起出来）。

青海石油勘探局的领导，是十分爱护职工的！例如分管钻井的杨文彬副局长，他是我的直接领导。一次，我在向他汇报工作之后，一闪眼竟坐着就睡着了。天很冷，杨文彬局长把他的皮大衣盖在了我的身上，并告诉通讯员，把他的那份饭打过来给我吃，而他饿着肚子少吃了一顿，就办其他事情去了。

一次我在住院期间，刘宏胜书记叫他爱人局工会主席高海青同志，以局工会的名义送给我1000克鱼肝油，让我养好身体早日出院。鱼肝油，多珍贵的奇货！从哪儿来的？这是高海青主席的父亲——山西省政协主席，把国家供给他的鱼肝油寄给了在柴达木盆地的四个小外孙的。大人需要，孩子更需要！而刘书记、高主席把它送给我了！

青海石油勘探局领导们爱护职工是出了名的，如张定一副部长，李铁翰局长，郭究圣副局长等。

1960年，山东东营华八井出油了。我被调到了东营。从3年自然灾害到丰衣足食；从第一口井出油，到建成了中国第二个大油田，我参加了全过程。我在胜利油田工作了20年，我热爱胜利油田。胜利油田是我的第二故乡。

我在病重期间，胜利油田请示石油工业部后，石油工业部政治部任成玉主任把我安排进了全国最好的医院——协和医院。

"文化大革命"期间，我母亲（1935年入党的共产党员）遭到数年批斗关押后，放出来还未恢复工作就心脏病发作了。北京市委通知我："全家迁往北京市，以照顾你母亲

的病。"三年后，我把我母亲的骨灰送进了八宝山革命骨灰堂东厅。

我这一生，就是钻井。到北京后，没有我的工作，只好安排在石油学会工作。

有一天我突然接到中国海洋石油南海东部公司总工程师王礼钦的一个电话说："美国人在海上东部涠洲岛海域打的一口井卡钻50多天了，每天仅设备折旧费就10多万美元。美国人处理不了，叫咱们处理，你来处理吧。"

我考虑到处理钻井事故我有把握，但钻井液方面得有人协助我。于是我邀请了照片上的这三位油田化学专家：

左起第一位油田化学专家是华北油田化学专家潘世奎总工程师，第二位油田化学专家是西南石油学院院长罗平亚院士，第三位油田化学专家是中国石油勘探开发研究院油田化学研究所所长牛亚斌。

处理完事故以后，我们在回京前总工程师王礼钦在欢送会上说："美国人处理不了的事故，我们给处理好了。这不仅在经济上给海上作业节约了大量资金，更重要的是在政治上为国家争了光。"

总工程师王礼钦是咱们玉门人，我1953年到玉门时，他已经是钻井工程师了。

咱们玉门人，从陆地打到了海上，从国内打到了国外！

我在玉门油田的三年

中国石油勘探开发研究院廊坊分院　胡雅礽

玉门油田是我国石油工业的发祥地。以前人们常说,我国有油田的地方就有玉门人。此话其实一点不假。20世纪五六十年代,每当我国发现一个新油田时,玉门油田总会抽调一批骨干力量和设备前去支援,以促进新油田尽快地建成投产,为国家建设和发展做出了很大贡献。

20世纪60年代初,我在北京石油学院上学时,从参加专业实习到做毕业设计,以及工作后参加"老君庙油田L层小层动态分析"的攻关任务,先后在玉门油田工作过三年。在研究所、采油厂、注水队、修井队、钻井队都待过,与许多工人师傅一起生活工作,因此,也了解了他们的一些故事。

到过老君庙油田的人知道,这里有条石油河。河岸的岩壁上有许多废弃的窑洞。在采油厂我问一位四十多岁的王师傅,那些窑洞是挖来干什么的?王师傅说,那是我们以前居住的地方。新中国成立前,我是被抓壮丁来玉门的。到了晚上睡觉时,工头怕我们跑,就把我们的破棉衣棉裤收走。当时的玉门比现在冷得多，如果没有穿棉衣棉裤夜里是跑不出去的。新中国成立了，一夜间我们从奴隶变成国家的主人，不知心里有多高兴。军代表和油田领导还经常来看我们，问寒问暖，干起活来觉得浑身有使不完的劲。

在修井队实习时，实行三班倒，我上晚上12点到第二天8点的班，我负责通井机起下油管时拉放油管，到凌晨三四点时，困得连站着都要睡着似的，摆放油管也就放得参差不齐。工人师傅说，摆放油管有严格要求，管头要对整齐拉成一条线。井场上使用的工具摆放也要对齐拉成一条线。井修好后井场要打扫干净，平整整齐，不能见到油污，采油树也要擦得无油光亮。

在注水队上班时，师傅叫我填写值班记录，并说，油田有规定，无论什么岗位，写值班记录时一律要用仿宋体，用钢笔书写，要详细，不能涂改。为避免不合格，我都预先打好草稿给师傅看后再填写。

人们常说采油工有三件宝，管钳、油嘴、压力表。无论是采油井还是注水井，值班工人师傅在巡查井时，都要带上它。每到一口井都要用管钳搭在采油井或注水井井口的管线上，把手一端放到耳朵上听诊，看油井出油或注水井注水是否工作正常。令我吃惊的是，只要工人师傅判断工作正常的井，我仔细对照了一下，其出油量或注入量与设定量都八九不离十。我问师傅，你怎么能听得这么准？他说这是平时根据油嘴大小、液流声音慢慢摸索总结的。

老君庙油田共有三组储层，由上而下分别为 K 层、L 层和 M 层，K 层最浅。研究所同志们为了准确掌握认识储层特性、储油状况，不辞辛苦在 K 层离地面最近的山头上，打了一条近百米长的巷道直插 K 层。他们带我们爬上山顶进巷道参观，并进行照相，一股原油的浓香味扑鼻而来。K 层是砂砾岩，回来以后根据照片进行分析统计，如纵向横向砂砾大小分布情况、孔隙比率、面孔隙度、含油状况等，使你对油层的认识一目了然。玉门老石油人对油层研究的科学态度，确实令人钦佩。

在钻井队实习时，我同一位从抗美援朝部队转业到石油队伍的四川姓李的师傅住在一起。他在井架二层平台上工作。闲聊中，有一次我无意中说，钻井有时也会发生井喷，你在上面工作也会有危险。他说，我们平时练基本功时就有准备，如果发生井喷，应急措施就是马上从井架的绷绳上滑下来。我说，如碰到钢丝绳有倒刺怎么办？他说，在搭建井架时钢丝绳是要经过仔细检查的。有一天下班时，李师傅就给我们演示了一次。他那娴熟惊险的过硬功夫，如今只有在电视里特种兵和消防兵训练时才能看到，真了不起。

玉门老君庙油田从 1939 年 8 月投入开发至今已有 80 年的历史。在我国石油奇缺、最需要石油的时期，玉门人想国家之所想，急国家之所急，战酷暑、抗严寒、艰苦奋斗、克服困难，尽量争取多打井，多采油。据说如今玉门油田的年产油气当量仍有几十万吨，并计划大搞挖潜改造，为实现恢复百万吨的年油气当量推进。可见玉门石油人那奋斗不止、坚韧不拔的精神。

难忘的机厂技术攻关岁月

中国石油工程技术研究院　田　丰

1982年是我清华大学毕业的第二年。作为石油工业部北京勘探院机械所的一名年轻职工，开始跟随老同志一起到玉门石油管理局机械厂参加科研攻关、新产品研制项目。第一次到玉门，是从北京乘69次列车，经西安、宝鸡、兰州至玉门东站。那天，玉门石油管理局机动处的一位姓毕的干事开着一辆吉普车到玉门东站接我和我的老师吴则中，一路上我们见识了茫茫戈壁滩的景象。

玉门石油管理局机械厂是石油工业部制造局定点的三抽设备制造厂，当时生产的抽油机、抽油杆、抽油泵等供应全国16个油田，还有出口创汇任务。随着全国各油田机械采油面临的深抽强采形势，解决抽油杆断脱事故迫在眉睫。在石油工业部领导统一部署、集中组织下，我们和老同志一块儿参加到这个科研攻关活动中。从老君庙油矿、鸭儿峡油矿、白杨河油矿等基层单位收集了足够多的事故样品和详细的采油日志资料。

这些第一手资料，对其他油田的事故分析和应对策略起到了示范作用；对后来石油工业部决策的三抽产品升级换代起到了基础的、方针性的指导意义。通过在玉门石油管理局机械厂多年技术攻关和设备更新改造，使得抽油杆全系列产品从不同强度级别（C级、D级、E级和SH级）的产品质量和制造工艺水平追赶上了国际先进水平，缩短了十多年的技术差距，扭转了被动局面。

伴随着抽油杆产品的标准制订，新材料、新工艺的定型，在多年的科研攻关活动中，结识了很多热心的一线工人、车间干部、理化实验室的职工和局机关中很有担当的领导同志。三十多年了，热处理车间紧张的工作现场、炉前控温的一个个夜晚、实验室里制备样品的辛劳、显微镜下查看金相组织……就像电影镜头经常出现在脑海中。当时玉门石油管理局机械厂厂长是马存仁，总工程师是唐锴。随着石油工业的发展，在后期开发中原油田时期，有相当大一部分骨干力量支援到濮阳去了。比如当年在锻造车间任工段长的国建军同志支援到了濮阳，担任了总机厂的厂长。当年厂里有一位新来的大学生非常能干，名字叫李书良。他外语特别好，厂里对外工作基本上就交给他了。他很热心，不管分内分外的大小事他都尽力帮助我们。厂里在北京建立了办事处（北京德胜门内的一个小胡同），他一个人包揽了所有的事务，非常尽职尽责。在科研攻关的日日夜夜里，有些分析工作是在研究院的实验室里进行，而有些分析工作要在工厂现场进行。在与工厂理化实验室合作的过程中既紧张又愉快，互相学习互相支持。通过联合攻关，强化并提高了工厂实验室的实验装备能力和分析操作水平。

理化实验室的主任叫张志祥，他为了配合我们的工作，主动放弃了很多个人休息时间，在实验室里加班加点、任劳任怨的奉献。还有配合我们进行现场取样的工人陈师傅，他不仅任劳任怨的默默工作，而且非常细心、手疾眼快，保证了工艺探索过程中的准确性和科学性。多年来，这些一线的工人师傅在科研攻关活动中给予了非常有力的支持。

20 世纪 80 年代的机械厂理化实验室

这么多年了，我还能记住他们的名字，可见他们在我心中的分量。还有很多熟悉的面孔，虽然记不住名字了，但时隔近三十年后，一旦见到肯定能够一眼认出来！值得一提的还有分管抽油杆技术攻关项目的总工程师唐锴，他是留苏的，资历比较老。对厂里各个方面的情况掌握的很细很全面，在制定技术方案、执行技术路线把握准确，执行效率高，他也是我崇拜的人。

在玉门石油管理局机械厂住宿是比较艰苦的，所谓的招待所就是五六孔窑洞，都有门但都关不严，冬天夏天都特别凉快。窗子特别小，只有一个足球大小的小开口可以打开换气。我和参加科研攻关合作单位的男同志和女同志都住在这里，有中科院沈阳金属研究所的研究员，有北京钢铁研究总院的研究员、教授级高工和工程师。当年这些高级别的研究人员都是不怕吃苦的、不讲究生活条件的。夏季里，苍蝇蚊子非常多，往往是苍蝇还没有下白班，蚊子就开始上夜班来了。不过这里的苍蝇比较傻，机动飞行能力很差，很容易被击落。开始我们还找苍蝇拍来打，后来发现，只用一根细棍或捡来一根细的树枝就可以把苍蝇打下来，容易得很！厂招待所虽然艰苦，但有一个好处就是离厂卫生所很近，出门也就是二十多米。记得有一次我扛抽油杆试样，没留神一下子把腰给闪了。疼得很啊！也不能坐，也不能下台阶，没法上厕所。我就去卫生所想办法。当时的卫生所可不像现在的医院。态度真好，非常人性化！医生叫我趴床上，给我烤电……烤一会儿就疼得轻了,过一会儿还是疼。我就一连烤了四五次,根本没有用什么药,后来就没事了。生活艰苦容易克服,就是火车票不好买。那些年,出差都是夜里三点到西直门火车站排队买火车票,没有经历过的人很难想象。如果从玉门往回来坐火车就更难了,经常要躺在地板上、椅子下面,还有车厢连接处。不带物品还好说,如果携带抽油杆试样就特别不方便。不像现在物流这样发达,填写快递单,两头有快递员送。把试样抬上火车是一关,再把试样抬下火车又是一关。试样一米多长,用麻袋铁丝捆好,分散放在几个长椅子下面的地板上。事先约定好,到站后多来几个人进站接,就从绿皮火车的窗子往外传,真有点铁道游击队的味道。记得有一次,车间设备的电磁阀坏了,我从北京液压件六厂买了三个电磁阀随车带过去,每个电磁阀都有大几十斤重。那一次,国建军带了好几个小伙子接我。总算把急用的零部件及时运到,没有耽误开工。在工厂参加科研攻关每次都要很长时间,书信往来是必不可少的。读起当年的信件还是心潮澎湃的。

不像女性对人物的记忆有特质,作为男性,我对景物的记忆是非常深刻的。紧张工作之外,也有休息的闲暇。我对玉门市的一条大街印象很深刻,唯一的一个新华书店是我去的次数最多的地方,我自己很多书都是从那里买到的。北坪到解放门算是比较繁华的地段了,但商店里面却很暗,好像没有窗户黑洞洞的。从局机关往下有一个公园,公园里面有

175

中国石油工业的奠基人——孙健初纪念碑，我们祖国的石油工业史就是从这里开篇的！

值得一提的应该是老君庙，我却很少进到里面去。下到西河坝，走过漫水桥，要路过很陡的一段黄土悬崖。每次路过的时候，我都担心会塌下来，每次都是很快地跑过去……星期天，我会带上干粮和火柴，从西河坝爬上山，翻过一道又一道梁，直到算计着体力剩下一半的时候返回。每当看着雪山就在眼前，可怎么也走不到雪山上去。我看过电影《创业》，听老职工讲，电影《创业》的很多镜头都是在西河坝、解放门拍摄的。

20 世纪 80 年代的机械厂生产设备

我 2011 年退休，退休以后在清华大学又找了一份工作，接触的都是大学生、研究生。在与他们的交流中得知，他们是大一学生，利用暑假假期八个同学结伴，自费从北京到玉门，去考察这个能源枯竭的城市。同学翁麒宇回来后整理出 800 兆字节（MB）的资料送给了我。年轻人有思想、有眼光、有抱负、有担当。让我想起西南联大的校训"刚毅坚卓"和我们的校训"自强不息 厚德载物"，中华民族接力前行。

对玉门油田运输处车辆自编号的解读

兰州大学 李柏年

20世纪50～70年代,国力有限,实行"独立自主、自力更生、艰苦奋斗、勤俭建国"的方针。玉门石油管理局为提高设备使用效率,由运输处统管油田的车辆管理、调派使用和保养维修,以保证原油生产的正常进行。各单位少有专用车辆。我自幼就对高速行驶在马路上轰轰作响的各类汽车十分感兴趣,支起小耳朵听长辈们对汽车的评述,很快就能认出各种车型。读过毛丫丫父亲的文章《玉门油矿交通运输琐忆》后,当年的迷惑、不解终于有所悟解。

20世纪60年代,玉门运输处的车辆除有交通管理部门的牌照外(甘肃省25-酒泉地区交通管理站10000开始排号。我在玉门井下处特种车大队的苏联造卡拉斯灰车牌照号25-12464,自编号39),还编有石油工业部统一的三位或四位自编号,据说当时全国各油田的运输车辆自编号是一个完整的系列,不会重复。

最有印象的首先是抗战和滇缅公路运输石油物资屡立

汗马功劳的"功勋车"道奇T110、T118二吨半卡车，可惜60年代初由于配件奇缺而报废。但毛丫丫的父亲和朱平理的父亲在抗战初期倭寇占领沿海港口封锁之时，就在资源委员会钨锑转运处使用美国产道奇T110、T118，在滇缅公路运输抗战急需各种物资到重庆，资源委员会的车辆多达500多辆。滇缅公路被卡断后，他们带领员工把130多辆道奇T110、T118，威利斯小吉普，中吉普T214、T223历经艰辛开到玉门，成为油矿开发的运输主力。而且还有双排驾驶室和客车。毛丫丫的哥哥是出生在玉门的40后，他看到老照片立即就认出："那个双排座的车号我还记得，是288，当年父亲经常与运输课的同事开着它对戈壁滩上抛锚的汽车进行救援常用它。还有一辆雪佛兰车，车号是370，也是运输课的专用车辆。"这是镌刻在我们后辈脑海里永恒的记忆。引擎盖和前脸十字装饰条上都有DODGE是小道奇的特征。1945年时，甘肃油矿局在玉门有540多辆各型汽车。1949年7月到9月底，总经理邹明组织领导油矿员工开展护矿斗争，毛丫丫的父亲带领运输课的员工，将数十辆汽车开进深山隐藏，与军方斗智斗勇，把几百辆汽车完好的保护起来，为祖国现代工业和石油工业保存家底、保存火种，不亚于抗战初期民生公司在长江的大转移，功不可没，可歌可泣。

运输处有十多辆美制威利斯小吉普，自编号从101开始排到11X，多由20世纪50年代油田培养的第一代女司机驾驶。威利斯比苏制的嘎斯-67漂亮，但不如嘎斯-69新。盖

上草绿色帆布篷布，是各单位公务用车，我们小孩没有机会乘坐，只有羡慕的眼光。电影《南征北战》里骄横一时的国军张军长就乘坐威利斯小吉普，神奇之极。威利斯小吉普前脸有 9 道竖形通风孔，美国克莱斯特公司将威利斯小吉普前脸的 9 道竖形通风孔改为 7 道竖形通风孔，成为克莱斯勒车系的族徽，当今美国克莱斯特公司最流行的各式吉普车仍然采用这种 7 道竖形通风孔的族徽，这种条形孔已随着岁月的流逝和技术的发展，演变成一种汽车文化的图形和象征。

运输处还有 10 多辆中吉普 T214、T223，自编号从 201 开始排到 21X，也多由 20 世纪 50 年代油田培养的第一代女司机驾驶。1966 年 8 月，我在旱峡煤矿住过几天，地调队的勘探人员每天就乘坐 2 辆中吉普沿着山沟进山勘测。中吉普扮演着越野车的角色。我 1972 年初参加井下处团员代表大会，有项到高台西路军烈士纪念馆参观的活动，就是乘坐中吉普，早 9 时出发，到高台参观，当晚 9 时多返回玉门，一天行驶 500 多公里，在当时兰新公路的道路条件下，属于跑得快的好车。

卡车采用四位自编号，自 1956 年 7 月长春第一汽车厂生产出仿苏联吉斯 -150 的解放 CA-10，水箱鼻子上有个小红色解放徽标。运输处给二区队国产车的自编号优先排列。大约 100 辆解放牌汽车的自编号从 1701 开始排到 1799。随着其他油田的开发，车辆不断调动到其他油田，但 17 系列的解放车始终存在。

第二系列安排给当时国内最大的载重汽车，捷克斯洛伐克生产的太脱拉 TATRA T-111 型 10 吨风冷柴油载重汽车。1953 年原油东运时从捷克进口 186 辆，原油东运结束后，大部分调往石油工业部敦煌运输公司。玉门运输处自编号从 2501 开始，只有 20 多辆，1970 年支援长庆油田开发调出一多半后，仅剩 12 辆太脱拉宝贝疙瘩，遇有钻井队搬家前，局调度室提前通知太脱拉所在的四区队，车辆不外出长途，提前保养，准备井队搬家时集中使用。即使有 10 吨的大卡车，钻井队的 583 钻井泵仍然要放出近 2 吨的润滑机油，泵体与泵头拆成 2 段，由 2 辆太脱拉分别运输，到新井位再连接安装，加注润滑机油后方可连接柴油机运转。可见当时对大型车辆的偏爱。我曾见过解放军进军拉萨的先头部队车队照片就有太脱拉和苏制吉斯-151 十轮越野车的身影，这也是"洋为中用"的典型。20 世纪 50 年代初开始，以美国为首的世界强国，对中国实行严厉封锁和禁运。50 年代末，苏联也对中国开始封锁和禁运。"雪压冬云白絮飞，万花纷谢一时稀。高天滚滚寒流急，大地微微暖气吹。独有英雄驱虎豹，更无豪杰怕熊罴。"为解决解放军的大口径火炮缺乏牵引车的困境，1966 年 6 月洛阳第一拖拉机厂就成立军工分厂，参考捷克太拖拉 T-138 的发动机（洛拖型号 LT-8120F 风冷发动机）和法国戴高乐牵引车的地盘，试制东方红 665 牵引车。1969 年在珍宝岛战事中，沈阳军区的大口径火炮调动和牵引就用到东方红 665 牵引车。

第三系列安排给苏联明斯克汽车厂生产的玛斯-200型7吨卡车,俗称"老玛斯",此车声音大、冒黑烟、跑得慢。自编号从3801开始,不足100辆,是大宗物资运输的主力车型。我和同学赵俊良、李绍寿、刘毅、陈文竹在玉门井下处都"伺候"过这种发动机二行程、四气缸、缸径108毫米、缸筒中间有一圈进气孔的"老爷"。

　　第四系列安排给苏联的吉斯-151十轮越野车,俗称"十轮大"。自编号4501开始,有十多辆。吉斯-150,自编号4601开始到4699,是主要运输车辆。1965年给机械厂配了一辆自用车,牌照号25-11169,运输处编号4669,机厂后来自编号003号。随车调来的驾驶员陈益山,家仍然住在新市区运输处住宅区。1970年陈师傅调往长庆油田。4669一直留在玉门为老油田继续做贡献。我童年的许许多多外出,都是乘坐在4669的大车厢里,去青山一站农场,去酒泉,去戈壁庄农场,都是这辆不知疲倦的4669载着我实现的。

　　第五系列安排给20世纪40年代就为油田建设立下汗马功劳的大道奇T-234五吨卡车,约有200辆,自编号从5401开始到5599号。我最敬佩的老标兵孙育德就驾驶这种方向盘右置,载重5吨,有卡车、平板车、油罐车,忙碌在油田的各种场所。只要乘坐大道奇外出,我们就可以得到增长见识的机会。可惜1970年支援长庆油田,一夜之间,近200辆大道奇,就在玉门失去踪影,令人时常念想。

1972年美国总统尼克松访华后，列强帝国对华封锁和禁运被逐渐打破，运输车辆奇缺的局面可由进口汽车来缓解。1974年底，运输处获得数十辆日本五十铃公司的ISUZU 8吨汽车，自编号从5001开始到50XX。另有数十辆日产汽车公司的HINO日野ZM440十五吨卡车，自编号从5101开始到51XX。这些车的技术指标很先进，再由经验丰富、精于保养和驾驶的老司机驾驭，在油田建设中发挥了积极作用。井队搬家时的583钻井泵，不用再拆开，一辆大15吨就把钻井泵从老井位运到新井位，大大加速了井队搬家速度，减少了井队工人的劳动强度。是井队搬家"三当天"（当天搬家、当天安装、当天开钻）的有力保障之一。

第六系列安排给上海生产的SH140四吨半交通牌卡车。1968年2月，运输处新到16辆上海生产的平头"交通"汽车，自编号从6001开始到6016。这些车出勤率高，又与载重车平头化的发展趋势相吻合，草绿色的方方正正的驾驶室，可以乘坐5人，大家都喜欢称之为"大头车"。

1975年还进口法国产载重10吨的尤尼卡卡车，初到时用于修建玉门至花海农场的自建公路。自编号从6XXX系列排起。

第七系列安排给苏联高尔基汽车厂生产的嘎斯51卡车，载重2.5吨，轻巧灵便，数量巨大，约300辆。自编号从7001开始到7101、7201到7299，是油田人员和轻物资运输的主要工具。有些同学的父亲就驾驶嘎斯51，他们可以把

父亲的自编车号脱口而出，老远就可认出父亲的座驾。2016年春节我与老友王学文谈起此事，已年逾六旬的他对老父亲的座驾脱口而出："运输处一区队一小队，自编号7058。"孙建华则告诉我："别的事记不清了，老父亲的车号7225。"斩钉截铁，永不忘怀。

第八系列安排给举重大力士——吊车，由屈指可数的几辆解放牌4吨机械吊车，几辆玛斯7吨吊车和一辆捷克产太脱拉底盘的5吨吊车，自编号从8001开始到801X。1971年底，我曾在水井队为甘肃民乐县钻水井的井场，看到运输处一位老吊车司机表演起吊不太重的部件时不打千斤，扒杆转到车后，控制扒杆和部件的距离、角度，当部件被吊起时，玛斯车的前头也离地达到1米多高，重量全压在后桥的4只轮胎上。围观的干部群众拍手称赞，我却吓得目瞪口呆，生怕扒杆偏移引发吊车侧翻或把后桥的4只轮胎压爆。当部件被稳稳当当正确安放在指定位置的过程中，车头也缓缓下降，部件落地，车头触地。我才长出一口气，被这位师傅的高超技艺折服。叹服"艺高人胆大"，同时暗下决心，好好学技术，争取向"项项质量全优，各个指标先进，人人出手过硬"的目标迈进，做一名技艺精湛的好工人。1974年底，引进日本车加藤公司GATO的8吨和15吨的液压吊车，重大件吊装的困难得到缓解，人拉肩扛的精神继续保持，但现代化吊装设备使工作效率和生产力得到大大提高。后来玉门油田引进更多更好的运输设备，但我离开了玉门，对油田汽车编号的关注被搁置。偶然回到玉门，被街道上各式各样的车辆引得眼花缭乱，只好自嘲"玄都观里桃千树，解释刘郎去后栽"。

还有20世纪50年代从匈牙利进口的多辆伊卡鲁斯（Ikarus）新型前置发动机的车型（伊卡鲁斯620、630、631）大客车，构成玉门公交的主力车型。一辆捷克的斯柯达706SR单门大客车，这是非常棒的大客车，1970年调往长庆油田。随着国民经济的好转和国家实力增强，也有若干辆国产解放底盘的客车给鸭儿峡、白杨河、石油沟油矿的职工做交通工具，改善他们的乘车环境。

依稀记得1959年某天，哥哥带我和幼小的弟弟从南坪住宅区乘公交车去公园，伊卡鲁斯大客车到站后，哥哥从前门用尽全身力气把弟弟拖上车，我则从后门惊恐地手脚并用努力地爬上车门的第一个台阶，突然背后有一双大手把我抱起，送到车厢地板上，我只是惊奇的回头看看这位叔叔或阿姨，不知道说"谢谢"或对他（她）友善的笑一笑，慌忙瞪大眼珠寻找哥哥和弟弟。但长辈们无言的教会我用举手之劳帮助需要帮助的人，是我永远遵从和努力践行的规则。

1975年10月初，我离开出生、成长的玉门油田去外地求学，我的汽车爱好就被更加吸引我的读书求学替代，全心全意做读书郎，开始一种全新的生活。

踏破荒凉铺坦途

中国石化中原油田公司 朱光壁

我1943年春在南街小学上学，1949年秋高小毕业。接着到离家十几里的徐扬镇上中学，当时住校，一星期回一次家，带一周的干粮，每顿饭就是开水泡窝头就咸菜，很是辛苦。1950年秋退学，跟随父亲翻山越岭来到汉中市东关一家私人商店"义成生"货栈，做一名跑街的学徒（当时叫相公娃）。每天的活就是扫地、倒水、递烟、买菜，给打好的货包上写收发地址等等，或去盐务局开票，或电报局发电报。虽然辛苦些，但能吃饱饭，并且饭菜质量比在老家强多了。每月还有10斤盐的工钱，我为客户服务，有时还能挣点小费，比在老家不知强多少倍，我十分知足。

我整天跑街，慢慢就见多识广起来，非常羡慕有技术、干公家活的人。我不满足在私人商店干，学不到技术没前途。一次偶然的机会，在大街上看到西北石油管理局为玉门油矿招工的启示。当时我年龄小，但很自立，认为自己符合招工条件，也不相信人们说的"出了嘉峪关，两眼泪不干"

及"戈壁滩风大石头跑,山高不长草"的说法。我也没和父亲商量,就报名参加了考试。那是一个黑夜里,天上下着小雨,我步行十多里到城内的一所小学参加考试,试题不算太难,我把所掌握的知识尽其所能都用上了,结果被录取了。高兴之余,才想起应该向父亲打个招呼。于是到父亲所在的"义生祥"商店向他辞行。但是,父亲不同意,还说要把我送回老家交给我奶奶。我回答来不及了,我们已经集中住在一家客店里,马上要出发了。他只好任由我去了。

几天后,我们280人的队伍,乘坐7辆美国造的货车"大道奇"浩浩荡荡地出发了,一路西行直奔玉门油矿,一路日行夜宿。头天晚上,住在秦岭山上的一个叫双十里铺的地方,第二天就住在天水市一个修理厂里,第三天寄住在华家岭山沟里一家农民开的饭店里。这是一个大通间,中间做饭,两边住人。一头是主人全家住,另一头是我们住。盖的是自己随身携带的行李。点的油灯挂在通道中间。第四天到达兰州市,住在玉门油矿驻兰州办事处(王马巷),休整一天。我找到"义生祥"驻兰州郑家台6号的庄客(即推销员)杨宗昌,请他帮我做套棉衣,钱记在我父亲账上。他领我买好布,到裁缝铺量过尺寸。我对他说等我到玉门分配后,将地址写信告诉你,再把棉衣帮我寄去。棉衣做的是兰州当时流行的马裤样式。我当时只有15岁,还是善于动脑子的。到玉门油矿上班后,单位只给发了一套连裤的单衣,不发棉工服。多亏做了这套棉衣,否则会冻坏我的。当时每

半月发一次工资 18 元,吃饭用去 12 元,所剩无几,脸盆都买不起,更别说做棉衣了。1955 年我首次回家探亲,被父亲指责说,未给他打招呼,被杨宗昌敲了竹杠。我回敬他说:"谁叫你不关心我的生活呢?这是我想出来的办法,有什么不好?"说得他哑口无言。第五天夜里我们到达高台县。在那里可以看到大戈壁的样子,一片荒凉境况尽收眼底,高台县贫穷的难以想象,十几岁的孩子没有裤子穿,站在寒风中,向行人讨饭吃。河西走廊是多么的贫穷,人们的日子有多苦可见一斑。

越往西走人烟越少,终于在行进到 6 天后,1951 年 11 月 3 日到达酒泉市,住在玉门油矿招待所。一天后又出发,我们出了嘉峪关进入了向往已久、在祁连山脚下的玉门矿务局。当时矿大门口立了 4 个砖墩子,上面写有一个大横幅"玉门矿务局"。领导将我们安排在东岗山坡边新盖的家属房内。玉门是祁连山脉的一个大峡谷,山上常年不长草,光秃秃的,显出荒凉的景色。看到此景,我的心凉了半截,心想在这鬼地方生活,何时是个头呢?

不久,我就被组织安排当了一名采油工人,分配到 5 号选油站倒小班。当天就跟师傅周志华上夜班,很不习惯。驻地离选油站很远,上夜班的需要晚上 11 点在山下理发室门前乘坐送班的汽车,同宿舍的是清一色的学徒工,都没有闹钟。听到第一声汽笛声就要穿工衣下山,第二声汽笛响起车就开了,赶不上车就无法上班。选油站都在山里面,走路去不了。晚上根本不敢睡觉，只有坐等。那时的倒班方式是夜班连上一个星期，才能倒上其他班。上夜班是非常辛苦和困乏的，只能靠白天睡几个钟头。尤其是我只有15岁，身体未发育成熟，感到整天昏昏沉沉的，对身体有较大伤害。1952年实行新的倒班制"三班半"，即上2班就倒到下一班，这样每次上2个夜班就行，对我来说好多了。上夜班除了困乏外，最大的困难就是在夜黑风高的夜晚，步行挨个巡检油井，每个选油站管理十几口油井，分布在不同的山沟里或者山坡上，彼此相隔较远。开始还有师傅带着巡井，一个月后就我一个人了，一手拿手电筒照亮，另一只手拿着连枷棍（一头一个短棍，中间一段铁链连着另一头长棍，古代是一种兵器）。山沟里经常有狼出没，为了防身用。有一次我在选油站大罐上量油时，正逢下过雪，亲眼看到好几匹狼从站旁的山头上走过去。听说有位采油工被狼吓得爬上井架不敢下来，后来被接班的人救了下来。每次上夜班我就发愁，为了生存，为了工作，不得不硬着头皮干下去。

1953年，我当了班长，成为师傅。那年我们国家石油工业大发展，玉门要建成第一个天然石油基地，人民解放军第19军57师（石油工程第一师）7000多人奉命从陕南整编制转业到玉门油矿，石油学校、西安中技学校第一期毕业生相继分来，给矿务局增加了新鲜血液和有生力量。这样每个班增员好几名，上井不害怕了。我当了领班长，在站上操作，不用上井了。我利用晚上时间办黑板报，鼓舞士气。内

容有宣传好人好事的，有转载报纸上有关党的方针政策的文章。我还个人出钱买来马克思、恩格斯、列宁、毛主席像，把值班室布置的很有点政治气氛，得到矿领导和同志们的好评。

有一次在 K29 井拉油，在拉油车开走时，把大罐装油管线的支架撞倒了。因一头重，将放油阀门连同管线一起从大罐根部折断，大量原油从油罐泄露出来，情况十分危机。见此情况，我毫不犹豫，果断用重晶石粉袋子包住铁锹把顶向洞口，用砖头块砸了进去，漏油被堵住了，及时制止了一场重大跑油事故。我的新棉衣被原油喷的不能穿了，后来又用汽油洗出来再穿。我的急中生智，处置得当，给矿长留下深刻印象。

1955 年 4 月，矿领导看我工作出色，也是发展的需要，就提拔我到矿调度室当了一名调度员，做值班调度。全矿机关办公室只有 2 栋平房，调度室在紧靠公路的一间房内。晚上机关人员全部回到矿区居民点居住，只留下调度室一人值班，协调生产。半年后我业务已经熟练，领导又安排我做大班调度，解决现场实际问题，这个岗位更能锻炼业务和处置问题的能力。1958 年是群情激奋的年代，全国到处"插红旗，放卫星"，玉门油田也不例外。领导让我负责 3 台清蜡车抽油，3 台压风机车气举，要求每天从 20 口井产油 40 吨。还让我负责组织从南岗负压厂的压缩机出口接管线 3000 米到甘油泉油田的浅井井口搞气举采油，定指标每天采油20吨。为尽快完成管线施工，我和工人同吃同劳动，共同奋斗，仅用7天完成任务，受到上级表扬和嘉奖。

1959年3月，我加入中国共产党。这时领导安排我担任代理调度长。上任伊始，我从建立健全调度室各项规章制度入手，采取走出去向兄弟单位学习，消化后再制定符合本调度室的一些规章制度。实施后证明行之有效，得到大家的肯定。这项工作也是对我平时注意学习，善于观察的证明。玉门油矿是个老油矿，业余教育办的有声有色，有专门的校舍和专职教师。我报名参加学习一年多，收获不小。遗憾的是后因"大跃进"运动停办了。玉门的图书馆藏书很多，阅览室看书非常清净，冬天也暖和。在南坪和中坪各有一个图书馆。办一张借书证，两处都可借阅。平时看书的人就不少，逢节假日人就更多了。每到休息日我就先到图书室看书报，然后到大礼堂看电影，生活还是很惬意的。因为我爱学习，肯思考，求进步，文化水平提高很快，能跟上时代的节拍。在"大跃进"的年代我多次获得"红旗手"的光荣称号。

1959年9月26日随着"松基3井"的出油，大庆油田正式被发现。党中央批准石油工业部在大庆开展一场石油大会战。我于1960年5月奉命调到大庆参加石油会战。六年后的1月23日，我从大庆坐火车南下，转战胜利油田。1978年10月，我又一次出发，挥师中原，前往东濮油田参加会战。1994年年底，我离开心爱的工作岗位，光荣退休。

纵观一生,以《老石油战士抒怀》为题赋诗一首,作为结束语:

十四远离阎良家,
随父跋涉赴陕南。
一年店员时光快,
偶然机会结油缘。
西出阳关奔玉门,
成长进步八九年。
六十年代奔腾急,
参加大庆大会战。
挥师渤海在胜利,
经受洗礼与考验。
拨开云雾阳光现,
再立新功莫等闲。
二度辉煌来中原,
挑起重担没怨言。
纪检工作不简单,
勇于实践敢当先。
老骥伏枥到暮年,
光荣退休度晚年。
人生弹指一挥间,
优良作风代代传。

艰苦奋斗、勤俭节约的优良传统不能丢

中国石化中原油田公司 张俊山

我是1953年9月从山东老家曹县招工到玉门矿务局的。1957年我调到石油沟油矿任地质师、主任地质师，那时工作和生活条件异常艰苦。1960年2月，按照石油工业部的命令，玉门石油管理局派人参加大庆石油会战。那是无条件的，人和设备都选最好的。一走就是几万人，王进喜和他的1205钻井队就是那时候去的大庆。参加大庆石油会战的八位专家，有六位曾在玉门工作过；会战中树立的"五面红旗"，有四人来自玉门。

玉门石油管理局职工大批地支援大庆石油会战，在一定程度上影响了正常生产。我是被留下来的地质技术骨干，在人员和设备减少的情况下，干部职工加班加点、一个人顶两个人用，不怕难，挑重担。在那几年的地质开发中，我根据掌握的地质资料，指导石油沟油矿采油二区全面投入开发，钻井20余口；采油三区转入注水开发，效果非常明显，原

油产量由原来的每月80吨，增长到140吨；同时还打了50多口加密井和扩边井。这些措施的实施，不仅使原油生产恢复了正常，产量还逐步提高。

由于天灾人祸，1960年正是闹饥荒的时候。我的粮食定量由每月的32斤减少到24斤，平均每天八两粮食，这怎么能吃饱啊。我那时不到28岁，早晨和中午吃两个混合面馍、一碗稀菜汤，晚上喝一碗稀饭。在玉门很难吃到蔬菜，戈壁滩上也不生长野菜，主要靠咸菜下饭。饿呀，尤其到晚上心里空落落的，一半会儿睡不着。但还要坚持工作，差不多天天跑现场，绘制地质图、定井位、指导钻井和采油。矿领导也想了很多办法，但效果都不理想。转眼到了1960年夏天，不知听谁说的骆驼草能吃，有营养，还称它为"珍珠草"。玉门戈壁滩上不长野菜，但到处都是稀稀落落的骆驼草。那时油矿没有职工住宅，都住在几栋半简易的房子里，在一个大食堂就餐。割回骆驼草以后，用水反复清洗，用菜刀剁成一段段的，再晾晒干。然后放到石磨上磨碎后，掺到棒子面里面蒸馍。过去食堂卖馍是二两粮票一个，现在是一两粮票一个。掺骆驼草的馍确实不怎么好吃，但能填饱肚子。虽然是吃不饱、吃不好，但我们仍然坚持生产，月月超额完成采油任务。

20世纪60年代后期，面对"文化大革命"造成的生产管理混乱的现状，石油沟油矿进行了生产秩序的全面整顿和艰苦奋斗传统教育。那时，我主要协助黄自强矿长抓节约增效,树立了典型邵正富。邵正富是一名修井大班班长。他时刻不忘节约,每天背着一个布袋子,看见散落的弯头、螺丝、铁钉等就拾起来,工友们称他的袋子为"节约袋"。秋天,邵正富还到野外割回干枯的芨芨草,用芨芨草的杆和头扎扫把,供给全矿使用,节约了一笔开支。我看见矿区附近的246井的天然气一直放空,白白的燃烧掉了。想来想去,就搞了一个简单的设计方案,带人架上管线把天然气接收到锅炉房、食堂、宿舍,既起到了回收利用的作用,又节约了煤炭,也保护了矿区环境。我们的做法被作为典型经验推广,各个油矿都来取经,青海、克拉玛依油田也来参观学习。

记得那是1970年4月5日,石油工业部在玉门石油管理局召开工作会议,并到石油沟开了现场会,石油沟油矿介绍了"艰苦奋斗、增产节约"的经验。"铁人"王进喜当时是大庆油田革命委员会副主任、党的核心小组副组长、中央委员,他抱病出席会议并讲了话。记得他披着草绿色的军大衣,打着手势,声音铿锵有力。他讲一定要恢复和发扬艰苦奋斗的优良传统,大干快上,节约增效,为国家多生产石油。听了他的讲话,真是振奋人心。会后,人民日报发表了一篇通讯,题目记不太准确了,好像是"祁连山下一面红旗——石油沟"。开会期间,王进喜抽出时间看望了他的老工友许金山。许金山已快60岁的人了,从生产一线退下来在油矿后勤工作。两人谈了当年在玉门油矿的艰苦岁月,王

进喜表达了对许金山等老工友的惦念和关心，许金山感动得流下了热泪。会议期间，王进喜胃病越来越严重，疼得特别厉害。会议结束后，石油工业部领导安排人直接送王进喜去北京 301 医院治疗。没想到，他被确诊为胃癌晚期，于 11 月 15 日病逝。这是"铁人"王进喜最后一次回玉门。

1983 年 4 月，我调到中原油田采油一厂，曾任地质大队大队长、党总支书记。虽然条件好了，但我仍然发扬玉门油田艰苦奋斗、勤俭节约的优良传统，处处讲节约、降成本。我把办公室改造成地质实验室，利用办公楼和围墙之间的空隙建起简易车库，这两项就节约资金近百万元。

在地质大队工作期间，我带领地质技术人员深入钻研，有针对性地制定上产方案。同时借鉴在玉门石油沟油矿扩边和加密井的做法，取得了理想的效果。从我调到采油一厂，到退休的十年间，是采油一厂原油产量一直上升的时期。

我经常给年轻人和家人讲玉门油田的过去，讲自己的经历，一再告诫：艰苦奋斗、勤俭节约的优良传统到什么时候都不能丢。

（高树理整理）

玉门往事追怀

中国石化河南油田公司　裴文廷

朱德副主席视察玉门油矿

1958年7—8月，朱德副主席到酒泉、玉门油矿、兰州视察，引起很大轰动。著名诗人闻捷《难忘的十五天》，对这次视察有生动的记述。

我因一个偶然机会，有幸在酒泉、玉门油矿多次见到朱副主席。当时我要从玉门油矿炼油厂团委调回矿团委。我去厂党委组织部办调动手续，组织部部长说，你先到酒泉搞个外调，回来再办。第二天我就去酒泉，两三天外调结束，回到酒泉县城，得知朱副主席正在酒泉。省委书记霍维德、张掖地委书记安振、玉门市委书记刘长亮都在酒泉。有的同志还说，朱副主席参观泉湖公园时，县上保密，不让群众见，驱赶人群，朱副主席发现后批评说："我是全国人大代表选的国家副主席，是人民公仆，不是封建帝王，哪有不见群众

的道理。"群众听了可高兴了。此后在参观西峰农业社和嘉峪关时,欢迎的人很多,秩序井然。下午要参观酒泉中学及县文化馆的技术革新展览。

我听了此消息,异常高兴。午饭后,就往县文化馆跑,天刚下了点雨,空气清新,闻讯赶来的人已经不少,场面宏大。朱副主席参观酒泉中学时,受到全体师生的热烈欢迎。他赞扬该校是"天下第一校"。随后他乘车来到县文化馆,车刚一到,一群小孩拥上前去,拍着小手高喊:"朱总司令来了!朱总司令来了!"公安人员刚要阻挡,朱副主席示意不要赶孩子们。朱副主席在展厅对每个展品都看得十分仔细。

在参观过程中,我听说第二天(即15日)朱副主席要去玉门油矿。我决计不失这个时机,即刻去车站买了车票,15日一早乘班车返矿。车过嘉峪关,一溜小车向油矿奔驰而去,我判定是朱副主席的车队。我到矿后,急忙到厂党委组织部交了外调材料,要求办调动手续。组织部部长说,你可别后悔,局里通知下午朱副主席来厂参观,调出手续一办,入厂证一交,下午你可进不了厂。于是,我改变主意,等下午见了朱副主席后再开介绍信。

下午,朱副主席在余秋里部长等人的陪同下,来到炼油厂。上千名职工和家属在厂门口夹道欢迎。朱副主席下车后,频频向大家招手,缓缓地说:"同志们!毛主席、党中央,很关心石油职工,派我来看望大家!"句句话暖在群众的心窝里,人群中掌声不断,不少人激动得热泪盈眶。周明伦厂长，陪同朱副主席参观了化验室、裂化装置，边走边汇报。朱副主席听周明伦说在鸭儿峡还建了个小炼油装置，决定要去看看。朱副主席离开炼油厂，我赶快办了手续，到矿团委上班，这样见朱副主席的机会就更多了一些。

因为朱副主席视察是公开的，随行记者、作家有好几位，把一个个激动人心的消息很快传播全矿。朱副主席在鸭儿峡看完小炼油装置，意外地碰上鸭18井发生井喷。余秋里部长考虑，井喷现场油气弥漫，不让朱副主席去看。朱副主席笑着说："我到玉门就是来看油的，现在见了油，怎么能不看呢！"朱副主席到了井喷现场，看到几十名工人和技术人员头戴铝盔，身穿橡皮工作服，奋力制服井喷。钻井液车、压裂车、消防车、救护车响彻山谷，地层压力大，把原油直射到40多米高的井架上空，又洒落下来，形成一道道油流，顺着山坡流向山沟。朱副主席站在离井架几十米远的山坡上观看，询问身边的同志："这油还有没有用？"刘长亮说："能用，可以炼油。"井场干活的工人热情地跑来向朱副主席问候。朱副主席关切地问："井喷能制服吗？什么时候能制服？"工人肯定地回答："下午就制服了！"朱副主席对工人表示由衷的敬意，握着工人们一双双油污的手说："祝你们成功！"

接着沿崎岖山路，驱车来到鸭6井，这是一口已控制的自喷井，预先安排参观，作放空演练，采油厂党委书记宋振明现场指挥。当工人把井口闸门打开时，一股乌黑的原油像

喷泉似的直冲云霄，油珠从高空飘落下来，不料风向突转，朱副主席躲闪不及，天空的油珠，散落到朱副主席的衣服和帽子上。同志们都深感遗憾，朱副主席却笑着说："没关系，留点玉门的纪念也好！"诗人闻捷由此产生了灵感，写了一首《喷泉》：朱总站在鸭儿峡后山／含笑指点这布满井架的山峦／他等待采油工打开油井的闸门／从地下引出石油的喷泉／……随着一声哄笑风向东转／蒙蒙的油珠洒得朱总满身满脸／他深深呼吸着芬芳的油味／笑说："留点玉门纪念！"

1958年7月16日，这一天玉门油矿洋溢着节日的气氛。朱副主席在玉门油矿中心区的体育场、广场、文化宫和前来参加石油工业部玉门现场会议的400多名代表，数以万计的玉门油矿职工见了面，交流了感情。这一天是玉门油矿值得纪念的一天，也是玉门油矿发展史上空前绝后的一天。这天清晨，朱副主席迎着朝阳，在石油河畔散步，打太极拳。早饭后，他参观了老君庙油矿的注水、注气、选油站后，带着青年女工们采献的山花，回到下榻的招待所。10时，我们矿团委的同志和数千名职工一起从招待所到体育场夹道欢迎，簇拥着朱副主席到了体育场欢迎会场。会场彩旗飘扬，掌声雷动。余秋里部长主持欢迎大会，少先队员向朱副主席献了花，在热烈的掌声中，朱副主席说："毛主席、党中央，派我来看望你们，我向玉门石油职工致敬！"全场响起热烈掌声。掌声中，欢迎职工异口同声地喊："请朱副主席坐下讲！"年已74岁的朱副主席，坐在话筒前，讲了国内外形势，分析了石油工业的重要地位，赞扬了玉门职工的创业精神，号召大家征服气候，征服风沙，征服戈壁，多探油，多采油，多炼油，为祖国建设做出更大贡献。下午，朱副主席还和成百上千的职工一起参观了广场的技术革新展览。在文化宫参加了盛大的欢迎舞会。他向参加石油工业部现场会的代表致敬，和苏联、东德、罗马尼亚专家一一握手。朱副主席和蔼可亲，慈祥善良。跳舞时不论是三步还是四步，是快步还是慢步，他都按音乐的节拍，不紧不慢，一直向前，以不变应万变，给同志们留下了深刻印象，在油城传为佳话。

当晚，刘长亮代表6万人民，请朱副主席题词留念。朱副主席欣然答应，深思片刻，挥笔写下"玉门新建石油城，全国示范作典型。六万人民齐跃进，力争上游比光荣"的诗句，饱含着对玉门石油职工的高度赞扬和热切期望。市委把题词印成三角形的小红布旗，发至基层作为开展流动红旗竞赛的标志，插在油田职工的各个岗位上。

朱副主席这次对玉门油矿的视察，影响深远，成为鼓舞玉门石油职工夺取更大胜利的无穷力量！

彭总与玉门油矿

彭德怀元帅，是开国元勋，是老一辈无产阶级革命家，

是国内国际著名的军事家、政治家,是我们党和国家、军队的重要领导人之一。他把毕生智慧和力量全部奉献给人民,为党和国家建立了不朽功勋,受到全国人民的尊敬和热爱。无论他走到哪里,人民都亲切地称他为"彭老总"。他一生中两次到过玉门油矿,他是玉门油矿新生的解放者,也是玉门油矿发展的支持者和鼓舞者。

我亲历了彭总1958年视察玉门油矿的片段历史。1958年10月中旬,玉门油矿大炼钢铁搞得热火朝天,我们油矿团委的全体干部三班倒,战斗在土炼铁炉旁。一天下午接到通知,科以上干部和大炼钢铁中的积极分子晚上七点半在大礼堂开会,不得请假。我们几个被指定的干部,准时到会。大礼堂800多人,座无虚席。一位领导走上主席台给大家打招呼说:"中共中央政治局委员、中央军委副主席、国务院副总理兼国防部长彭德怀元帅来矿。今晚是欢迎大会。"会场立即轰动。大家对这位在抗美援朝中打败美帝国主义的赫赫战将,仰慕已久,今天就要亲眼见到,兴奋之情,溢于言表。

突然,礼堂门口有人喊:"来了!来了!"全场轰的一声,齐刷刷起立鼓掌。彭德怀元帅身着便装,在兰州军区司令员张达志、市委第一书记刘长亮、局长焦力人等领导的陪同下进入会场,向大家招手致意,缓步走上主席台。刘长亮致了简短欢迎词后,请彭总做指示。彭总风趣地说:"我不是来做指示的,我是来向大家学习的,我代表党中央、国务院向大家表示感谢和致敬。九年前就在这里我讲过一次话，当时的玉门油矿年产石油仅 6.9 万吨，而今天原油产量已经一百多万吨，建成了祖国第一个天然石油基地。你们为祖国建设立下了汗马功劳，人民向你们致敬，解放军向你们致敬，我彭德怀向你们致敬！""我不懂石油，也不管石油，我只管金门打炮。'8·23'炮击金门的命令是毛主席签署的。台湾、澎湖、金门、马祖是我国的领土，这次炮打金门，属于惩罚性质，台湾当局过去长时间太猖狂了，命令飞机向大陆乱钻，远及云贵川康青，发传单，丢特务，炸福州，扰江浙，是可忍，孰不可忍！因此打炮予以惩罚。我们有时单日打，有时双日打。外国人看不懂，说哪有这样的打法。我们告诉外国人，台湾、澎湖、金门、马祖是我们中国的领土，我们想怎么打就怎么打，你外国人管得着吗？""10 月 16 日，以我的名义，发表了毛主席起草的《告台湾同胞书》，宣布暂停炮击 7 天，让台湾、澎湖、金门、马祖军民同胞运送一些物资，但如果发现美国人护航，我们立刻就打。"接着彭总又强调："你们多生产石油，就是对我最大的支持，我这个国防部长的腰杆子就更硬了。"讲话不到半小时，几次被掌声和欢笑声打断。

欢迎大会结束，彭总回招待所。两天后彭总离开了油矿，前往敦煌视察。

我当时二十岁出头，见到彭总，并聆听他的讲话，感到是终生的荣幸。

彭总这次对玉门油矿的视察，在职工中引起强烈的反响，一个个动人故事在职工中迅速传开。彭总在一个单位视察完毕吃饭时，单位摆起了酒席，彭总不但严肃批评，而且硬是让撤掉了酒席，只吃便饭。

参加大礼堂欢迎大会回到招待所，一位局领导忙上前揭起住房的门帘，请彭总进入，彭总当即指出，这是资产阶级的一套，我们共产党人不提倡。

视察老君庙油矿，厂领导特意安排女子民兵排操练表演，彭总看后，讲话鼓励。后把领导专门叫到一起说，你们是企业，要把主要精力用到生产上，多生产石油，民兵训练不是主要任务。彭总的言传身教，在玉门油矿的广大职工中，留下了深刻的印象。

余秋里部长在玉门狠抓作风

余秋里是著名独臂将军，1955年授中将军衔，1958年2月任石油工业部长，后任国务院副总理。他任石油工业部部长时，多次到玉门油矿检查工作。他对工作要求十分严格，对工人满怀深情。他的一言一行在职工中留下了深刻影响，培养了一代新风。

20世纪从50年代初到70年代初，我在玉门油矿团委当干事、市（局）团委办公室主任、中共玉门市委办公室主任，共 20 年。有幸多次聆听余部长的报告，学习贯彻余部长的指示，参加过一次别开生面的座谈会，耳闻目睹这位老革命家的风采，终身受益。

余部长严于治企，对人对事从不迁就马虎，工作标准很高。1959 年 5 月，玉门油矿成立了吐鲁番矿务局，由于当时技术条件所限，打了一年多探井，收获不大。一位领导给市（局）党委写了一封不符合形势要求的报告，余部长看后大为不悦，在文化宫礼堂对市、局科以上干部大会上进行了严厉批评。指出这是动摇军心，瓦解士气，是这也不可能、那也办不到的懒汉懦夫世界观在作怪。他把左臂的空袖子从身后一甩，夹在右臂下，离开话筒，在主席台上走来走去，放开嗓门，对报告中的观点一一批评。余部长讲着讲着抽出一支烟，在讲桌上叭叭叭连磕几十下，随着讲话节奏，越磕越快越响，全礼堂都能听见。他用一只手抽火柴，准备划火点烟，台上做记录的秘书忙上前帮忙，他不但拒绝，而且当场指出："当个领导，让人百般伺候，这是资产阶级作风，革命队伍里不提倡。"他豪迈地说："我余秋里如果有两只手，非把钻盘扳转不可。"我坐在礼堂后排，听着这样的讲话，对余部长可敬可畏，深受教育，真有胜读十年书之感。余部长对被誉为工人阶级优秀代表的王进喜也毫不客气。1959 年王进喜所在贝乌五队（1205 队），把一口井的井壁打斜 4.7 度。余部长说："这在一九五八年以前是好井，现在不行，王进喜，你给我填！"王进喜含着泪，带上工人，硬

是背水泥把井填了。余部长通过这个典型,告诉人们,所有的石油工人,无论谁,工作都不能马马虎虎,凡事干坏了,都要推倒重来。

三年困难时期,余部长以大将风度,纵观全局,深谋远虑,力挽狂澜,一手抓石油,一手抓农业,硬是把玉门的石油、农业都抓上去了。1960年、1961年,余部长两次来玉门,都带着秘书李晔(后任胜利油田一把手、山东省副省长)。因自己只有一只手,目标大,就让李晔微服私访。1960年9月李晔调查回来,给余部长汇报:"如果不迅速解决粮食问题,井队就没人上班了。"余部长立即在玉门召开的"西北石油厂矿长会议"上做出"稳定西部发展东部"战略的同时,提出大办农业,大抓粮食、蔬菜实现"三硬一软"(一斤土豆、一斤萝卜、一斤甜菜根、一斤叶菜)。其后,玉门办起了十多个农场,补充了职工的粮、油、肉、菜。1961年7月余部长带李晔再来玉门油矿,走遍油矿的农场、食堂。有个工人流着泪给余部长反映:"旧社会我们吃的是猪狗食,新社会粮站供应的粮食掺杂施假,短斤少两,真让人寒心。"一位司机说:"我的眼都肿成一条缝,手肿得握不住方向盘"。有的职工吃不饱,到处去商店排队买糖水、伊拉克蜜枣,普遍斤两不够。余部长派李晔借职工粮本排队买来这些东西,一复秤果然都不够数。余部长火了,把市委书记、市长、粮食局局长、商业局局长都叫来,当面称给他们看,气得声音颤抖。他批评说:"你们都是干啥的,我们共产党人竟能干出这种伤天害理的事情。"接着又带他们到粮站现场检查,抓整改,举一反三,震动全市。广大群众对余部长这种工作作风交口称誉。

他到采油队,工人反映距大队食堂太远,走路半小时,排队半小时,中午没有时间休息。余部长到食堂一看,果真如此。他当晚开会,要求机关干部从第二天起,轮流到食堂帮助卖饭。第二天他去检查,没有执行。他向工人借来碗筷、饭票,排在队伍后面。管理员见状,急忙请余部长到小食堂就餐,被拒绝。市委第一书记刘长亮、局长焦万海闻讯赶来,相劝无效。二人忙进食堂,帮忙卖饭。余部长在这个食堂当了一周管理员,帮助建立了民主选举伙委会制度,还建议局里抽调218名科以上干部抓农业、抓食堂。使食堂大为改观。老工人阮进财说:"老部长在最困难的时候和我们同甘共苦,我们还有啥说的,咬紧牙关也要把石油生产搞上去。"

余部长工作中雷厉风行,严得出奇,让很多人难以接受,但对职工的感情却十分丰富,爱得很深,真情无处不在。王进喜队有个工人家属1960年来队探亲,因没有粮吃,到处讨要。余部长知道后,通知食堂送去一袋面粉。一次,一个工人冒雪到二三十米高的井架上作业,下来后,冻得唇发紫,舌发硬,牙打磕,说不出话,浑身发颤。余部长看在眼里,痛在心里,忙脱下自己的皮大衣,给这位工人披上。他说:"工人是宝贵财富,没有工人的创造性劳动,就没有石油。"

20世纪70年代初,余部长又来到久别的玉门油矿。和往常一样,他不先进招待所,而先到基层。他到采油队碰见一群小伙子,问他们"现在能吃饱肚子吗?"青年工人说:"能吃饱。"余部长似见到久别重逢的亲人,伸手摸了几个小伙子的肚皮说:"只要肚子能吃饱,睡眠八小时,就放开膀子干!"离开玉门油矿时,还召开了一次座谈会,有三四十名职工代表参加。我和一位市领导作为政府代表应邀列席,余部长握着我们的手说:"市局是一家人,一家人不说两家话,你们过去为玉门石油的发展做出过很大贡献,今后还要继续大力支持。"会议开始时,场面还有一些拘谨。余部长三言两语就把场面打开了,大家发言异常热烈,无话不说。余部长见状,索性离开沙发,盘腿坐在地毯上,不少职工代表也围着余部长坐在地毯上谈心。

余部长和玉门油矿职工心连心。余部长培养了新中国成立后玉门油矿第一代石油工人良好的作风,光荣地承担起了"三大四出"的历史责任。余部长为我国石油突破一亿吨,跨入世界石油大国行列,做出了前无古人,今无来者的卓越贡献,石油人永远怀念老部长!

著名诗人李季给我们讲写作

1952年,玉门矿务局团委不定期的举办各种青年讲座,曾请李季给青年讲一次写作。李季最初没答应，团委干部便找李季爱人李小为说："我们请李季部长给青年讲一次写作，他没有答应，咱们在一个支部，请你给说说。"李小为时任矿工会女工部长。矿工会和矿团委在一栋小平房办公，一个党支部开会，朝夕相见。李小为说："李季原本是体验生活来的，现在又任矿党委常委、宣传部部长，还兼石油工人报社社长，每天晚上当'夜猫子'，审稿到半夜，连睡觉的时间都没有。你们不要让他做大报告，规模小一点，次数也不要多，我再以咱们党支部的名义劝劝他。"大家听了很开心。

经过一番周折，李季终于给青年讲了几次写作。他的讲座，和他写《信天游》一样，好用群众语言，他一开头就批评当时不健康的文风。他说，现在有的同志写文章不动脑子，这里抄一段，那里摘几句，东拼西凑，生搬硬套，不成体统。还自欺欺人地说什么"千古文章一大套，看你会套不会套。"不以抄袭为耻，反以当'誊文公先生'为荣，自己把自己禁锢起来，这是永远也写不出好文章来的。有的同志写文章不是开门见山，直入主题，而是一开头就套话一大串，东拉西扯，不沾主题。使人有"秀才写卖驴，三页不见驴"之感。有的文章长篇累赘，空话连篇，似"懒婆娘的裹脚布，又臭又长。"有的同志坐在办公室写调查报告，打好框架再到基层找典型，找例子，就像"提着鞋子去套脚。"凡此种种，不一而足。这种文风不纠正，害己害人害党。他希望大家学习毛主席的好文风，反对党八股，写出好文章。

209

我们听着十分形象生动，引人入胜，久记不忘。

讲到写文章的技巧，李季说写文章要讲"三性"：准确性、鲜明性、生动性。要做到"三性"，关键在写文章人的思想、立场、观点、方法要对头。这就叫"文如其人"，什么样的人写什么样的文章，全靠自己刻苦学习，改造世界观，反复实践。深入调查研究，掌握大量第一手材料，才能有所取舍，当好文章的加工厂。写文章还要讲修辞，讲语法，讲逻辑，讲技巧。不管什么文章均应开门见山，首先要提出观点。晋代陆机《文赋》上说："立片言以居要，乃一篇之警策。"新闻学叫"导语"。文章要眉目清楚，纲举目张。要首尾呼应，修饰要恰到好处，风格要协调一致。

在讲新闻真实性问题时，李季说，苏联卫国战争期间有个叫"客里空"的前线新闻记者，报道伤病员救治情况时，让红军战士假装伤病员，躺在病床上拍照，当作新闻照片登在报上。后来真相被揭穿，从此苏联新闻学史上出现了一个假新闻的代名词："客里空"，传遍全球。李季说真实性是新闻的灵魂和生命，万万不敢有半点含糊。但文艺创作不同，可以虚构，它源于生活，高于生活。李季说，他在陕北当过小学教员、教育干事、连队指导员、三边报社社长，搜集了3000多首"信天游"才创作出了长篇叙事诗《王贵与李香香》。王贵、李香香似有其人，实无其人。在延安《解放日报》连载后，陆定一发表了《读了一首好诗》的评论，认为"用丰富的民间语言来做诗，内容形式都好。"李季强调，无论写理论文章还是搞文学创作，深入生活掌握生活的原材料，实乃写作之母，也是创作之母。

李季每次讲完，都让大家现场发问。有一次钻井公司团委张天吉提出："旧的文艺作品鼓吹爱情至上，为什么革命的文艺作品也总是离不开描写爱情？"李季说："世界上只要有男有女，爱情就会永远存在，爱情是文艺创作的永恒主题，但是，资产阶级是爱情至上主义，无产阶级却强调爱情和革命利益是一致的。'生命诚可贵，爱情价更高，为了自由故，两者皆可抛。'保尔和达雅、王贵与李香香的爱情观，就说明了这个问题。"

李季是著名诗人，也是石油诗歌的奠基人。李季给我们讲的这些知识，现在看来是很平常的，但20世纪50年代我们感到不仅新鲜而且经典，使我受益匪浅。李季在玉门油矿工作不到4年，他从石油工人中吸取了文学营养，给他的文学创作增添了无限的生命力，长篇叙事诗《生活之歌》《杨高转》，短诗《玉门诗抄》《向昆仑》《钻井队长的故事》等，都歌颂和赞扬了玉门石油职工的创业和奉献精神。李季对玉门怀有深情，他的"苏联有巴库，中国有玉门。凡有石油处，就有玉门人。"的著名诗篇，传遍海内外。是对玉门石油人的赞扬，也加重了玉门石油人的责任。李季为石油终其一生，1980年谢世时，按他生前的要求，身穿石油工人的工作服，头戴石油工人的铝盔，驾鹤西去。

李季永远活在玉门石油职工的心中！

杨拯民局长教我们青年读《远离莫斯科的地方》

20世纪50年代,玉门油矿共青团工作十分活跃,每年都要搞几次青年讲座。杨拯民局长讲过树立共产主义人生观、国内外形势等专题。每次讲课前,他总要把我们矿团委的干部请到他办公室,进行座谈讨论,收集素材。当时在矿团委我年龄最小,第一次去杨局长办公室时还不到20岁,表现很拘谨,他问我叫什么名字?哪里人?何时来矿?等等。我一一回答,大家也帮我补充。座谈中,杨局长边问边记,说不清楚的让下去再补充调查。其良好作风对我启迪很深。

当时,油矿青年缺乏马列主义知识,革命道理懂得不多。杨局长每次讲座,总抱着一摞"干部必读",翻好页码,一本压着一本放在桌上。他每讲一个问题,先念"干部必读"上马列主义是怎么说的,进行通俗讲解,然后对照现实,讲清我们哪些做法符合马列教导,哪些不符合,以理服人。杨局长用这种方法向青年灌输马列知识,深得好评,大家赞扬:"我们矿上杨局长马列主义水平最高!"

当时,玉门油矿青年普遍不懂得什么是革命的人生观。对艰苦创业、为国奉献缺乏正确认识。青年中流传着:"一出嘉峪关,两眼泪不干。向前看,戈壁滩;向后看,鬼门关。出关容易进关难"的顺口溜。有的嫌工资少说二话："亲爱的党我的妈,你的儿子没钱花,一月只有二十八,请你多给儿几沓。"再加上当时玉门油矿是全封闭企业,一进解放门检查站的四个水泥墩墩,南西北三面都是祁连山,东面是两米高的铁丝网和广阔的戈壁滩,想跑都跑不出去。许多青年不安心在玉门油矿工作,说:"火车叫,心在跳,何时离开老君庙。""宁肯东行千里,决不西移一步。"有个大学毕业生给杨局长写了一个"正式的呈子",意即经过郑重考虑,去意已决。杨局长在讲座时,循循善诱,规劝开导,动之以情,晓之以理。他说:"玉门风沙大,气候高寒,物质条件差,生活单调,各方面不如内地,这是事实,但玉门地下有石油,我们是探油人,是开拓者。自古开拓者先吃苦,献身事业为己任。不能等别人建设好了,我们再来享受,内地大城市虽好,但目前还没有找到石油。如果大家都不愿来玉门,那玉门地下的石油是不会自己流出来的,我想大家都懂得这个道理。我劝有类似念头的青年同志,要树立远大的革命理想,破坐天下的思想,立闯天下的思想,安下心,扎下根,开花结果在玉门。""我杨拯民不是没有外调的理由和条件,但国家把建设天然石油基地的任务交给我,这个任务完不成,我哪里也不去,就是用八抬大轿抬,我也不去!"

讲到这里,杨局长说:"最近苏联有部小说名叫《远离莫斯科的地方》,描写苏联石油工人,不怕苦不怕难,艰苦

奋斗,热爱祖国,为祖国繁荣富强,在远东西伯利亚找油,铺设石油管道的故事,我建议青年同志们都看看。西伯利亚条件不见得比我们好,他们能创造奇迹,我们就不行?我们要向苏联石油工人学习,艰苦创业,用我们的劳动和汗水把建设石油基地的任务早日完成。请这位写'呈子'的同志再好好想想,想通了,留下来,咱们携手建设玉门,我欢迎。想不通,定要走,我不强留。不过走时告诉我一声,我一定送你到车站。"杨局长的话字字见真情,句句暖人心,温暖了广大青年特别是青年知识分子的心。

讲座后,我们共青团组织全矿青年,掀起了阅读、讨论《远离莫斯科的地方》的热潮,青年们的精神面貌发生了深刻的变化。全矿青年心情舒畅,同心同德,异口同声地表示:"安下心,扎下根,开花结果在玉门。"上下扭成一股劲,共建玉门天然石油基地。1957年12月新华社宣布我国第一个天然石油基地在玉门油矿建成,原油产量由1949年的6.9万吨增长到75.54万吨。职工人数由1949年的4000多人,增长到40000多人。玉门天然石油基地的建成为我国石油工业的大发展创造了丰富的经验,奠定了良好的基础。

1958年4月,杨局长调任陕西省副省长,从此离开了玉门油矿。但他的良好形象却永远留在我们这一代人的心中。

我和师傅王进喜相处的日子

中国石化河南油田公司　顾兴典

说起"铁人"王进喜的事迹,多数人是看了电影《创业》和报纸及电视上才了解的。可我和老队长一起工作生活好几年,他的音容笑貌、艰苦朴素的作风、不要命的工作态度、对事业高度负责的言行,到现在不能忘怀……

1955年我从河南商丘市考入玉门矿务局钻探学校,经过近一年的钻井理论学习,分到贝乌(苏制钻机名字)五队当工人。那时王进喜三十多岁,是队上二班班长。我和钻井班的另外两名同学分到这个队的三班。来到这里时间不长,王进喜被提拔为副队长。他老家就在玉门的赤金堡,因为有条河带着石油花从他家门前流过来,师傅们不叫他名字,都喊他外号"石油头",意思是油花的源头是从队长家那儿来的。

刚从学校毕业来到队里实习,技术员不在时,王队长叫我替他念报纸和文件。因为他不识字,很多时间到大队开会,把会议精神和井队常用工具都画成符号记到本上,于是

我这个"秀才"教他认字。老队长手把手教我如何打大钳、提卡瓦、拉猫头、起下钻，我从场地工、内外大钳工、井架工干起，一直干到副司钻和司钻。实习期满时，我一转正就是四级工，在当时是很少见的，这与队长用心教我有很大关系。

老队长非常朴素。上下班都穿着粘满油泥的工衣，就是下班回家也不换，冬天身着的是一件不知是什么时间发的还是自己做的羊皮短大衣，上面有很多油。从来没见过他穿新衣服。

老队长工作起来很认真。白天和工人们一起干活，夜里经常三四点骑着一辆老掉牙的摩托车到井队查看情况，掌握钻井动态。寒冬腊月也是如此，从来没有叫过苦和累。1958年王进喜带领我们队在白杨河打井，做到"五开五完"，即当月开钻五口井，完钻五口井，实现月进尺5009米，创造了当时月钻井进尺的全国纪录，荣获"钢铁钻井队"称号。为了这5000多米的任务完成，我和队里很多职工都三天三夜没睡觉。

老队长记性很好、雷厉风行。井队工具、钻头等放到哪里他都记得很清楚，每天给大伙分配工作，说得很准确。他要求别人做的，自己首先做到。他开会经常说，那些干活不实的人，松松垮垮的人，偷懒的人是最讨厌的。他看不起油瓶子倒了，都不去扶的人。1956年10月，我们队在老君庙三橛湾765井打井，在快要完钻的时候接到通知，让我们在附近十几米远的地方，再打一口井，为了节省"放架子拆搬"时间，老队长提出不拆不卸整体搬家的大胆设想，他跑前跑后指挥，用12台拖拉机牵引高大的井架，连同巨大的钻台，只用了10分钟就将钻机安全平稳的搬到了新井位，首创了我国"钻机整体搬家"的先河。

王进喜在玉门油矿带领贝乌5队开创了中国石油首次钻机整体搬家

老队长工作上拼命干，还非常关心人。我是回民，过年过节，他要求队上给我买牛羊肉。1959年结婚，玉门住房紧张，他跑前跑后给上级领导反映，使我分到了平房，和他又在同一排。老队长如此关心我，到现在都非常感谢，不能忘怀。

1959年王进喜被评为全国劳动模范，到北京出席劳模大会前，玉门石油管理局勘探公司经理孙希廉，让组织上给他做了一套呢子制服，老队长说啥都不穿，说穿那么好的衣服，不会走路。领导劝他穿。我也说：到北京开会要见毛主席，不能再穿一身油衣服。他说不好意思穿新衣服。我们又给他出了一招，劝其上身穿呢子服，下身穿工服。或者裤子穿呢子服，上身穿工衣。在我们参谋下，才接受建议。

后来老队长调到大庆参加会战，他找总支书记窦小群让我也到大庆。窦书记说，目前走不开。由于队长和我的感情深，在去不成的情况下，我就请假回河南探亲，主要是想送老队长，组织批准探亲后。我一直送到郑州才和王进喜分手。

在跟老队长王进喜一起工作的日子，耳濡目染老队长艰苦奋斗、忘我拼搏、无私奉献、严以律己的优秀品德和把自己全部身心奉献石油的高尚情怀，自己也学到了很多东西，我一直以他为榜样，工作上不怕吃苦，脏活累活危险活冲在前，还做到团结同志。我于1959年入了党，提了干。以后我又调到长庆油田、河南油田，直到1992年退休。老队长虽然故去很早，但是他的音容笑貌至今没有忘，我永远怀念老队长！

（窦义整理）

我当钻井队长

中国石化河南油田公司 张永吉

1935年我15岁,和哥哥一起为躲避抓壮丁从祖籍河南省新郑县(现叫新郑市)逃往陕西省西安市,在大华纺纱厂当了一名织布工,干了不足三年。到1938年7月该厂遭到日本侵略者的飞机轰炸,厂子毁了,没有了工作。为了生存就推起单轮小车往返西安—秦岭大山之间当运输搬运工。

"房漏偏遭连夜雨,船破又遇顶头风。"在运送货物翻山越岭时腿被摔骨折,被渭南一个开干店的好心的杨大伯相救。住店后,精神一松,病情加重,也不会说话了。杨大伯看到此情此景,他说他是小本经营,万一你不行了怎么办。我说有一个哥哥在西安,如果我死了就用自己带的被子裹着埋了。并说了哥哥住的地方,讲他来了会付吃饭和住宿费。杨大伯找人写好信,贴上邮票寄了出去。几天后哥哥从西安找来,他看到数天不见的我,在举目无亲的他乡,成了如此的样子。我们兄弟二人大哭一场,然后谢过收留的杨大伯,付了吃住的钱,返回西安养伤。伤好后看到玉门石油筹备处

在西安招工，上边写着那里能住高楼、吃大米白面、穿条绒服。问别人油矿是干啥的，很多人答不上来，招工的说，是生产汽油的，问汽油是干啥用的，人家说是汽车上用它来跑的，便和前几年在河南油田运输处去世的我们有点亲戚关系的刘景生等17人一块儿报了名。坐了半个月用木头烧火的汽车到了玉门，到达目的地已是1939年7月1日。连我们被招工和原来有的人员加在一起整个玉门油矿才70人。那里不像招工时说的那样好。这里是戈壁荒滩，吃的是玉米面，很少吃过蔬菜。夏天鸡蛋放到沙滩上能烤熟，冬天达到零下三四十摄氏度。古代诗人岑参曾写诗："北风卷地白草折，胡天八月即飞雪。"此诗写的真不假，到的当天就下起了雪。矿上给发了一件没有处理好的发臭的羊皮袄。大家顾不上难闻的气味，马上穿上，防寒要紧。

  我到玉门开始时的活是脱坯盖房子。以后到井队跟着好像是陕北人郑云兴师傅学打井。这期间父母先后去世，想回河南老家奔丧。可是靳锡庚却说："小张，现在日本鬼子正凶着，像你这样瘦小，不要说想料理后事，怕是回去就回不来了。"于是，我就打消了回河南的念头。

  旧中国工业非常落后，井架是用木头搭起来的，抽油机大梁是木材做的。到20世纪40年代末年从美国和德国进口来了钢铁井架，才接触现代的打井机械。由于我是从农村来的，不怕吃苦，认真跟着郑师傅学习，几年光景就掌握了打井的主要工艺。新中国成立前已是八级工。

记得1949年9月25日凌晨1:30左右,我正在采油点值班,解放军一位军人来到我上班的岗位上,握着手叫我同志,并说玉门油矿解放了。当时朦朦胧胧也不知道人家叫同志是啥意思,只看到解放军态度很好。接着没有多长时间,军代表康世恩、焦力人、焦万海等人把矿上全体人员集合起来开会,焦力人拖着浓重的陕西口音讲话:"(兔子)同志们,现在油矿已经解放,油矿成为人民的了。共产党是人民的党,现在还要依靠大家大力开发油田等等。"那时,听了军代表的讲话,心里热乎乎的,而且听着(兔子)同志们的地方口音,忍不住直笑。

从此,我就成了新中国的一名石油工人。在工作上看到来的军代表为人和气,不打人骂人,别人打骂人,立刻制止。遇到生产上的问题非常尊重我们这些有技术的人,需要干突击活先开会做工作。生活上很关心照顾大家。真可谓解放军来了如同换了天一样。过去国民党统治油矿时,工头打工人很普遍,很多时候还吃不饱饭,虽然工头也给发饷,可是不是按月发放,有时间能拖很长时期,既是发了,钱的价值跌的很快。比方说,今天发1万元旧币能买10斤米,明天只能买1斤粮,而且这些店铺都是工头开的,明显是在坑人啊。可是不在他们那买,又没有其他地方可以去买。而现在解放军把矿上劳工当人看,把我们当主人,理所当然激发了工友们的工作积极性。我也更加认真刻苦地工作,分配什么工作都拼命完成。上级需要了解油矿的情况和技术上的问

题我都详细回答。同时,从美国回来的5名留学生也到了这里,他们带来了不少外国先进的打井技术,我就向留学生史久光学习钻井理论,他给讲了司钻如何识别压力表,讲解了在钻井中刹把突然抖动,是因为钻头从土层钻到岩层接触时会出现,钻头牙轮在工作中脱落同样有此情况,还给传授了注下去泥浆在地下遇到漏斗怎样补漏等技术。这对后来工作帮助不小。刚到玉门那阵,打井都是用土钻,到深一点土钻钻不动,就用钝的方法,所谓钻头像厚的扁铲,钝下去提上来,然后用人工旋转一下方向,再往下钝,提钻头用的几个人拉着绳子盘在一个滚筒上,哪有什么现代钻井工业用的钻头。就是1948年之前的几年里,虽然进口了美国和德国现代钻机,可是不知道工作原理。经史久光一讲,进步更快了。

由于自己技术过硬,干活踏实,一心一意跟着搞勘探,实心实意跟着共产党,在工作上要求自己和别人都很严。比如,当时钻头、钻具上的链条、钢丝绳非常短缺,还容易损坏。由于我是司钻抓管理严,要求大家认真遵守操作流程,这几件生产用具坏的比别的队少。领导看到我会管理,就将几个调皮捣蛋的年轻人调到我手下。情况是这样,时任几个井场场长的靳锡庚找到我说:"小张,有几个调皮捣蛋人交给你,调皮的和调皮的都在一起,看他们有多调皮。"嘿!你可别不信,我根据这几个人不同性格采取不同方法管理,比如说他们干得好及时表扬,出现问题,不当面批评,下来

· 222 ·

后单独指出，还真管好了他们。几年来没有发生重大人身伤亡事故。那时我们队里有苏联、罗马尼亚、捷克斯洛伐克油田方面的专家，受到他们称赞，其他井队的人不断到我们队里学习严格打井和操作方法。领导表扬我敢于大胆管理，生产搞得好，设备管得好，特别是那"三大件"使用寿命长等等。1952年3月，我被提拔为井队队长。

(窦义整理)

缅怀与铁人在一起的时候

大庆油田公司　王振亚

时间,像江水一样地奔流,日复一日,年复一年地逝去,人们在他的拖带下,由少年变成了青年,又由青年变成了老年,不觉铁人已故四十多年,但铁人的光辉形象和他的英雄事迹,时时浮现在我的眼前,给我的心灵留下深刻的烙印。

1952年,我与铁人王进喜同志同在玉门地质勘探公司工作,我任大队团总支干事,他任钻井队长,由于工作关系,与他经常接触,对他的了解比较多,我很敬重他,他是我心中的偶像。

1959年9月,我奉命撰写"铁人"王进喜同志(出席全国劳动模范大会)先进事迹材料,同年10月在大队大食堂(也是大礼堂),由铁人向全大队职工汇报出席全国劳模大会情况,我坐在铁人身后,聆听铁人汇报,他识字不多,也没准备文字材料,仅凭自己的记忆,按时间顺序说人说事,他怀着激动心情,手舞足蹈,绘声绘色地讲述那一件件动人故事，他说："原来，我没出过远门，就认为我的家乡玉门赤金堡最好，我哪里也不愿去，这次去北京开会，可开了眼界，首都北京城很大，古迹很多，天安门很壮观，道路宽广，有山有水，有公园，池塘里养了很多大红鱼，活蹦乱跳，现在调我去哪，我都愿意去。"当铁人说道："我在北京看到公共汽车顶上背个大气包，我问别人，那是啥玩意？是做啥用的？当别人告诉我，那是煤气包，是因为汽油紧缺，用煤气代替汽油使用时，我的心情非常沉痛。他说："我是一名石油工人，我们国家汽车没有汽油烧，这是我们石油工人的耻辱。"接着他挥舞着右拳，提高嗓门，加重语气说："我下定决心，一定要多打井、打好井、多出油、出好油，让我们国家的汽车都烧上汽油。"

铁人做完报告，当他从坐南朝北主席台向左转身时，一眼看到他启蒙师傅陶福兴（1939年替孙健初牵骆驼到玉门开采石油的老石油人，1959年任3203钻井队队长）坐在主席台左侧台阶时，他急走几步，来到陶福兴面前，低头弯腰45度，非常谦虚地对他师傅说："师傅！你来啦！我说得不好，想到哪，说到哪。"陶福兴面对铁人，非常高兴的赞颂他这位全国劳动模范的徒弟说："你讲的挺好，你热爱党和石油事业，吃苦耐劳，忘我工作，不畏艰难，勇挑重担，尊敬师长，团结同志，讲求科学，刻苦钻研技术，机智果断地处理了西河坝井喷和白杨河卡钻事故，为我们树立了学习榜样。"

1960年3月15日下午1时,铁人率领的1205钻井队奉命赴大庆油田参加石油大会战,由玉门南站乘火车前往萨尔图,于3月27日到达萨尔图,下车后一不问吃,二不问住,首先问的井位在哪里?在那艰苦创业年代,铁人提出"有条件要上,没有条件创造条件也要上"的战斗口号,立下誓言,"宁肯少活二十年,拼命拿下大油田。"以铁人为代表的会战职工,奋力拼搏,只用三年时间拿下了大庆油田,实现了铁人的遗愿。

铁人虽然离我们而去,但铁人精神,永远激励我们奋发前进。

我与王进喜的师徒情

大庆油田公司　吴金春

20世纪60年代初，凡是看过《大庆石油大会战》新闻纪录片的人，总忘不了铁人王进喜带领全队人员拉钻机的镜头，他一边吹口哨，一边用双手指挥，充分体现了他当时"有条件要上，没有条件创造条件也要上"的拼命精神。他用的那个口哨，如今还保留在我的手中。

算起来，我应是铁人王进喜第一个"入室门徒"，也是他原来在玉门贝乌五队当钻井生产队长最得意的"四大钳工手"之一。

据我所知，王进喜老队长在会战初期，曾经用过两个口哨：第一个是他从玉门油矿带来的军用口哨，第二个是他来到大庆后，从商店购买的民用口哨。我现在收藏的这个口哨，就是他从玉门油矿带过来，在当时用于组织领导指挥生产的。那是玉门1949年新中国成立后，油矿实行军民互管制时，一位驻矿的巡逻队长赠送给他的，让他一旦遇到紧急情况吹口哨召集群众时使用。

王进喜曾经使用的军用口哨

据说，当年矿区实行的军民互联网吹口哨管理法，在玉门治安防范上，制止了多次的矿区混乱事件。曾受到了矿区和市民们广泛的欢迎和赞扬。

那么，这个珍贵的军用口哨，后来又怎么会落到我手中的呢？说起来，还有一段传奇的故事。

1960年5月，当我们在如今大庆油田铁人村水泡西侧打完了第三口生产油井，继续向南区进行钻机整体搬家时，因为正处于化冻季节,地面道路十分泥泞。王进喜老队长一边吹着口哨,一边指挥人们一起使劲,将整体钻机通过物力人力不断向前移动。正待钻机快要抵达新的井位时,因天色已晚,他被身后小树林的一棵断了枝干的树桩绊倒了。他爬起来一摸,挂在脖子上的那个军用口哨不在了,寻找了老半天也未找到。待到次日天亮再来寻找时,还是没有踪影。无奈,他只好到商店买了一个民用口哨。

事隔3年后,也就是1963年7月底的一天,我去大庆萨尔图自由集市购买牙膏,竟然在一个旧货摊上,发现了老队长那个丢失了的哨子。问老板怎么卖,他居然要价30元。我生气地说:"你这不是卖旧货,而是在坑人。"对方朝我瞥了一眼说:"你这个小哥不识货,我这可是个特别的军工哨子,是我人民解放军挺进大西北时的专用品。它的特点是声音洪亮。"我说:"就算它有这个功能,也值不了这么多的钱呀!"最后他说:"这样吧,你要能告诉我买它干啥用,我宁可赔本,甚至不要分文赠送给你。"我说:"这个哨子是我师傅3年前在钻井队搬家时不慎丢失了的。我是专门为了他才买的。"他听后说:"哦,这么说你师傅是个甘肃人,从玉门油矿调来大庆的,对吧"。我眼前一亮说:"对呀,你认识他?"他脸上也绽开了笑意说:"也谈不上认识,不过这口哨就是我赠送给他的。"我惊诧地问:"这是真的?"他说:"要是假的,我怎么知道你师傅的来龙去脉呢?好吧,这回我真的分文不取,再赠送给你师傅好啦。"

后来我才知道,这位卖旧货的老板原是这个地区的一位区武装部长,因他对当时的人民公社化制度持有异议,被打成右派下放到农村当农民了。更神奇的是,他就是玉门解放后实行军事管制时驻矿巡逻队的那个解放军连长。这个军用口哨,是他从农村一个牧羊后生那里收购来的。

这时我师傅王进喜已经晋升为大庆钻井指挥部副指挥了。第二天早上,当我抽空去为师傅送口哨时,在大庆路口被小车里的师傅看到了。车子"嘎"的一声停了下来。他打开车门伸出头来问我:"小金子,你干啥去?"我猛一愣:"噢,是师傅,我是为你送那个军用口哨的呀!"他问:"哪个军用口哨?"我说"就是你大前年在小树林里丢失了的那个军用口哨呗。""嘘,那东西我现在还要它做啥子?我送给你吧!"当我刚想对他说这个军用口哨失而复得详细经过时,他的小车早就跑得没了影。

如今,半个多世纪已经过去了。自从我师傅他老人家1970年11月15日因患癌症逝世后,每年清明节那天,我总要把他遗留给我的那个军用哨子取出来,站在大庆油田上使劲放声吹一会儿,让他这个老玉门人珍贵的哨子声,永远在我们大庆油田上空响亮不息。

60年前我在玉门油田

大庆石化公司　程守珍

1927年3月,我出生在江苏省丰县(现属徐州市),江苏重教育,由于家庭条件较好,1934年8月,我七岁时就开始在丰县程小楼村上小学,一直到小学四年级后失学在家务农。1943年8月,我十六岁,进入江苏徐州师范学校学习,四年后毕业分配工作,当了一位人民教师。辗转几年教学,于1959年8月调到玉门石油管理局。

我为女儿起名叫孙玉生

新中国刚刚成立时,据报道,我国的文盲率高达80%,文盲成为新中国发展道路上的拦路虎。为解决这一问题,20世纪50年代一场轰轰烈烈的扫盲运动在全国展开。我在玉门油田的工作就是在后勤扫盲班当教师。我刚来时,看到了千里寸草不生、树木难活的戈壁滩,听到了不绝于耳的风

沙呼啸声。后勤扫盲班的教室是用的老百姓的闲置房屋建成的,每个学生都发一小马扎,学生都是玉门油田的后勤职工。由于要当班,只在空闲时间来学习,所以学生流动性较大。上课时,学生们都穿着破旧的工作服,衣服上打着大大小小的补丁,一到冬天,每个人都戴着狗皮帽子和口罩。学生们都发了薄薄的课本,但由于条件艰苦,上课时他们都拿着树枝在地上练习写字。尽管如此,学生们对学习的热情却非常高,对待老师都很尊敬。

由于条件艰苦,我有时饭都吃不饱,当时我正怀着我的小女儿,长期饥饿,使我面黄肌瘦,经常体力不支,慢慢地学生们察觉到了,他们暗暗节省自己的口粮送给我。我太感动了,多亏了他们的时常接济,我的小女儿才平安出生。为了纪念在玉门工作的这段艰苦岁月,我为女儿起名叫孙玉生。

双手捧着原油放到油桶中

那时,国家能开采出的原油太少了,每一滴都很珍贵。我印象最深的就是有一次油井冒出了一些原油,散在了地面上。不多,但大家都很心疼,原油太宝贵了!领导召集所有人,包括我们这些扫盲班的教师,70多人一起用手收油,双手捧着原油放到油桶中,大家没有嫌弃油脏,也没有嫌累,都来不及想太多,就是认准了不能浪费宝贵的石油。

"铁人"特别能吃苦

1959年到1961年那段时间,"铁人"王进喜还在玉门油田钻井队当队长,他也加入了扫盲班,没有在我负责的班级上课。我虽然没有见过王进喜,但他的大名早在班级里传开了。总听人说:"他累了就睡到管线上,醒了再接着干,是个特别能吃苦的人。"

1960年3月王进喜从玉门调到大庆参加石油大会战,我也在1961年2月调到大庆,参加了石油大会战。之后,在大大小小的会上,我终于见到了王进喜,聆听着这位"铁人"在会上纯朴激昂的讲话,感受着石油会战人员艰苦岁月的工作热情。

1967年我调到了大庆石化总厂一直工作到离休。现在我已经92岁了,但玉门油田的工作经历给我留下了不可磨灭的印象,面对如今的幸福生活,那是我当时怎么也不敢想象的。玉门变成了我记忆里的一幅画,有黄沙漫天、有一个个摆放整齐的小马扎、有挂着风霜的狗皮帽子、有地上树枝划过的字迹……它们都存在了我的脑海中时时回味。

(王丹、雒艳红整理)

我的玉门情结

长庆油田公司　许　敏

服从祖国分配到大西北工作

1954年7月，中专毕业，我们都宣誓服从国家分配，三位同学升入天津大学学习，三位同学留在天津石油学校当助教，一位去了兰州石油学校，我和另外五位同学被分配到石油工业部西北钻探局改行搞测井工作，其余同学分别被分配到了各石油企业电厂工作。分配到西北钻探局的六位同学一起转道北京，坐火车去西安，那时西安火车站前的解放路、东大街还都是沙土路，路上每个人都买了一副风镜，一直走到了南大街一家旅馆住下，洗脸洗头用的水都是碱性水，洗后头发都板结在一起。第二天，几位同学代表大家去和平门外西北钻探局报到，带回来再分配方案和人事介绍信，龚家宝、黄琨被分配到四川，我和段廷义被分配到玉门，张荣去银川，姚妍去新疆，给每个人发了一张珍珠泉的澡票，于是晚上大家就去解放路上的珍珠泉洗了个澡。然后大家分头准备，互相道别。我和段廷义的目的地是玉门。首先是去兰州，那时正在修兰新铁路，兰州还没有通客车，我们就将行李托铁路货运到兰州，然后买了去兰州的长途汽车票，当时的行程是三天，第一天到彬县，第二天宿平凉，第三天过六盘山到兰州。在兰州等行李待了两天。然后又是坐了四天长途汽车，第一天过乌鞘岭到武威，第二天宿张掖，第三天到酒泉的接待站。然后第四天乘单位里的车子到了目的地玉门。

酒泉钻探处电测站属西北钻探局酒泉钻探处，驻地在玉门矿务局八井，就是老君庙油田的入口处。电测站是个三级单位，站长兼教导员关宝贵，是智取华山部队的一位连长，主任工程师是吴永春，其下有几位技术员：褚人杰、余家国、陈英烈、高光兴、杨维良、王万才。据说原来还有两位工程师：王曰才调到北京石油学院当了教授，刘永年调到西安石油仪器仪表厂当了总工程师。他们都可称得上是测井界的元老了。

电测站下设三个测井队（两个全自动、一个半自动）、三个射孔队、一个绘图解释室、一个机修班、一个食堂。每个测井队有三个班。我被分配到张西生班当实习生，班里面还有何理忠、席少如、李继渊、侯帜等人。那时工人主要来自石油师转业人员。在我们之前，分来四位北京石油学校高探班学员，他们是高泽休、程月兰、胡可琼和龙依琴。还有一批培黎学校老师和学生：张有书、王云山、杨庆澜、甘德

· 235 ·

厚、王安民、王友善等。

我开始了实习生涯，依次从井口工、盘电缆工、绞车工、副操作员、操作员岗位轮流一遍。专业则从半自动电测仪到全自动电测仪，从测井作业到射孔作业，从野外到绘图解释，都挨个实习了一遍。在绘解室实习时，开始与陈英烈技术员订立师徒合同，学习电测业务技术知识。他亲自教我描图和用离差曲线求取地层真电阻率等技术。当时的绘图员有曹文英和涂宜惠，所谓绘图，实际上并不是在校学的机械制图，而是描图。因为测井曲线图是记录在照相纸卷上的，即所谓的测井原图，仪器下井一次，记录到一张原图，测一口井，得到多张测井原图，到了解释室，就要按不同的深度比例尺，将这些曲线移绘到一张大图上，也就是用半透明的米厘方格纸依次蒙在不同的原图上，将一条条测井曲线描绘下来，以便用兰晒的方式加以复制供工程地质人员解释和综合评价使用。描图时既要保证曲线数值的准确，又要保证上下深度的准确，既要计算，又要灵活描绘，无法借助三角板、直尺等工具，全靠用手腕运笔完成。我很快就掌握了这项技术。

不久，站里又来了一批新生力量：枣园电测训练班的毕业生，有龚侠敏、严宝贞、张雨南、王丽娜等人。

记得一次，我跟射孔队到一口井施工，由于中途有一炮返工，造成材料配件不够用，队长就叫我回站去取，那已是深夜，一个人沿着山间公路往回走，除了星罗棋布的矿区灯光以外，就是路边的骆驼草和土堆、山崖，有些路段一片漆黑，令人提心吊胆，经过几个小时的急行军，总算完成了任务。

年底我参加了中国石油工会。一次开全站大会总结工作，之后上来几位保卫处的人员宣布逮捕陈英烈，罪名是历史反革命，据说是原国民党电台台长，因为他是我的师父，这件事对我震动很大。后来不知在监狱里面服刑多少年，一直到20世纪70年代，我调到庆阳后，他还来找过我，想重新参加工作，但是我也没有能力给他解决。

1955年初前后，我们去酒泉文殊山测一口探井，全队三个班二十多人分散住在山上的弃庙里，那时使用的是从苏联进口的麻包电缆，由于这口井近3000米，电缆经不住高水压考验，边测边坏边修，整整一个月，三班倒，连续干，才勉强测完。此处是藏区，天天吃的是羊肉，碗筷都是去不掉的羊膻味。那个月，段廷义为我代领工资，放到我宿舍床上的枕头下，结果被人偷了，这些事至今还留在记忆中。

八井宿舍是一排砖砌窑洞房，南北是走廊通道，两边是单间宿舍，西边就是通矿的公路，没事的时候，我常在北边门口看着过往的车和人，早上经常看到一位长者从此经过，几年后才知道那就是李德生地质师。1955年春天，我担任测井班长。站上分来一位东北地质大学毕业的大学生赖维民，我们班也来了一位测井学徒赵积贵，高台人，平时极易出汗，非常老实的一个人，后来调往大庆，有人说后来当了招待所所长。6月30日，我加入了共青团，介绍人是龚侠敏和段廷义，那时团中央书记是胡耀邦。年底测井站搬到了

检查站（玉门矿务局大门）附近，与特车队为邻，原潮水大队电测队合并进来，李清超、方启之、郑正照、朱益丰等人调入，电测站也改名测井大队，我被定为一级助技员，1956年1月晋升为技术员，调入生产技术办公室。

为了推广新引进的五一型自动电测仪，钻井处要求在东岗轮训队里面开办一期测井训练班，于是我担任了这个班的负责人，编写讲义，担任教师，培养的对象是测井队的测井工，因为大多数是转业军人，文化程度不高，还要先补习一些电工基础知识。

中坪体育场开辟了一个滑冰场，于是玉门掀起了一阵滑冰热。大家买了冰鞋，开始练花样滑，继后练速度滑。所以每个人几乎都有两双不同的冰鞋。

1956年5月，我去北京参加了地质部地矿司举办的放射性顺便普查训练班。在此期间，结识了新疆局测井站站长周祖凯，后来是他接替了从玉门调到部里管测井工作的余家国。训练班结束后分到了一台便携式伽马探测仪，同时带回来提前分配到玉门的北京石油学校毕业生张慰云，他也是学习班的同学。我们给局领导汇报后，还在老君庙油田一个区块进行了一段时间的试验，但效果不理想，所以没有继续做下去。

8月，玉门局机构改组，钻探处归入玉门局，是为地质勘探公司，不久，大队又划归地球物理处领导，我则调到新方法试验队。

9月，苏联派来测井专家组，包括测井、射孔、解释和放射性测井专家。为了开展放射性测井试验研究，地球物理处指定叫我筹组全国第一期放射性测井训练班，并兼任五一型测井仪教员，给我配备了一名通讯员。地点在新市区刚刚建成的基地内，学员有石油工业部各油田的测井操作员和地质部、冶金部、煤炭部有关单位的人员，约三十人。讲课专家叫穆赫尔，翻译是单菊蓉（白俄后裔），时间约两个月，包括实习期约一个月，实习分三个组，张继仁、曲以欣担任指导，不要求操作的另成立一组，自己复习和辅导。穆赫尔后来在1990年11月曾回访北京，海洋测井公司倪仁士等六名学员曾代表大家跟他会面，共叙友谊。年底第一次全国矿场地球物理测井会议在玉门专家招待所召开，我列席了这次会议。

1957年春天，我出差去北京中科院同位素训练班学习了一个月，主要内容是放射性同位素的分离和制备以及测量等内容。年中调入综合研究队，在反右和反右倾运动中，高云凯、张慰云、王锡文、伏志昇等都被扣上右倾或右派的帽子遭到批判和送农场劳动。多年后，张慰云曾找到我，请我找耿健为他争取复职，但没有成功，后来还是通过他姐姐的关系去了上海工作。

寻找丢失的中子源

大概是1958年夏天，玉门测井大队发生了一起丢失中

子源事故。那是一个周末下午，中坪降落了一架直升机，正在大楼东侧做放射性仪器标准化试验的试验队人员停下了工作，都去中坪看飞机去了。第二天周末休息，等到周一继续试验工作时，才大吃一惊，发现放在仪器车底下容器中的四个中子源已不翼而飞。这一事故很快逐级上报，惊动了周总理。而且很快在一家香港报纸上出现了"玉门丢失四颗原子弹"的报道，成为一件政治事件。在讲究阶级斗争的年代，寻找遗失中子源就成为一项重点工作。地球物理处耿健经理就指派我跟随局保卫处一位副处长一起担负起用仪器寻找遗失中子源的任务。当然，保卫处另有人员负责侦破工作，两名事故责任人被拘留。当时我们还没有直接测量中子的仪器设备，从苏联进口的钋铍中子源，半衰期138天，放射中子的同时，伴生伽马射线，从北京带回来的地面辐射探测仪就派上了用场。中子源像日光灯起辉器那样大小，于是做了些外形仿制品，发动群众寻找类似物品，倒是上交了不少疑似物，大多是一些车工切削加工的尾料。考虑到尽快控制外流，我俩先后乘吉普车到玉门南站、东站、五华山火车站检查货运仓库，又到南坪水源地、专家招待所、各单位办公楼、仓库、食堂、宿舍内外探测寻找，以保护人身安全。仅在地震队仓库中查到有夜光钟和气灯罩等，除此以外，还是一无所获。不久，上级部门从延长调来了一个普查队10余人和我一起组成一个搜索队，对测井大队附近的空旷戈壁滩展开了扫荡式的作业。对附近的三三区，自东向西开展大搜索。工作劳累又枯燥，日子一天一天过去，希望却越来越渺茫，每天都要向领导和上级汇报，可又没有什么成果。大概到了九月底，玉门的天气已是秋风抖擞。又是一个周末，第二天普查队人员准备返回陕北，所以那天稍稍提前了一个小时收工。我们走在回大队的路上，碰到了一个六七岁的小男孩，拉着我的手，问我是不是找那种小棒棒的，说他们家里有两个小棒棒，我和张队长商量了一下，让他领大家先回去，我和另一位同志跟小孩去看一下，当时也并没有抱多大希望。小孩家在我们控制的区域最东边的马路以外油建处一个临时家属区里，也和所有职工家属住房一样，十几平方米，前边卧室后边厨房，卧室里面一张床，窗前一张方桌。当我们走到房门外时，带的仪器就发出了密集的咯咯声，进门后，小孩拉开了方桌的一个抽屉，果然是我们寻找的中子源。于是一问小孩是从那里找到的，小孩带我们到那排宿舍西边的一处炉灰堆处，又拨拉出来另外两个中子源。这真应了那句话，"踏破铁鞋无觅处，得来全不费功夫。"我让另外那位同志回大队打电话叫保卫处来人处理，我留下保护现场。我们的辛苦总算是没有白花，真要感谢这位小孩，要不然我们还真不知道要寻找多长时间呢？普查队也算完成了任务。后来的处理情况就不知道了，虽然两个源的强度不算大，但接触距离一米多，不知有几个晚上，对身体总会是有一定影响的，据说那小孩后来被送到局医院做了全面检查。

在玉门油田工作的那些年

长庆油田公司　李逢先

1966年7月，我从四川石油学院（西南石油大学）机械系石油矿场机械专业大学毕业。正当我们踌躇满志，准备投入石油建设，为国家做贡献的关键时刻，突如其来的"文化大革命"把我们的愿望打碎了。"文化大革命"使得我们的毕业分配推迟2年多。

1969年1月，当我们这些学生拿到迟来的分配通知书时，心情异常激动。当时有一种说法"想当官到大庆，想发财到新疆。"而我们分到玉门的，既发不了财也升不了官，有的只是一望无际的戈壁大漠和稀稀可数的骆驼草，还有那高耸入云、常年积雪的祁连山。

1965年初，我们曾在玉门油田井下处钻修厂实习过三个月，因此对玉门并不陌生。我们赶在除夕上午到达，迎接我们的是漫天的鹅毛大雪，脚踩在厚厚的积雪上发出嘎吱、嘎吱的声音。我们好不容易在马路旁找到一家小餐馆，还没来得及拍打干净身上的积雪，服务员就热情地招呼我们坐下，并给我们每人端来一碗饺子汤。

我举目扫视小小的餐厅，几张方桌擦得干净明亮，屋子中间放着一个铁皮炉子，炉子里的煤块熊熊燃烧，炉子上放着一个铁皮大水壶，炉壳和下端烟管烧得红红的，擦得明亮的炉盘上面放着半块饼。不一会，服务员端来一大盘热气腾腾的大肉白菜水饺，这是我们在玉门的第一顿年夜饭。

我们陆续来报到的大学生共70人。报道后，被安排在玉门石油管理局招待所一楼的几个会议室住下。分配后，一名同学留在局机关工作，其余男生有钻井工、修井工、面粉工、锅炉工、钢筋工、泥瓦工，女生都是采油工。油矿对已婚夫妻有所照顾，将已婚夫妻都分在同一个油矿，我和我夫人王根修以及另一对小夫妻都分在了东风油矿，即老君庙油矿。

玉门油矿最初的立脚点是老君庙。老君庙是一座孤悬于祁连山脚下的小庙，小庙位于一个山坡上，坡下有一条小河，是祁连山雪水冲流而成，后来人们称这条小河为石油河。油矿最早的先行者到达后，将蒙古包搭在老君庙边上，人们住在蒙古包里，借用小庙架锅做饭，后来用泥土和茇茇草在山坡上搭起一排排矮矮的土屋。

东风油矿

我们一行四个男同学背着行李，踏着深厚的积雪，一

步一个脚印，行走在玉门唯一的柏油大道上。不远处即是玉门市南坪东风油矿机关所在地。柏油路是早期的四车道，路的两旁生长着高大挺拔的白杨树，任凭风吹雪打仍自岿然不动。这条路从我们的背后一直延伸到火车站，路的东侧是玉门石油管理局机关、玉门公园、井下作业处等众多单位。

组织科调派人热情地接待了我们，开具调派单后，连队分别派值班卡车把我们拉到单位。

我们所在的四连职工宿舍是排列整齐的平房，每间宿舍一般是三个双层铁床，共住六人，室内外都打扫得干干净净，学习室、会议室、就餐、洗浴、球场等配套齐全。每个排还有一个墙报栏，连队有几块板报，墙报内容丰富多彩，大都是劳动竞赛、总结评比、安全生产、好人好事、政治学习等。

上班第一天，我从头到脚都是崭新的装备。头戴有护耳的新棉帽子，穿着"四十八道杠"棉工服。我对着镜子照了又照，激动的心情，无法言说。我所在的小修班也称之为检泵班，一个班有10多个工人，通勤车把工人送到各个井场。到井场后大家立即各就各位，我和另外两人负责抬油管，井口有两人配合机械起下抽油杆和油管。若井深2000米，那么就会有210根油管，我们四人每人手拿一节长度近1米的铁管，待油管从井口取出，我们两人一人负责一端，将铁管插入油管内抬起就跑，然后放在两个铁架上，最后由一个人拿着锅炉车的高温高压蒸汽喷嘴，不停地来回冲刷管内外的

· 244 ·

积蜡。抬第一根油管时由于经验不足，我们在井口旁被油管内的残余原油溅得满身满脸，师傅们看着我们直笑，我看着大家都和我们差不多模样。由于每根管子90千克重，还要抬着来回跑，在气温零下20多摄氏度的天气下大家都满身大汗，可想而知修井工人的劳动强度有多大。

我们如流水线般作业，一刻也不能停，否则将影响整个井场的正常工作。正常情况下我们一个班至少要完成两口油井，有时甚至三口井，当然主要根据油井的深浅而定，油井深，管柱就长，油管数量就多。

午饭时间到了，我第一次在井场吃午饭，感觉新鲜有趣。地上有两个保温桶，一个盛菜，另一个盛汤，一个大簸箕里装了不少的烧饼和发糕，不定量随你吃。吃饭前，我们从各自的包里掏出一大砣棉纱，将手上的原油擦擦就蹲着就餐。吃完午饭大约休息半小时，大家随意坐在井旁的沙土堆上，扒开积雪，将沙土一把把地撒在溅满原油的衣裤上。待沙土吸干原油后，师傅们拿出自制的铁皮刮泥器，像刮土豆皮那样将身上的油泥刮干净，下班前还要再重复一次，大家站在卡车里远远望去就像一群泥塑秦俑。

我在修井班工作不到十天，就被借调到玉门石油管理局档案室，从事档案检索工作。说心里话，在离开连队的那一刻，我十分不舍，不停地在问自己，在半年冰雪、半年风沙、气温零下二十多摄氏度的环境里，面对那么繁重的体力劳动、营养不良，许多职工夫妻长期分居，是什么支撑着他

245

们无怨无悔为国家的石油工业发展而奋斗。他们是当之无愧的国家脊梁，是我永远学习的榜样。

深挖洞，广积粮

1969年，中央发动群众，开展建设城防工程。玉门的城防工程自1968年就已如火如荼地展开，玉门石油管理局机关所在地——中坪是城防工程的枢纽中心，处在局机关办公楼旁。我参加施工时，竖井已完工，正开始横向施工，以实现与附近单位的联网。大家发挥"一不怕苦，二不怕死"的革命精神，在地面温度零下20多摄氏度的情况下，个个累得汗流浃背。

地下城防的施工完成后，我们一行10多人转入广积粮的施工中。那时的战备储备粮主要来自玉门油矿自己办的戈壁庄和花海农场，由于农作物灌溉有保障，肥料充足，且有数千名职工家属精心管理，农场麦子年年丰收，除农场自给外尚有大批库存。如何妥善保存这批粮食，以防战争的发生，在当年来说是头等大事。

玉门石油管理局各二级单位的战备储备粮库，大都设在祁连山大山沟里的半山坡上，我们一行分乘两辆敞篷卡车，一辆装了半车麦草以及施工机具，另一辆车主要装帐篷、炊具、煤块、粮食等。卡车沿柏油大道向北行驶，进入戈壁滩，一眼望去除了隐约可见的山峦，便是一望无际的戈壁滩。戈壁滩上长满了一簇簇的骆驼草。骆驼草不仅能防沙土流失，改善沙漠环境，而且还是骆驼食用的主要草种。有一首顺口溜这样写道："沙滩骆驼草，自古是一宝。风沙它不怕，牧民离不了。"

随着车辆前行，骆驼草逐步消失，绕过光秃秃的镜铁山，进入一条大山沟中，下午三点左右我们到达了指定地点。车停在一个缓坡上，大家开始搭帐篷、挖地窝灶、卸煤等。我和其他几名同志在向阳处挖地窝子，就是在山坡上挖一个梯形的地窝子，在小头开一个小门，顶棚用木檩条搭制而成，在木檩子上铺上芦苇席，铺一层油毡纸，用土盖上，一间简易的卧室就算完成了，在地面上铺一层厚厚的麦草，即可入住了。炊事员在帐篷内的铁炉子旁忙碌着。我们的晚餐主食是烧饼，菜是土豆、萝卜、白菜，在大山里，这样的饭食格外的香。没过几天，各二级单位的城防队伍陆续进入工地，霎时间寂静的山谷，热闹起来。每到夜间，山坡上一间间地窝子的毡门里露出微弱的光，让寂静的峡谷平添几许烟火的温情。

新　　生

1969年初，我们小夫妻幸运的分到了一套简易平房。

屋子不大,大约有 15 平方米,隔开后里面做卧室,外间供取暖、做饭、烧水。取暖兼做饭的是一个铁皮的煤火炉,屋角上还放了一只能盛两桶水的水缸。平房坐西向东,门口是一条宽敞的马路,门对面北面 200 米处是一个煤厂,那里有煤球、煤砖供应住户,向南约 200 米处是三连部及食堂、餐厅。我们的小家在该栋平房的中间位置,平房的南端是公共厕所,往南离厕所有一段距离的是茶炉房,专供职工家属热水。

住房虽然十分简单,但在当年油矿住房十分紧张的情况下,刚到岗位没几天就能分到自己的房子,我和妻子都心存感激。

还没有从搬了新家的喜悦中走出来,一天下班回家。妻子高兴地告诉我"你要当爸爸了!"面对这突如其来的惊喜,我高兴的只会说"好,好,好!"

为了给妻子增加营养,我想尽了办法。有一段时间妻子想吃小米稀饭,我硬着头皮找到司务长,想凭券提一、二斤小米都被拒绝。胎儿一天天长大,为了孩子,我决定闯一趟酒泉。一个周六的晚上,我和同学张尚志在玉门火车站,爬上开往酒泉的货车。初夏的夜晚仍有些寒意,一路上我俩蜷缩在车厢里冻得瑟瑟发抖。到酒泉时已是上午 8 点左右,我们东奔西跑终于找到了菜市场,市场的食品琳琅满目,鸡、蛋、鱼及各种蔬菜。我买了一份胡萝卜丝炒肉,又买了一只老母鸡,本来想买些鸡蛋或鲫鱼什么的,由于囊中羞涩,只得依依不舍地离开了。晚饭时，妻子终于吃到了怀孕以来最好的一顿饭。至于那只母鸡，妻子最终还是舍不得吃，留着下蛋。

1969年，由于国际形势严峻，特别是疆北和西北迅速进行人员疏散，玉门地区退休职工、老弱病残孕的疏散首当其冲。妻子的分娩期越来越近，于是我们匆匆离开玉门。历时三天两夜，终于到了成都站，然后再转乘成昆线到达雅安市汉源县，次日顺利抵达岳母家。想想四天的奔波，让人后怕，多亏妻子当年当采油工每天风里来、雪里去练就了一个结实的好身体，才得以平安到达。

当我们背着背篓回到西昌老家，刚进家门，只见老父正在为儿媳、孙子打扫房子，我说："爹，我们回来了！"父亲放下手中的扫帚，笑呵呵地说："那就好，那就好。"

1969年12月22日冬至，上午山村四周炊烟缭绕，阳光明媚，一片生机盎然，我们的儿子高声而又清脆的哭着来到这个世界，母子平安，皆大欢喜。

我与王进喜的四次相遇

长庆油田公司　王　勇

1953年，17岁的我在玉门油田南岗球磨机房当球磨工，为钻井队加工生产封井使用的重晶石粉和拌钻井液用的红黏土粉。一天，井队的车来拉运重晶石粉，有一位30岁出头的小伙子干活特别卖力，50公斤一袋的重晶石粉两手提起往上一甩就落在了肩上，中途别人劝他歇一歇再干，他始终不肯，直到把车装满。他对待劳动的执着态度深深地感染了我，我走上前说："请问这位大哥尊姓大名？"那位大哥回答道"我叫王进喜。""如果评选劳模我们球磨机班十几号人保准每人都投你一票。"我向他伸出了大拇指。他憨厚地对我笑笑："小兄弟，我会努力的！"目送着拉重晶石粉的车越走越远，我仿佛看见在王进喜的身上有一股无形的精神力量在生根、发芽、升华、闪光。

1954年我离开了球磨机房到大队机关工作，也许是各忙各的工作的缘故吧，在四年的时间里竟然一次也没有见到王进喜。想不到一句玩笑话却变成了现实——几年后王进喜成了玉门油田赫赫有名的劳动模范。

第二次和王进喜相遇是1958年,当时的玉门油田正处在火红的原油上产年代,生产高潮一浪高过一浪。

这年夏天,局领导在中坪广场举行原油上产万人誓师大会,第一个登台递交"军令状"的就是王进喜。这时,他已经是油田勘探公司钻井二大队贝乌5队的队长,他的誓词慷慨激昂、铿锵有力,博得了台下雷鸣般的掌声。散会后,他在会上发出的"大战戈壁滩,钻透祁连山,玉门关上立标杆……"的誓言,久久在我的耳际回荡。年底,王进喜所率领的钻井队钻井进尺创造了历史新高,成了玉门钻井战线的排头兵。

1959年9月步入全国英模行列的王进喜,带着玉门7万石油人的重托赴北京参加全国群英会,并参加了周恩来总理主持的国庆招待会,还登上观礼台观看了建国十周年盛典,受到了中央领导人的亲切接见。我有幸在玉门石油工人文化宫礼堂聆听了王进喜介绍群英会和建国十年大庆盛典和中央领导对石油工业期望的报告,分享了终生难忘的那最幸福的一幕。这是我第三次见到王进喜。

最后一次和王进喜相遇是在他离开玉门10年后的1970年4月。时任中共中央委员、大庆钻井指挥部副指挥的王进喜,回"娘家"所在地参加"石油工业玉门会议",住在第二招待所。会议期间,王进喜身体感到不适,经医院检查,初诊为胃癌。当时我在玉门油田职工医院医政办公室担任临

时负责人，8日上午接到上级领导通知，要为王进喜的身体进行一次全面会诊，要我尽快与相邻的404厂医院、酒泉钢铁公司医院和第25陆军医院联系，请他们派专家前来参加会诊。我立即先后与三家医院的主管部门通了话。听说要为"铁人"王进喜会诊，三家医院都非常支持，当即把专业经验丰富、医术高深的大夫从岗位上抽下待命。晚上6点多，各医院的专家相继被接到二招，顾不得吃饭，立即对王进喜的病情进行了全面检查。事后，王进喜的随身秘书要他卧床好好歇息歇息，因为当天王进喜利用休会的空间，到原工作单位会了会老战友，奔波劳累了一整天。但王进喜执意要把大家留下聊聊天，我和参加会诊的各路专家围坐在他的床前，他一一问了大家的姓名后，向大家聊起了大庆艰难曲折的会战历程，从没有条件创造条件上到人抬肩扛；从5把铁锹闹革命到缝补厂精神；从"三老四严"到"四个一样"；从大庆的崛起到石油工业发展的美好前景，一直聊了两个多小时，他富有故事情趣和哲理的聊天，令在场的每一个人打心眼里折服、敬佩，他为我们上了一堂生动深刻的大庆精神教育课，使我们学到了许多在课堂上没有学到的做人知识。从王进喜乐观豁达的言谈举止，镇静自若的精神状态和对祖国石油事业满怀憧憬的远见卓识，他哪里像一个重症在身的人，他简直就是一个特殊材料制成的铁人。

可以这样说，正是由于玉门精神的长期熏陶，为王进喜成为大庆铁人进而成长为中国工人阶级的杰出代表奠定了坚实的思想基础。

1970年8月,我奉命赴陇东参加长庆石油大会战,10月底被派往兰州出差,11月下旬的一天晚上,我在兰州军区招待所收听中央人民广播电台的新闻联播,喇叭里传来了"铁人"王进喜在北京病逝的噩耗,我的头嗡的一声,几分钟没醒过神来,接着眼泪唰地流了下来,我几乎哭出声来:铁人,你走得太早了!

此后,铁人精神一直成为我在长庆会战中为我国石油奉献终身的永恒思想动力。

"玉门风格"撑起了近现代中国石油工业

长庆油田公司 丁文茂

我是1959年从南京军区转业到玉门油田的，直接去了吐鲁番，当时叫作玉门石油管理局吐鲁番矿务局。由于在军队期间做后勤管理相关工作，所以在吐鲁番基层工作一段时间后就调到了吐鲁番矿务局财务科。由于支援大庆会战，吐鲁番盆地勘探队伍逐年减少，1964年12月，全部职工调回玉门，我也就从吐鲁番来到了玉门，回玉门不久"文化大革命"就开始了，"文化大革命"结束后我就被调到庆阳，虽然在玉门的时间不是很长，但是发自内心的觉得玉门的风格太高。

在玉门期间，我担任了成本会计组组长，同时兼任资金科、资产科工作，当时的任务就是抓革命、促生产，工作之一就是将油品销售的票据从南站送去银行。为了保证安全，每天都是财务处派的军代表一起前往，要确保钱能拿回来，保证生产、保证工人的工资可以发出去。

1968年革命委员会成立后，成立了后勤部革命委员会，管理财务处、器材处、生活处。其间有一件事印象比较深刻，我在1968年搞结算的时候，大胆地提出用大修费用解决农场问题，1962年玉门油田开始办农场，然而还有一部分困难没有办法解决，比如说修建房屋、修水管线、修路等，所以我提出了这一建议，在向革委会汇报后，又向石油工业部汇报，同意了我的提议，解决了当时农场建设的一个大困难。

玉门风格的表现之一就是慷慨无私支援别人，凡有石油处，皆有玉门人，可以说是玉门风格撑起了近现代的石油工业。

1969年秋，提出"跑步上庆阳"，11月开始，作为筹备组的成员之一，我们作为第一批前往庆阳的玉门人，当时成立了"陕甘宁石油会战指挥部"，曾有一段时间石油工业部的说法是"陇东领导玉门"，因为机关各处室的大部分人员、机厂、油建处、水电厂等重点单位的精英均被调往长庆，随后，玉门油田与银川勘探部组成了陇东石油勘探指挥部。在未来的三年内，玉门油田大约有一万三千人陆陆续续前往长庆，玉门油田当时一共才不到四万人，相当于抽调了三分之一的人力。消耗了玉门油田大量的财力物力，当时的人员差旅费、设备材料费等经我初步计算，大约3000万元，当时的油价才是130元钱，也就是说用了玉门的三分之一产量支援了长庆。一共支援长庆油田1000多套设备，差不多是玉

门设备总量的一半以上。

大庆会战开始的时候，我还在吐鲁番，那时就调走了一大批人，同时带去了大量最先进的设备器材，当时要求设备带走，材料配齐，到现场直接开工，因为我在财务科负责结算工作，当时的所有人员差旅费、器材、设备等相当于支援了大庆。

除了大庆、长庆两大会战，玉门油田还支援了四川等会战，为各大油田输送了大量人力物力，为中国石油工业做出了突出的贡献。

作为财务工作者，我觉得玉门油田为全国各大油田输送了很多优秀的财务人才。我们成本会计组当时13个人全都调往了长庆，在以后的工作中，都成了各大油田财务岗位的骨干。

"本本分分做人，踏踏实实工作。"这是玉门教会我的，也是我工作、生活中一直秉持的信念，这和当时的环境是密不可分的，当时的环境和周围的人都很本分、老实，虽然生活困难，但是心里知道只要努力工作，生活一定会变好，大家都是实干家，坚信社会主义是干出来的。我也是将这种精神向我的那些后辈们传递的，我对财务工作者的要求一向非常严厉，告诫他们人再穷都要有志气，公家财产不能拿一分一毫，告诉他们要本本分分做人，老老实实做事。

（薛雅、赵颖整理）

没有当时种的苗，哪有现在乘凉的树

长庆油田公司　郭　炜

从1949年到1979年，我在玉门工作了近30年，党和油矿的教育使我终身受益。在油矿，我学到了技术，学到了知识，学到了艰苦奋斗的精神，这对我一生的发展尤为关键。

我是酒泉人，1949年国民党军队到处抓壮丁，当时的政策是只要被在家中抓到，全家都要被牵连，所以我到处躲藏，巧合下坐上了从酒泉开往玉门的拉油桶的卡车，我还清楚地记得一辆车摆了25个油桶。到了玉门，检查站检查很严格，检查站外有一道三米宽、两米半高的壕沟，必须要有油矿里的人"保调"才能进去，这个检查站1952年的时候被取消了。那时也没有招工制度，我最开始就做一些打扫卫生、扫马路的工作。不久之后，8月，石油工人报社招7名印刷工，甘肃当时还是比较闭塞，农村孩子上学的极少，我是小学毕业，所以就被招进来了，当时还叫《塞上日报》，1950年1月改名叫《人民油田》，都是日报。印刷还是铅字

印刷，分石印和铅印两种，石印主要是打印报表类，铅字就是印报纸，拣字是一项重要工作，就像现在背字根一样，不仅要熟悉字架上的常用字部首、词组、繁体字，还要记住版样上的行数、栏数，拣完字后再进行拼板印刷。

1949年，当时叫甘青分公司，流通货币用的旧币，每个月工资是四块半银圆，集体伙食交一个半，自己能存下三个银圆。只有工人有工作服，一年两套，交旧领新，还记得当时的工服是上衣裤子连起来的白帆布做的，到新中国成立后才把工作服改成上下分体的。

1949年9月25日，解放军进驻玉门，基本上全矿员工都集中到三公里半的地方迎接解放军，我当时才十五岁，只知道解放军来了就有饭吃，有衣穿，没有压迫，有好日子过了。

新中国成立后，我们的工资水平也得到了很大的提高，当时玉门还有个传统，叫"附伙"，玉门规定只有五级以上的工人结婚后才能分房子，四级以下的工人是分不了房子的，这些成了家的工人就只能和有房子的人"附伙"，相当于借住，要掏伙食费，丈夫上班的时候，在家的妻子还要负责房子里的家务，这个制度一直延续到1955年左右。

河西走廊的工人大部分目不识丁，新中国成立后油矿开始扫盲，开办业余学校，分扫盲班、识字班、初级班、中级班、高级班几个等级，每天晚上下班后就去上课，不收取任何费用，也没有入学门槛，五六十岁也可以去上课。老师大部分都是矿上学校的老师和技术人员，义务在给大家上课，课程的内容包括语文、数学及简单的化学知识，我上了三四年上到了高级班。可以说当时的扫盲班影响了很多人的一生。当时的学习氛围也很浓厚，有时候遇到看不懂的字也会向周围的人请教。

当时的钻井设备全是美国进口的，为了巩固政权，当时就说必须要培养我们自己的维修人才，所以就从各部门抽人，进行了长达七个月的培训。1952年的时候，我被分配到钻井队搞钻井液地质，工作主要是分析岩心，分析钻井液等。后来，大规模引进了苏联的设备，苏联的设备都很高大，我们形容这些设备是"傻、大、笨、粗"，钻井的刹把也很高，个子小的人或者力气不够的人不容易操作，刹不住车的结果会很严重，我当时186厘米的大个子，再加上平时搞地质时在井场对钻井工作耳濡目染比较熟悉，就被选成司钻，1954年我已经是钻井六级工了。

1954年，川北会战开始，我们整个钻井一大队所有人，包括炊事员、通信员，一共1000多人，带着十几部钻机，押着七个车皮的钻杆去了川北江油海棠铺，后来不知道因为什么原因，包括我在内的7个人调回了玉门。

1958年，玉门石油管理局承担了新疆吐鲁番盆地的地质勘探工作，成立了玉门石油管理局吐鲁番勘探处，我任生产计划科科长兼调度室主任，前往吐鲁番会战，在吐鲁番工作了近八年时间。1958年4月28日，从玉门带了5部车到

了鄯善，那时那边很荒凉，什么都没有，我们找到一处修铁路的工人曾住过的土窑洞住，连门窗都没有，我们就在那里安营扎寨了。记得当时在火焰山山架处打的胜 4 井喷油了，让人人心振奋，生产规模越来越大，越来越多的人前往了吐鲁番，陆陆续续差不多一共去了 4000 多人，人多了问题也就来了，首先就是住房问题，井队的人有帐篷住，后勤人员只能临时搭建帐篷或者租当地老乡的房子。为了和当地人更好地相处，我们还被要求学习维吾尔语、学习当地风俗习惯，自治区为我们协调了维吾尔族干部当翻译，也派了新疆农学院的讲师过来教维吾尔语。那个时候交通没现在发达，大部分人一年只能回两次家，一次也就只有七八天，由于当时所有物资都是从玉门供应，供应线太长，1965 年底全部人员就撤回了玉门。

1966 年 4 月，我又被点名道姓的指派到了宁夏鄂尔多斯，当时叫玉门石油管理局银川会战指挥队，这段时间的成绩也算不错，我们在盐池县大水坑公社旁边安营扎寨，打的预探一井出了油，在临武县马家滩公社那打的马探 5 井还喷油了，在李庄子打的井也出了点油，我们在那里建了一座 15 万吨的炼油厂。1970 年 7 月 1 日，中央军委和国务院下发了"7071 号"文件，由兰州军区统管长庆，包括宁夏，将宁夏会战和庆阳会战合二为一。

回想玉门生活，从艰苦到丰富，20 世纪 50 年代的生活很艰苦，家家户户冬天只能烧油渣，不管是做饭还是取暖，每个人脸上都是黑乎乎的，连鼻涕都是黑色的。可是就是这么艰苦的情况下，玉门油田在当时为全国贡献了巨大的力量，全国才年产12万吨的原油，玉门就占六七万吨，这与当时每个建设者的艰苦奋斗是分不开的，铁人王进喜也只是千千万万石油人中的一个代表而已，搞钻井的在那个时候下泥浆池是一件很平常的事情。没有当时种的苗，哪有现在乘凉的树，玉门油田为全国培养和输送了大量的人力、物力。在油田80周年之际，感谢玉门油田，也祝愿今天的玉门油田继往开来。

（赵颖、薛雅整理）

难忘的玉门岁月

长庆油田公司　胡超堂

1955年,玉门钻井石油技校来河南招生,招收应届初中毕业生。16岁的我刚好初中毕业就被招了进来。当时玉门钻井石油技校是中国第一所专业的钻井类培训学校,属于是一所中专学校,按照苏联巴库油田的培训方法和内容培训,目的是培养五级以上高级技术工人。下设钻井和内燃机修理两个专业,我们这届设置钻井4个班,内燃机修理6个班,一个班25人左右,两个班共用一间教室,一共不到300人,学生大部分是从河南、甘肃天水招生过来的。国家和玉门当时对钻井学校非常重视,老师都很专业,有从美国学钻井回来的,有从清华大学毕业回来的,学习内容也非常扎实。1956年还招生了一批,但招生的是小学毕业生,后来钻井学校与石油学校合并,我们这批学生就变成了玉门钻井石油技校唯一招收的一批初中毕业生。

1957年毕业后,我们这批毕业生一部分人分到钻修厂,一部分人到了机修厂,我被分配到运输处,修理固定式采油机，当时要求多面手学习，把一部分表现优秀的人挑出来按单位需要分配岗位，1959年我改工种为制造钳工。我在1957年刚下厂的时候，那个时候没有休息时间，几乎每天都要加班到晚上十二点以后。杨拯民同志是当时的矿长，每周星期六都下厂劳动，记得当时他和我们一起边打磨阀门一边聊天，问我们的工作和生活情况，第一次见他还以为他是苏联人，高鼻梁、皮肤比较白，后来他来的次数多了，就想着这么大的领导都和我们一起干活，更应该好好干才行。

自然灾害期间工作特别艰苦，回忆起来太伤心。那个时候没有吃的还得加班，除了上班就是上班，除了干活就是干活。一年就发一套衣服，上下班都穿着一套衣服，每天的生活就是食堂—工房—宿舍三点一线，几乎没有逛过街。中午吃完饭的时候就把油布铺在床上睡一会。当时口粮定量，工人每个月是27斤，干部每个月是22斤，我当时每天定粮是六两，一碗杂粮稀饭就算二两，蔬菜只有土豆、白菜、萝卜，印象里就没有吃过肉，偶尔能吃到茄子就觉得很好了，菜里面也没有油水，很容易就饿了，吃不饱饭干活的时候就经常饿得头晕，可是还是坚持在干，在当时可以说很多人把一生奉献在石油上了。

1958年"大跃进"的时候，单位抽了一部分人去炼钢铁，剩下的人完成生产任务。加班变成了常态，需要的时候随时加班，我曾经连续加过三天两晚，眼都没有合过。当时我是钳工，最后累得打眼的时候都快睡着了，忙完之后一觉

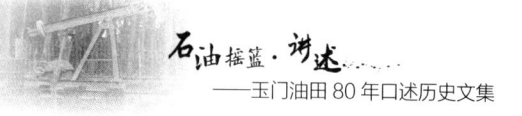

睡了 21 个小时。大冬天也没有地方睡，就睡在锅炉房旁边的水泥台子上。

当时的娱乐生活也非常有限，只有看电影和去舞厅跳舞。我们上学的时候学校在解放门外，周围很荒凉，什么都没有，每周星期天学校统一组织人去矿区，可以去看看电影。去的是南坪电影院，电影院在西河坝边上，还可以去商店里买点东西，电影院附近只有糖果店、布匹店等几个很小的商店。上班以后也只有不加班的周末有时间的时候去看电影，票价是五分钱一张，选票的方式和现在挺相似的，把所有票按座次插在板子上，交过钱的人就可以自己选座。当时放映的电影种类还是很丰富的，国产的电影很多，国外的电影以苏联电影为主，看过《保卫萨拉热窝》《列宁在1918》等。

每周六晚上油矿会在大修厂对面的礼堂举办舞会，去舞会之前，我们一般还要洗个澡、理个发才去，跳的就是交谊舞。到1965年以后，生活条件逐渐变好，矿上还成立了职业的文工团，其中一项工作就是陪苏联、罗马尼亚、捷克的专家去跳舞，局里面的领导们也都去，在当时算是一项政治任务。我在汽修厂当过一段时间的文艺宣传队队长，一年里会有三四个月集中起来排练，都是些自编自演的节目，比如说跳舞、三句半、相声、单本话剧等，然后去各个单位慰问演出，也会在节假日前后去酒泉、玉门镇等地演出。

当时工作条件十分艰苦，特别是冬天的时候，那时候感觉冬天格外的冷。最冷的时候要零下31摄氏度左右，工房里又没有取暖设备，干活前我们就先用废柴油把废棉纱打湿，然后点上几堆火，即使这样还是经常冻得受不了。维修设备的时候不能戴手套，手指经常和汽油接触，我的指甲都曾经被冻掉过。那个时候也没想着要去医院，还开玩笑说正好是用汽油消毒了，然后用布条缠住指头就接着干活。十指连心啊，就这样缠着布条干了好几个月，直到指甲长出来。

现在我也还时常想念玉门人的淳朴。在那个时候没有人骗人，我家女儿三四岁的时候就可以放心让她出去买东西，再大一点，她还可以一个人去看电影。由于玉门当时比较封闭，我在玉门工作的时候基本上没有见过除工人以外的人，连农民都几乎没有见过，导致我们刚去庆阳的时候很不适应，根本不懂什么叫讲价。

大家就是在这么艰苦的条件下坚持生产，坚持工作的，我们那批钻井班的同学好多六十多岁的时候腿都不太好了，99%的人都有老寒腿。因为那个时候无论什么天气，在钻台上一工作就是十几个小时是常事，我这个年龄的人大部分都已经不得不坐轮椅了。现在党的政策好了，生活条件变得很好，我觉得很知足，希望新一代的石油人能记得老石油人艰苦奋斗的精神，并能把这种精神一直传承下去。

（薛雅、赵颖整理）

好学上进的玉门人

长庆油田公司　花进宝

1975 年 3 月,我告别工作生活了 16 年的玉门,来到了长庆,现在已经退休近二十年。但还是经常会梦到刚来玉门时,开着拖拉机走过的那条路。在梦里,回到那条从 A17 井经过 2 号锅炉房到 26 号井场的路。

我是 1959 年从南京军区转业来到玉门,分配至二矿厂采油二队修井队,跟着师傅学了一年,成为一名通井机司机,一个修井队只有一台通井机和一台钻井泵泵车,我在这个岗位上干了十年。刚到玉门,感觉除了气候干燥,生活还是比较不错的。刚来的时候每个月 18 块钱的伙食费,到 1959 年 5 月 1 日后才实施粮票制度,刚转正的一级学徒工的工资就是 51 块钱了,觉得很满足。

玉门留给我的印象很难忘,其中最显著的就是玉门人非常好学上进,追赶先进,见先进就要学和吃苦耐劳精神。1962 年开始工业学大庆,当时三油矿表现比较突出,我们二油矿党委书记就在职工大会上宣布，要向三油矿学习。提出对口学习，就是每个岗位、每个人都有对口学习的对象：我们二油矿的矿长赵宗鼐学习三油矿的矿长，书记张学义学习三油矿书记牛兴存，采油四队学习三油矿采油一队，修井队要超过三油矿修井队，再往下就是落实到各个岗位，到了我这个岗位，要求26号通井机要超过三油矿4号主力机的水平。会议结束后，大家就按要求、按目标去奋斗。对我而言，想完成这个目标，主要是在这几个方面努力的：一是精心操作，保证安全运行，作为通井机司机，如果不精心操作，可能会发生"上顶下顿"事故，后果是很严重的。二是延长通井机大修周期，当时通井机一个大修周期是7500小时，我们就要努力把大修周期延后，最长大修周期达到了15000个小时。三是要精心操作，爱护设备，把设备保养好。我当时是大班司机，主要负责一保、二保，日常工作口号就是"抓好日保，做好一保、二保，延长三保，超大修期。"在做车辆清理的时候要把车辆里里外外都清理到，我们会趴到车子下面，用起子翘、用手抠，把底盘都要清理得干干净净，当时还被《石油工人报》报道过，文章名字叫《爱车如命的花进宝》。就这么干了一年多，我们26号通井机获得了全局第一的成绩，整个采油队也超过了三油矿，我们矿修井队也因为修井质量好、速度快受到了表扬。当时

只要高产井一躺，立马放下手中的工作，把设备、人员立刻调过去，三四十吨的高产井可真是一分钟都不敢让停的，立刻就开始抢修。虽然当时的定额是一天一口井，但是为了抢时间，我们一般抢修都是十个小时左右，多抢一个小时就能多产不少油，最多的时候我们两天修过三口井。获得了荣誉后，大家也并不觉得骄傲，只是觉得能为集体创造荣誉，是我们应该做的而已。

在我当队长的三年里，我们队没有发生过一起事故，没有一个人受到处分，领导和工人的关系很融洽。有一次，我们队上有一个高中生，被分配来做修井工，他觉得很委屈，工作上也比较消极，遇到这种情况，我就在下班之后找他谈话，给他讲我自己的故事，告诉他只要不怕苦不怕累一定会得到回报的。经过几次谈话后，他的情绪明显好了很多，下半年就被任命为班长了。

1966年10月，玉门石油管理局组织青海油田、克拉玛依油田在玉门进行了一次压裂比赛。局里点名我们队参加比赛，当时用的是一次多层压裂技术，当天比完后，获得了第二名，玉门局的压裂工艺比较落后，比不上新疆。

局里面下达了任务，说我们的一次性压裂不动管串技术一定要超过新疆，把这个任务下到二油矿，最后落实到我们修井队。在接到任务后，我们组建了一个四人的攻关小组，我是小组长，还有一名车组长，是技校生；一名善于动脑的班长；一名中专生修井工。书记给我说："修井、安全这套你就先不用管了，有我和副队长、安全员三个人保证全队修井任务安全生产，你安心攻关。"就这样，我领着攻关小组先开了个小会，第一步就是要弄清楚新疆油田投捞式滑套的优点和工作原理。我们四个没有讨论出什么结果，就发动全队职工来讨论，除了上夜班休息的人，全队百分之四十左右的职工参加了讨论会。会上就号召大家都来动脑子，先向大家介绍了新疆压裂技术的大概原理，当时连黑板都没有，就只能用粉笔在门板上画。每个星期开次会，会上大家想出点子就在门板上展示，就这样折腾了大概二十多天，基本概念就出来了。这件事从局里到我们矿上的领导都很重视，油矿上派了一个生产科修井工程师为我们做具体联系。这项工作可以说是三级合办，有领导干部、有工人、有知识分子。油矿钻具班分来一个大学生，对钻具比较熟悉，当时负责根据我们的示意图来画制造图。从上上下下都在齐心协力做这件事，示意图出来后，我们拿着图去机械厂加工，加工的人也很认真，有一个中型管有了一点问题，检验人员要求车工立刻整改。装备好以后我们就上井压裂，结果第二层压裂的时候打不通，发现滑套没有通过特殊接箍，原来是卡簧被沙子卡住了。我们对特殊接箍的间隙做了反复多次试验，在井上

试验了三次压裂,第三次压裂的时候压裂队就有牢骚了。我就和他们队长开玩笑说,"当年'666'杀虫剂试验了666次才成功,我这才是试验的第三次,请你们不要发牢骚。"我们小组也有人比较困惑,说我们在这个井上都干了两个多月了,咋还没干成。我就给他说,我们下定个决心,在成功之前不要理发不要刮胡子。第三次的时候终于成功了,最后一次压了五层,滑套压裂可以说是玉门油田的产物。后来阿尔巴尼亚石油部的人来参观,我们搞了七层压裂。压裂时用的投球器还是原来我刚进修井队时我们修井队的队长发明的。

在玉门,培养了我吃苦耐劳的精神。有一次在清完油管后发生井喷,整个井场几乎都被原油覆盖,那时候天刚黑,我们上大班的所有人立刻对井场进行清理。用一晚上就把井场、井架、修井机外表擦干净了。当时是冬天,晚上温度只有零下15摄氏度左右,戴手套也没有用,要在油里面洗棉纱,有的人手都被粘在了井架上,那天干完,我的手、脚被冻掉了一层皮。

我曾经连续三十个小时顶在现场,第一天白班是有设备需要维修,晚上小班司机有事,我作为大班司机就要顶班。第二天又有事情要处理,从第一天早上八点到第二天下午四点才结束,累得只要坐下就能睡着。队长说我们回去再睡,我一边嘴上答应他一边蹲在路上就睡着了。然后他扶着我走回家，在他帮我打洗脸水的时候我又睡着了，一觉就睡了一天，然后就接着去上班。

1966年，四川会战开始，局里要求必须用最先进的设备、最先进的队伍去会战。我们26号通井机组当时是玉门的标杆小队，组里60%的修井工、班长都被调往四川，包括管钳、卡瓦等等统统带走。先进的设备被调走，我们就把手底下别的设备保养成先进的设备。

1975年，修井、采油为主的200余人队伍奉令调往庆阳。但离开后我还是保持着这样好学上进的习惯。玉门人就是靠这样艰苦奋斗、好学上进的精神创造了很多石油领域上的第一，这种精神值得我们所有人学习传承。

（薛雅、赵颖整理）

党的号召比啥都有用

长庆油田公司　李银德

1953 年，我从东北地质学院毕业，来到了玉门油田。刚开始的两年在勘探公司做实习员，主要工作就是勘探、录井。1956 年，我被调至老君庙二油矿，干了不久，因为当时玉门油田缺少地质勘探人员，我又被调往勘探处担任技术人员，工作期间参与了花海等地的井位定位工作。1958 年，我向党组织递交了入党申请书，当时主要从政治条件、人品、工作态度等多方面考察。经过组织培养考察。成为一名光荣的共产党员。

玉门的生活条件很差，气候干燥，风沙大，最开始的时候我们都是住帐篷，八个人一间，冬季四面漏风。后来生活好一些的时候，我们一家五口人挤在单位分配的一间半平房中，每天吃的食物也很单一，只有白菜、萝卜、土豆这些蔬菜。就是在这样艰苦的条件下，当时也感觉不到苦，因为身边的人都在这样干。记得当我还在二油矿的时候，为了完成当月的原油生产任务，大家吃住都是在井场，也没有办公室、宿舍，没日没夜地干活，因为一直在干活也就不觉得困，有时候一干就是一两周，实在累得受不了就在井场打个盹，醒来就接着干。当时也没有假期的概念，工作之余大家都在收油，把试油后的落地原油用铁锨铲到桶中。

在玉门的时候，我们勘探过很多地区，包括酒泉、张掖、天水、青海等地，在花海盆地进行勘探工作的时候，第一口打出油的井位还是我定的。

我和铁人王进喜是一个单位的。他是玉门赤金人，当时也住在同一排平房中，王进喜留给我最深刻的印象就是这个人特别忠诚、老实、实干，从来不说假话，能吃苦、不怕苦、不怕累，在工作中都是豁出命的干法。为了能随时随地去井场，平时从来没见过他穿工服以外的衣服。

1969年11月，通知我要去庆阳，我当时带领着井下作业公司的6名干部作为第一批的勘探人员前往，来到了陇东筹备处钻井公司，那个时候大家大多都是成了家有子女的，可是通知一下达，没有人有丝毫怨言，党的号召比啥都有用，只要党有号召，让我们做什么都可以。勘探工作是整个石油业的先锋，玉门油田作为开发八十年的老油田，扩边工作任重而道远。

（薛雅、赵颖整理）

玉门情怀

长庆石化公司　陈绪凌

提到"玉门",就像提到"故乡"那样熟悉亲切,往日的故事,就一幕幕地在脑子里转来转去。遥望蓝天,思绪万千,心潮澎湃,难以抑制。因为我是从玉门走出来的"石油人"。正如诗人李季在他的一首诗中所说的那样"苏联有巴库,中国有玉门。凡有石油处,都有玉门人。"诗人不仅歌颂了新中国第一个石油工业基地,同时也赞扬了玉门石油人的奉献精神。

玉门油田地处祁连山下,石油河畔,面对茫茫戈壁,平均海拔在2000米以上,冬长夏短,周边没有村庄,没有森林,刮起风来,飞沙走石,天昏地暗,没有春风,只有狂风、暴风。那春风不度玉门关的写照,一点也不过分。戈壁腹地,祁连山下的地理自然环境无法和内地相比,这是个事实。但为了祖国的石油工业建设,我在玉门油田工作生活了15个年头,1970年在"跑步上庆阳"的口号声中离开玉门油田,现在回头看看已经快50年了。时隔近半个世纪,人由青春年华，变成了耄耋之年。但我对那老君庙、鸭儿峡、白杨河、石油沟四个油区记忆犹新，足迹踏过的地方，我现在都可以把它的名字叫出来，尤其是对玉门炼油厂的尿素脱蜡、糠醛酮苯、1201、1215、648、656等工程如数家珍，每每和人讲起，都会滔滔不绝。因为我参加了建设的全过程，付出了心血和汗水。尽管足迹已被风沙掩埋，但心上的记忆长存。喜逢玉门油田八十寿辰之际，我非常乐意利用这个难得的平台，抒一抒我心灵深处对玉门油田的情怀，这种情愫的表露，也可以叫作"玉门油田记忆"，故事就从这里说起吧。

20世纪50年代是新中国建设高潮时期，国家需要建设人才，那时青年学生都是抱着满腔热血为报效祖国而努力学习。走入大学校园时，就可以看到醒目的横幅标语上写着"培养未来的红色工程师摇篮"。在毕业分配时，绝大多数学生都在志愿书上写着"把青春献给祖国，到祖国最需要的地方去，到最艰苦的地方去，不恋城市，不恋家乡。"一切以国家需要为先。

那个年代，国家正处于百废待兴，经济落后，技术落后，资金匮乏，人民生活贫穷，国家急需发展生产，把建设搞上去。在这个大的环境中，我在西北工业学院读完了工民建专业，于1956年毕业了。我们班里有八位同学被国家统一分配到石油工业系统。分到玉门油田有五位，其余三位被分配到青海柴达木油田。当我拿着介绍信回到西安家里，把

分配到玉门的事告诉我年迈父亲，当他得知玉门在嘉峪关以西时一边叹息一边说："太远了！"父亲身体多病，拐杖不离手，"叹息"我是理解的。但随即他又把话题一转，微笑着说："去吧，男儿志在四方。"第二天，我们一行五人就离开了西安，乘火车踏上了去玉门油田的路。途经兰州、张掖、天水、酒泉，火车转了三次，汽车转了两次，历经五天四夜后，第五天下午到达了玉门油田中坪接待站，此时是1956年8月15日。次日上午，由接待站一位马干事，领我们参观了孙健初纪念碑和老君庙油田，了解到了玉门油田发展史，下午我被分配到建筑公司第一工程队瓦工班实习。建筑公司的前身是油田建筑厂，新中国成立后，随着新中国大发展的需要，将原来建筑厂分成两个公司，一个叫油田建设工程公司，专门承担工业建设，一个叫油田建筑公司，专门承担民用建设。建筑公司经理刘耀武，是一位玉门军事管理委员会代表，第一工程队长蒋海宽和副队长尚继宗都是石油师转业军人。一个工程队都是上千名职工。因此，那时住房条件很差，清一色土坯木结构平房，一字形排列，每间房子，有效面积不到10平方米，要住上八个人，高低架子床，上四下四，我被分在上铺，箱子没有地方放，就架在两个架子床之间，用绳子绑起来，宿舍内连张桌子也没有，住宿条件十分简陋。那时实行的制度叫三同，就是和工人"同吃、同住、同劳动"。一天干下来满身都是砂灰，手上也起了水泡，开始时很不适应，后来慢慢地习惯了。在瓦工班实习了四个多月，在木工班实习了三个多月，在实际操作考试中，瓦工达到了三级工水平，木工达到了二级工水平。班里实习结束后，转到工段实习，当时在于有贤工段长带领下，在工段长岗位上实习了近五个月时间，一年后经考核转正为技术员。这就是我走出学校门，融入社会，参加祖国建设第一年的经历。

玉门油田的原油年生产能力从1952年的14万吨增加到1957年的75万吨，油田工业建设任务也随之大幅度增加。为了集中优势满足油田发展急需，1958年初，建设公司合并到油建公司，快速完成了老君庙、鸭儿峡、石油沟、白杨河四个油区输油管网、泵站、接转站、室外电网、电气仪表、道路等建设任务。

玉门油田是一座大学校。就拿油建这支队伍来说，1959年，开始向克拉玛依、柴达木油田输送技术骨干力量，1961年，抽调三分之二的人员和设备支援大庆会战，1962年又支援大港石油会战。本来上万人的油建队伍经过一次次抽调，留下来的不到1000人了。虽然技术力量大幅度削弱了，可是建设任务并没有减少，仍然承担着四个油区和炼油厂的基建任务。至今仍清楚地记得我从1961年初参加炼油厂脱盐装置改造工程开始，一直到1970年初，9年时间内共完成炼油厂新建装置7个。

1962年到1963年建设1201装置工程时，三氧化硫厂房旁边有一座4米×6米的钢筋混凝土水池，由于操作不

慎，出现了质量问题，这件事在生产调度会上做了汇报。地面处领导得知此事后，立即决定，第二天在现场召开质量事故分析会，由和丑汉处长主持，第三工程队全体职工和机关有关科室长参加。

会场上挂了两条横幅，上面写着"百年大计，质量第一""严字当头，精心施工"。会上由责任人先做检讨，而后当即就把水池砸了，直接损失费500元左右。第二天，在《石油工人报》上登载了一篇《千金难买好作风》的文章。全处职工从上到下，都认真学习了这篇文章，受到了一次活生生的严字当头教育。

炼油厂656工程是局里的重点工程，图纸是由石油工业部北京设计院设计的，在图纸设计中套用了很多标准图，图纸上的"示号"也多，文字说明也多，稍不细心就会出差错，必须先吃透图纸，读懂设计意图。为了把好这个关口，我就和孙家禄、周纪昌两位技师每晚细读图纸到深夜，做到把关键部位的结构大样装到脑子里，每个工序都要进行技术交底，使班组长做到心中有数、各负其责，有力地保证了工程质量和计划任务完成。我有一个习惯，那就是在时间允许的条件下，总是选择一个构件进行一次内力分析，记得在验算楼层连续梁时，发现原设计配筋面积不够，为慎重起见，我把计算书交给了设计院驻现场代表王震扬工程师，请他再审查一遍。经王震扬工程师复审后确认，该梁配筋面积不够，随即进行了设计整改，确保了工程质量。

15个春秋，5000多个日日夜夜，在历史的长河中，它是一个小小的线段，也是一个一闪而过的距离。我总认为自己像是玉门戈壁滩上的一颗砂子，讲的都是像砂子一样大小的故事。细微之处见精神，通过"砂子故事"，可以看出严字当头、艰苦奋斗的玉门石油人的精神，可以看出无私支援兄弟油田的奉献精神，玉门油田老了，但玉门石油人的精神不老。

魂牵梦绕玉门

辽河油田公司　刘彩玲

我的父亲刘坤礼,是1958年11月从四川到玉门参加油田工作的。记得他在老君庙采油队、输油队都工作过,直到现在我们提起玉门都是爸爸妈妈最高兴的事,回忆他们在玉门的点点滴滴,爸爸妈妈把青春献给了玉门,在玉门养育了我们四姐弟,在那有他们美好的回忆。我记得最清楚的是爸爸在西河坝桥头输油泵站上班,那时候我经常去那玩。我在玉门度过了我的童年和少年,我这两年准备去玉门老城区看看我成长的地方,听说现在都成了废墟了。

我离开玉门时13岁,现在我已经退休了,屈指一算有43年了,经常梦见玉门,很想回去看看。我的老家是四川,可是我不记得四川是什么样,因为我1岁就跟随母亲到了玉门,直到13岁才跟随参加油田大建设的父母到了辽河油田。我的很多同学都是1976年各奔东西的,现在也不知道他们在哪。

我小时候家住在东岗，我就近在南坪上幼儿园，住长托，每到周末，看到别的孩子家长来接他们，我好羡慕啊。有一次我趁阿姨不注意，偷偷跑出了幼儿园，进行了一次胜利大逃亡。跑出去的第一反应不是回家，而是直接去贸易公司，那个时候都是这样称呼商场的。我正兴高采烈、得意扬扬地跑了一半路，就被找来的阿姨大手抓住夹在腋下带回了幼儿园。我拼命大声哭喊，连蹬带踹，不想回去。

要知道我想逃出幼儿园的计划不是一天两天了，记得阿姨体罚了我，而且还告诉我父母，后果是阿姨把我看的更紧了。记得幼儿园有个给我们做饭的伯伯，现在想起来大概有五十岁，是个反革命，也是听阿姨在那议论的，别看孩子们小，耳朵可尖着呢！我长大后一直埋怨父母那时为什么老让我住长托，爸爸说他三班倒，所以我3岁到6岁都在南坪幼儿园，妈妈生大弟弟和妹妹时，一个人带不了没办法才把我送长托，妈妈说那时生完孩子就56天产假，把孩子送托儿所，大人去上班，大点的都住长托。我们再大点就经常和小朋友到家附近的抽油机和井场去玩，我大弟弟就跟一帮男孩去西河坝里游泳，回来爸爸就打他。爸爸就在他背上写字，回家就看他身上字还在不，字如果没有了就打他。

我们经常去井场玩，那时抽油机底座也没有护栏，我们几个孩子就常去那钻下面的空间，看到大头转上去就快速蹲

着进去，在里面蹲一会，看到大头转上去我再跑出来，这是我们经常玩的游戏。后来听大人议论说有孩子被抽油机底座夹死了，我们就再也不敢去钻了，现在想起来真是命大啊！我记得大概六七岁，有一次掉进油水河里了，当时也不知道是怎么出来的，估计是被水淹昏迷了。后来听爸爸说是被叔叔们捞上来的，爸爸把我打得够呛，我的头发和衣服上都是原油，爸爸用汽油给我洗的澡，头发洗不干净，就给我剪成半光头了。我一个小女孩都不敢出门了，还得带帽子出门。

7岁那年，我进了东风小学上学。大概在三年级的时候，我们学校所有同学还参加了《创业》电影拍摄的一个镜头，是在西河坝下面，我们当了一次群众演员。老师让我们拿着小彩旗，一边跑一边喊"解放了！解放了！"我拼命跑在头一排，想抢个镜头，谁知道等公演时候却没西河坝那场戏。我们同学就问老师，老师告诉我们剪了。还记得参加过一次公审大会，台子上站了五六个现行反革命，就是那天拉出去枪毙了，还有个女的。我们还经常跟随上山下乡敲锣打鼓欢送的队伍，看着大哥哥、大姐姐们全副武装戴着大红花去广阔天地练红心。

再大点，我就跟母亲去了东湖农场4队上学，又去了中心点上学。天天步行大概40分钟才能走到学校，现在想起来心里还觉得甜甜的。我们一群孩子放假就去戈壁滩玩，还在戈壁滩看到狼了，当时我们也不知道那是狼，站在几十米远的地方对视。远处有浇水的阿姨使劲敲铁锹大喊狼来了，我们才反应过来，玩命地跑回家了。现在很想再看看沙枣树和大野地里的枸杞子，还有嚼在嘴里很甘甜的甜草根，后来我才知道，那是甘草，很有药用价值。

我记忆中的玉门有着蓝蓝的天，白白的羊群，可怕的野狼，长长的骆驼队，密集的抽油机，美丽的西河坝，可爱的祁连山一年四季被洁白的冰雪笼罩着。

苦战玉门夺石油

辽河油田公司　罗开楫

抗美援朝停战后，1955年4月我们部队从朝鲜撤回祖国，驻防在辽宁省宽甸县。为开发大庆油田，1960年5月，我与全国各大军区10多万退役大军齐集黑龙江省萨尔图，参加大庆石油大会战。不久，又从中抽调出400余名军转干去玉门油矿学习石油生产技能。从此，我这一生便定格在了干石油这个行业。

1960年6月，我和爱人带着未满一岁的大女儿，与战友们一起乘火车直奔嘉峪关外戈壁人稀的玉门油矿，分配在老君庙采油厂K层矿场西河工段当副段长，住东岗老五排家属区。当了11年兵，刚从部队下来，乍一从事石油这个行业，两眼一抹黑，一窍不通。老君庙采油厂举办培训班，组织我们这批新入厂的30多名军转干，进行了一个多月的技术培训，学习了石油地质、石油工程、抽油井生产管理、修井作业等一些基本的石油基础知识。

培训结束后，我被分到玉门石油沟后山上的二区队15

工段当副工段长。虽经过短期学习，可实际生产操作技能仍不足，还组织指挥不了采油生产。按照分工，我便带领七八个大班工人搞收油。那时新中国才成立10多年，国家一穷二白，人民生活艰苦，采油生产装备落后，油井管理也差，跑、冒、滴、漏现象严重，井场上土油池里积下了许多落地油。那时，国家穷困，十分缺油，滴油寸金，非常金贵，我们石油人也很珍惜每一滴原油。每天上班，我就带着工人，抬着铁桶，手拿舀子，把土油池的积油一瓢一瓢的擓进铁桶里，然后再爬上罐顶，把回收的原油倒进大油罐里。收完一口井又转下一口，一天得跑上20多口井收油，日复一日，收油不止。玉门油矿的油井多在各个山坡上，爬坡下坎，非常的累。天天收油，油污满身，部队退役时新发的棉军装，在收油中也油污满身。每当我们休息时，就从衣兜里掏出刮子，刮除衣服上的油泥污垢，然后再抓一把土灰抹在油泥衣上。天天如此，只为夺油，不顾衣脏。收油劳动，消耗体力，收工回家，实在是又脏又累又饿。

那时，建国不久，百事待兴。且修正主义国家还扼我们脖子，不向我国出口石油。没油，汽车开不起来，有的车上只得装个大气包。大庆铁人王进喜高呼，"有条件要上，没有条件创造条件也要上，艰苦奋斗夺石油，把我国石油落后的帽子甩到太平洋去。"中国又连续遭受三年自然灾害，各地闹饥荒，普遍吃不饱肚子，油矿里工人粮食定量每月37斤，干部只28斤。我吃的是干部粮食定量，可干的是工人

的重体力劳动活,实在难以支撑。我在劳累饥饿中患了胖肿病,两腿肌肉胖肿,手指一按一个坑,只得每天去卫生所吃一小勺炒黄豆面消肿。在饥饿难忍中,我写信向部队老战友陈方清求助,他在节省的粮食中挤出3斤全国粮票给我邮来,很是感激,至今难以忘怀。

玉门地区,气候异常,夏日里祁连山上白雪皑皑,山下住区却是"怀抱火炉吃西瓜"。地里不长粮食、蔬菜,所吃粮菜都得从酒泉运来。每运来一次蔬菜都是一抢而光。实在饥饿难熬,每到星期天,我就和爱人背着孩子与邻居们一起去祁连山半山腰采摘野生骆驼草籽,回来拿到加工房去磨成粉,掺和在青稞面里蒸馒头,吃起来又苦又涩,拉出的大便颗粒状,像羊粪蛋。在当时条件下,不图吃好,只求吃饱,吃饱肚子夺石油、搞生产。

1961年3月,为支持大庆石油会战,我又随数千名玉门人调往大庆,分配在大庆采油指挥部二矿四队搞采油。大庆虽天气严寒、艰苦,可有甜菜疙瘩、苣荬菜、野菜掺和在苞米面里蒸窝窝头,比骆驼草籽粉拌青稞面好吃多了。休闲时还抽空到黄豆地里,刨开垄沟的积雪,捡回一些黄豆来烤着吃,我在玉门得的胖肿病也不治自愈了。

现在石油形势大好,看到今天的甜,不能忘记过去的苦,石油人艰苦奋斗的革命精神一定要世世代代永远传承。

(李屹欣整理)

那灯 那风 那沙 那人
——谨以此文献给玉门油田八十华诞

辽河油田公司　陈立峨　任增信　李武喜　姜中财

灯的错觉

坐了七天七夜的"闷罐"（铁路上，老式的有门无窗的货车箱），总算到达了目的地。这对我们这批"支援油田开发建设"，由南京军分区转业来的军人来说，总算能下车伸伸腿、直直腰、透透气，活动活动了。这就是我们以后安家立命的所在，虽说夜幕已经笼罩，但眼前灯光闪闪、楼影绰绰，着实给人以心旷神怡之感——真是好大的一座石油城啊！我不禁为未来的工作地儿自豪起来。

当天夜里，躺在俱乐部的地铺上，我翻过来、滚过去的难以入睡，我被分到老君庙采油厂修井大队，我已经从一名保卫祖国的战士转变为一名建设祖国的石油工人啦！这是从

蛹到蝶的蜕变,这在我的人生轨迹上将要翩翩起舞,将要展翅高飞!啊!我太兴奋了!兴奋得几乎一夜都没合眼。

哪知道白天一看,我被眼前的景物惊呆了:哪里是什么高楼大厦?哪里有什么亭台楼阁?这和朦胧中的景象、昨晚的幻觉相差十万八千里!从山上到山下,其实都是些钻井、修井、采油的大架子,架子上的灯,在晚上那可是灯火通明,里三层外三层的,远远望去,很像是座座楼房。玉门,我误解你啦,哪有天上掉馅饼那种好事!即使有,也未必能砸到我的头上!想住高楼大厦,还得靠我们自己的双手和汗水去创造、去拼搏!

油桶失窃案

开钻前,队里刚拉来满装着二百公斤柴油的十个大柴油桶,整整齐齐排在机房外边,严阵以待,就等着开钻一声令下,好大显身手。

谁知一夜之间,仅仅是一夜之间,机房外的十个大油桶竟然下落不明、不翼而飞,踪迹皆无了。是谁这么不讲情面?是谁这么不择手段?是谁这么胆大包天?是谁这么肆无忌惮?又能是谁干得那么完美如初?又能是谁干得那么天衣无缝?又能是谁干得不露声色?一点线索也没留。

十个大油桶要想运走,那得五六个大小伙子才行。即使搭上跳板，往车上轱辘，那也得轱辘好大一气儿呢。现在连个走车痕迹也没留下，怎么说没就没了呢？急得司钻满头是汗；愁得队长长吁短叹；气得保卫来回乱转。不行，这绝不是破坏生产、影响开钻那么简单的经济问题，这背后一定暗藏着什么不可告人的政治目的……

就在大家一筹莫展、愁云密布、闷头无助的时候，下夜班的机房大班何师傅拿把铁锹、不紧不慢地走来，冲着一道沙丘说："看看是不是它给藏起来了。"说着就挖了起来。果然没挖几下，便水落石出、真相大白了。是它，原来是它。沙是监守自盗的窝藏犯，风是不甘寂寞的拾荒者，老天爷跟我们开了一个不大不小的玩笑。"春风不度玉门关"并不是说玉门这没有风，玉门有风，玉门的风大得很呐！"黄沙直上白云间"这话一点也不悬！通过油桶失窃案，我们领教了。

可恼可爱都是它

没有高楼大厦，我们住的是简易房——是用草把子和泥垒成墙后搭成的简易房。一个窗户，窗户上没有玻璃，钉的是一块不大不小的塑料布。塑料布禁不住风的撕扯，总有一个角被撕开来，在那没日没夜、扑嗒扑嗒很有节奏地自由歌唱。

我们住在屋里的四个小伙子都很讲究，每人一张床，每张床上的褥子铺的倍儿平，连个褶皱都没有。床上的被子叠得有棱有角，方方正正，"豆腐块"这套手艺在部队里早练得滚瓜烂熟。那时候，塑料布可是个好东西，被子上从头到脚，甚至把整张床都要用塑料布蒙个严严实实。每当下班以后，洗漱完毕，要上床休息时，揭下塑料布——可得小心点，厚厚一层，足有一捧黄沙，你说可气不？天天如此，人人如此，日久天长也就习以为常，见怪不怪了。

说起风沙，并非一无是处，也有它可爱的地方。一次下班后，无意中把一双满是油污的工鞋——因为嫌它太脏，抬脚就甩在了门外，理也不理。等睡到第二天早晨想要穿鞋时一找，嘿！奇迹出现了。一双洁净如初的崭新工鞋就歪在门口，是风沙，是勤快的风沙，帮了懒汉的大忙，把鞋打洗得干干净净。从此以后，只要我们的工衣、工鞋、工帽脏了，全部交给风沙干洗，风沙这竟成了我们的好朋友。李白说，"燕山雪花大如席。"岑参说："随风满地石乱走。"可我直到现在还没有找出最恰当的语言，来逼真形象生动地表现一下身边这，既可气又可爱的沙子呢。

暖心的砖头

想起在玉门的老战友，个个生龙活虎、栩栩如生，各有特色。在成千上万的英雄队伍中，我能叫上名来的能有近百个，在这近百人当中，给我印象最深的是张日顺。他和我一起转业，并被分在一个班。他是钻工，有很严重的胃病，这点在部队时我就知道。那时我是炊事员，他下完早操经常到伙房跟我们要点小苏打，说是为了顶一下常吐酸水的胃病。

后来，他又有了新的招法——每天上班前，都到食堂锅下去烧一块砖，上班时揣在怀里取暖，借以减轻病痛的折磨。就这样，他干钻工从来不缺勤，即使倒班时他去医院看病，医生给他开病假条建议休息，他也从来不把病假条上交领导，一直坚持上班干活。按规定钻工每月每人发三双手套，但他只领两双，节约一双上交。手套脏了洗，破了缝，勤俭节约，踏踏实实，每年都被评为五好职工、先进个人。像这样的典范我服！

全国石油行业像是一棵枝繁叶茂的大树，玉门就是它的树根，全国只要是有石油的地方，就一定有咱玉门人。玉门不愧是出人才、出技术、出产品、出经验的石油基地。回忆起五六十年前的桩桩往事，回忆起那热血飞扬的青春时代，还真有点有声有色、有滋有味、津津乐道、恋恋不舍呢。说这些话时，你可别忘了我已是七八十岁的老年人喽。人生有开始，奋斗无止境。我为年青一代赶上新时代而羡慕、祝福。努力吧！年轻人，中华民族复兴之梦正等待你们去实现呢！

（崔振山整理）

难忘,放飞梦想的地方

辽河油田公司 苏保忠

我叫苏保忠,山东人,今年72岁,于1965年4月参加工作,先后转战胜利、玉门、长庆、辽河等油田,参加大大小小的钻井、修井等会战300多次,于2008年3月退休,在油田生产一线工作了43个年头。

记得我刚参加工作的时候在胜利油田东营附近的钻井队当学徒,那时胜利油田刚刚投入开发还不到一年,各方面条件都很艰苦。

1965年10月初,队上通知我去玉门油田参加钻井会战。接到通知后我没有迟疑,跟家里人打声招呼就带着自己的梦想,背上行李出发了。经过一个多礼拜的昼夜奔波,于10月17日来到玉门油田的1005钻井队。

起初到玉门,感觉这里的条件相对胜利来说,要好一些,住的是砖房,有单独的职工宿舍、有职工活动场所、有专门的办公房,还有白面吃,工作生活起来都方便了不少。可是,玉门地处大西北,气候特别干燥,风沙大,海拔也高。刚到玉门那会儿，别说是干活，就是走路快了，气脉都不够用，冬天还特别冷，那工作服（还不是道道服）一点不保暖。当时，从我们1005钻井队驻地到井场非常远，坐车要一个半钟头，上班坐的车就是解放大卡车后面扣了个大帆布，抵挡不住风沙的袭击。每次从班车上下来，身体都像冻僵了一样，手脚麻木，到值班房炉子边上一烤，那是钻心的疼，浑身上下都难受。尽管这样，我们还是走上钻台，甩钻杆、提钻，一门心思地干活，只有多干活才能驱散身上的寒冷。

那个时候，工资比较低，每月才18元，工作第二年才挣24元，每天的生活费5角，离开玉门那年工资才42元。那时候是计划经济，什么东西都是限量供应，买什么都需要拿票，像布票、粮票、棉花票等是最常见的，但又不多，每人每年布票是3尺，棉花票1斤。对于我们钻井工来说条件还是不错的，每名钻井工每月供应51斤口粮，其中粗粮31斤、细粮20斤。早上干吃馒头、喝点稀饭，中午带咸菜和干粮，只有晚上花几分钱买点菜，尽管吃不饱，但我们干起活来还是有使不完的力气。因为我们是石油人，来大西北是找油的，只有多打井、快打井，才能找到更多的油，才能改变国家落后的面貌，我们的生活才会好起来。我们就是抱着这种信念、放飞自己的梦想，去克服现有的一切困难，每个月能打完2口井、进尺3000多米。

要知道，那时候的钻井工艺不像现在这样先进，是非常

的落后。在起钻过程中，经常发生钻头水眼被堵死的情况，每起一根钻杆钻井液都会喷出来，飘落在身上，从头顶到脚下，浑身上下都是湿的，寒风一吹衣服都冻得硬邦邦的，手套都冻粘在钻杆上。就是这样的条件，我们在戈壁滩上与风斗、与沙斗，打下一口又一口油井，每当一口井见油，我们就兴奋得不得了，忘却了所有的困难，打井的劲头就更足了。

在玉门工作的四年时间里，我共打下60口井，最深的井2000多米。之后我随1859钻井队来到长庆，随后又参加了辽河会战。

至今，我离开玉门50多年了，因身体原因一直没有回去，但那里是我放飞梦想的地方，那里的一草一木都感到亲切，更难忘在那里的日日夜夜和一起工作过的铁钻们。

（苏令军整理）

我与玉门油田结缘

辽河油田公司　张道炎

第一次走进玉门油田,源于1958年的一次探亲。当时我的姐姐在玉门上班,我到玉门油矿去探望姐姐。在当时的玉门油矿油城公园内,有一个纪念碑,碑文上的文字讲述了石油人孙健初同志的生平事迹,这段故事感动了我,也勾起了我对玉门的憧憬。当时,恰逢朱德委员长到玉门油矿视察工作,并赋诗"玉门新建石油城,全国示范作典型,六万人民齐跃进,力争上游比光荣",这是中央领导对石油工人的殷切希望和关怀鼓舞。玉门石油工人在党中央、石油工业部的领导下,克服20世纪60年代生活的种种困难,坚守在艰苦的大西北,不断向开发新油田进军,先后经历了吐鲁番、沙尔图(大庆)、923(胜利)、641(大港)、庆阳(长庆)、下二门(河南)、下辽河(辽河)、吉林(富裕)濮阳等油田时期。

第二次走进玉门油田,是源于我学业方向的选择。由于家庭和社会环境等一些原因的影响,1953年小学毕业后,

我未能如愿上中学。但是我仍坚持学习，努力复习后，1956年考入现在的重庆复旦中学，之后，毅然选择考入了玉门石油学校并完成了三年石油炼制专业的学习。1962年毕业后我被分配在玉门炼油厂三车间从事润滑油生产工作。初中及中专的学习经历，为我一生的工作奠定了文化、专业知识基础。在玉门炼油厂酮苯装置工作期间，我积极响应老厂挖潜增效号召，提出了《含蜡重机油掺含蜡中间机油提高过滤速度的建议》，经实施后，提高脱蜡机油产量34%～38%，年增产润滑油5500～6500吨，提高了脱蜡机油收率1%～2%，获得了较大的经济效益。我参与设计的酮苯原料罐区"L形全卸加热盘管"及罐区工艺管道，也在炼油厂三车间得到了推广应用。

而走出玉门油田的日子，却让我至今记忆犹新，也让我有了更多的不舍和依恋。记得当时为了支援辽河会战，玉门油田先后派了三批队伍。第一批队伍是在1973年，玉门油田首先派出了30名科级管理干部奔赴辽河会战。时隔两年，1975年，第二批队伍整车皮派驻到辽河（其中含职工家属和孩子），我就是在这批队伍里跟过来的。第三批就是从玉门石油学校招来了一批专业技术骨干。由于我是最早的石油技术人员，所以得到了当时辽河基层领导的重视，也有幸成为改革开放初期，首批被派往北京参加石油系统节能干部培养。学成归来后，由于当时技术干部严重匮乏，我们外出的骨干又承担了内部教学任务，以传帮带的培训模式进行内部分流培训，为岗位又培养了一批内部技术骨干。

如今，想想曾经在玉门油田工作的日子，可以说是我最艰苦的石油岁月，而支援辽河开发建设，对我来说却是一种延续——玉门油田精神的延续与传承。经过60多年，石油工人的不懈努力，已经让我们见证了石油工业发展中原油产量上一亿吨的辉煌，更是彻底丢掉了中国贫油国的帽子。现在，我们已经可以清晰地看到，10多个现代新型的石油城及石化大型炼油厂崛然升起。作为老一辈玉门石油人，虽然转战辽河工作与生活已经40多年，但玉门石油情结始终留存在心，还依然清晰记得当时石油诗人李季的赋诗："苏联有巴库，中国有玉门。凡有石油处，就有玉门人。"而如今，我们也真正实现了朱德委员长对中国石油工业的初梦。

当前，在习近平总书记倡议共建的"一带一路"指引下，中国石油工人第二代、第三代正在不断走向世界，必将为世界石油事业的发展做出新的更大的贡献！

(林方超整理)

忆玉门岁月

辽河油田公司 刘玉环

1967年2月,我从现在的辽宁石油化工学校仪表专业毕业后,分配到玉门石油管理局玉门炼油厂仪表车间,负责裂化、常减压装置仪表维护工作。当时"文化大革命"还没有结束,我和我的同学以及车间绝大多数同志一直坚守生产岗位,炼油厂也没有停产过。曾经有一伙造反派不知何故要拉动力车间供电总闸,当时炼油厂负责生产的工程师康凯同志得知消息后立刻赶到现场进行阻止,紧急情况下,跪求他们千万不能拉闸,否则会引起炼油装置连环爆炸,损失惨重。由于他的诚心,避免了一场重大事故的发生。这件事深深感动了我,并下决心要学习这位领导公而忘私的精神,今后把本职工作做好。

1972年,按照毛主席"妇女能顶半边天"的指示精神,我们厂也先后成立了女子班。我们仪表车间的女子班让我担任班长,我感到这是领导对我的信任,同时也感到肩上责任更重了。有一次已经到了下班时间,生产装置车间突然打来电话说仪表出现了故障。随后,我让其他同志先下班,立刻带上两名技术好的同志去装置车间处理故障,等设备正常生产运行,我才离开车间,到家时已是晚上九点多了。十多年来,我和我的姐妹们从来没让仪表故障影响生产。

成立女子班后,以前男同志干的活,现在女子班同样要干。比如,装置大检修时,油管线中装的大调节阀(调节管线油流量)一个有一两百斤重,我们先从塔上的管线中拆下来,再一步步从塔上往塔下移动,这样的工作强度对男同志来说都很大,何况我们这些孩子妈妈,困难程度可想而知。有一次,在移动大调节阀中还不小心砸伤了我的脚,当时脚趾盖就青了,我忍着疼直到把工作完成才离开现场。

再如,炼油厂加热炉加热原油需要控制好温度,要通过在炉顶安装热电偶来实现这一功能。当热电偶出现故障时,人就得爬到炉顶检查处理。脚下的炉火轰轰响,温度多高可以想象。每次干完活工服都像刚刚水洗一样,湿得透透的……

由于当时物资匮乏,且玉门油田周围几十里是一望无际的戈壁滩不能种菜,所以我们只能利用中午下班时间,家里一个人排队买菜,一个人回家做饭,有时一次要买回几天的蔬菜。虽然那时条件艰苦些,但我们生活很快乐,工作有奔头。

每当回忆起在玉门油田的这些往事,心里总有一种满足和骄傲。

(张丽整理)

忆玉门油田工作二三事

辽河油田公司　李树森

1954年5月,我从西安石油学校毕业后,被分配到玉门油田勘探公司安全科。此期间,在内务8队跟班实习约半年时间。

1958年,油田党委发出"快马加鞭吐鲁番,玉门关上立标杆"的号召,我与万余名职工穿戈壁,踏荒漠,奔赴吐鲁番参加石油会战。在艰苦的环境中,我经常深入基层钻井队,了解和处理安全生产中存在问题,在那火焰山的山上山下,布满的多口油井中,我对钻井设备逐台仔细检查,逐队对职工进行安全知识教育,在高温酷暑中接受了锻炼和洗礼。使人振奋的是——"胜一井"喷油了,人们高兴地欢呼庆贺,玉门油田党委书记刘长亮不远万里,不辞劳苦,赶来祝贺,他在"胜一井"召开的现场会上,举起一桶油样,高兴地说,这是一百万吨呀!当时的场景让参战的职工深受鼓舞。

1960年,在自然灾害面前,矿务局党委做出了学大庆的号召，抽调职工搞农业生产，修水渠，引水种田。那时我已经是机关小队的小队长了，带领40多名职工挑石头、砌水渠。当时的严冬天寒地冻，但人人干劲十足，一条30多公里的水渠在半年时间就被建成了，甘甜的清水从卡尔汗沟汩汩流来，浇灌着玉米良田，改善了职工的生活。

1962年8月，我被组织调往大庆油田参加石油会战，随后参加了曙光油田的会战和辽河油田的工作，历任实习员、技安员、副处长等职务。

忆往昔，玉门油田的人和事、草与木，如在眼前。现在，我已是85岁的人了，感谢玉门油田这所"大学校"培养了我。

玉门，洒满青春汗水的地方

辽河油田公司　马春泉

我叫马春泉，河南新乡人，今年 84 岁，退休有 27 个年头，虽然左腿有些残疾不太灵便，但还是喜欢每天到老年活动中心来逛逛，看老伙伴们下象棋、打扑克，和他们一起分享晚年的快乐。

我是 1956 年春参加工作的，那年才 19 岁。大概是开春 3 月份吧，玉门矿务到我们县去招工，一下子招收了 300 多人。经过我们村大队部的审查推荐，我兴奋地报了名，并很荣幸地被招录了。从那时起，我就成为一名光荣的石油工人。

作为新中国成立后第一个建立起的石油基地，年产原油达 100 万吨，我觉得能来到这里工作，心里非常激动，并暗下决心要把工作做到最好。在当时，玉门油田的生活条件还是不错的，住的砖房，有职工宿舍、有大食堂，每个月多多少少还能吃上几顿细粮，对这些我非常满足，前前后后在这里度过 7 年的青春时光。

那一批招收的主要是炊事员，300多人都被安排在玉门矿务生活处下属的各单位食堂。而包括我在内的十几个人却被安排到修缮队，负责矿区生活服务保障工作。谁家炉灶坏了、水管线不通了，或者是房子漏雨了，不管是什么时间、碰到多么糟糕的天气，我们都能最先到达，想尽一切办法处理和解决好现场难题，尽力为前线员工解决好后顾之忧，让他们能安心干好本职工作。

那时的玉门，气候干燥、风沙大，而且冬季漫长，人烟稀少。当时还流传这样一句话，"出了嘉峪关，两眼泪不干。前看尽是戈壁滩，回望数里无人烟。"在祁连山脚下还有许多窑洞，据说那是最早来玉门的石油人住过的窑洞。大雪过后，在雪地里经常能看见狼的脚印，当地人说这里狼多。所以，我们每次出行，都是搭伴结伙，一个人不敢轻易走得太远，特别是晚上。每次去居民家也是坐着老百姓的马车或者小四轮，带着工具，在冰天雪地里刨沟，处理气管线、水管线，修理炉气灶等，就这样在玉门干了两年多。

1958年7月，因工作需要我离开了玉门，来到新疆哈密，在火焰山下安营扎寨，走上钻台，开始与钻井结缘。那里的条件比玉门还恶劣，昼夜温差大，白天最高能达到35～36摄氏度，晚上最低能达到零下3摄氏度，风沙也大。每天站在几十米高的井架上，任凭风吹日晒，我们一干就是十几个小时，走下井架，人就像散架了一样，浑身难受。那时钻井工艺落后，经常发生钻头水眼被堵死的情况，

每上提一根钻杆钻井液经常会喷出来,从头到脚下浇了我们一身,风一吹那时浑身透凉,但我们没有一个人叫苦,没有一个人喊累,连续作战,十几天下来就能打完一口井。

  1960年10月,组织上又安排我回到了玉门油田,从事修井作业。转战石油沟、白羊河、西八千等采油井区,根据采油单位提供的方案设计进行更换管柱、检下泵等作业。当时作业条件不比钻井强,作业搬家不像现在有专门的架子车,起放架子全靠人工拉,或者用老百姓的拖拉机拽,拆卸管柱根本没有现在的液压工具,油管起出时全靠管钳拧。那个时候,井场上备有18、24、36、48等各种规格的管钳,根据现场实际,灵活选用。用18的管钳卸不动,就用24的,24的卸不动就用36的,36的卸不动就用48的,再卸不动就在加人,4个人或者6个人一起用力拧。为了保证油管不受损,拆卸油管只能用管钳拧,绝不可以用大锤敲打。即使这样,我们克服一切困难,保质量、提速度,不到三天就能完成一口作业井,为提高油井产量主动加压。加班加点大干快干,每个月交井10多口,经常受到油田管理局表扬。可以说,我的青春是在玉门度过,最美好的年华奉献给戈壁滩。

  玉门离我们河南老家比较远,每年探亲假回家一趟在路上最少要10多天,从河南新乡坐汽车到开封,然后坐开封到郑州的汽车,再从郑州坐火车到银川,最后坐从银川到玉门的火车(这条线当时刚修通铁路不久),这样一个单程就需要 6 天时间。可是那时候想家也怕回家，既浪费时间又浪费精力，所以我坚持三年回一次家，把更多的精力都用在工作上，多修井、快修井，修好井，5 年多时间里，共修井 560 多口，为国家多产石油做出了积极贡献。

正当我甩开膀子大干的时候，1965 年 5 月，领导又通知我到银川，参加长庆油田修井会战，至此我离开了玉门油田，直到后来我来到辽河油田，已经 54 年没有回玉门，但那里有我青春的汗水，有我 7 年多的工作经历，更有我和老钻们在开展钻井比赛中互相比拼的呐喊。54 年了，那里的一切总会像放电影一样历历在目，深深地刻在内心深处。

（朱启海、于敏整理）

玉门油田工作生活的那些日子

辽河油田公司　王永祯

我 1935 年出生于河南。家里兄弟三人我最小，六岁时父亲去世了，因家中有两个哥哥承担着重担，就把我"解放了"。民国时期家里穷，我想当兵，偷偷报了几次名，却因当时个子不够没当上。

1955 年 7 月，我初中毕业考入刚迁建玉门新市区的玉门石油钻探技工学校。当时，即使有很多人考上了都不愿意去，一是玉门这个地方荒凉孤寂，唐朝诗人王之涣的《凉州词》就是很好的写照；二是有些人认为技工是工人，有知识有文化到头却干工人操作岗太亏了，因为这两点原因，当时很多人放弃了这个学校。我当时就读的河南太康二中，最后只有 7 人选择了玉门石油钻探技工学校。因为家里贫困，听说这个学校是公费包吃包住还给衣服穿，所以我也选择了玉门石油钻探技工学校。学校最初只有两个专业，司钻和内燃机运转与修理，我学的就是内燃机运转与修理。

刚到玉门时，我对当地的一句顺口溜"山上没草，风吹石头跑"感触深刻，当地的风大到能把大石头化成碎石刮得满天飞、到处跑！别说勘探条件艰苦，就是生活环境都是艰苦的！刚到学校时，学校连路都没有。我们住的是基建房，8人一屋。白天上课，下课或闲时就去修路、平操场、打扫卫生、整理回收地面损失的原油。国家要建大油田，把有技术、级别高的工程师和所有国内能够收集到的资料、教具全部送到玉门石油学校来，以确保学校教学高质量开展、保障培养技能过硬人才，好支援国家建设。学校对我们要求严格，无论学哪个学科，3到4级技术工人必须达到钳工技术，国家为了培养我们也是下了本钱的，那时全国钻机不多，但我们学校从最初一台钻机到五台配合钻井服务的苏联钻机、内燃机、V2300柴油机、专供学生拆卸内部先进的各种机械教具就能达到八九部，大家每节课都拆完装、装完拆，爱不释手。就这样也培养了一大批技术过硬的专业技术人才。国家当时贫穷，资源短缺，外面不了解情况的老百姓都笑话我们，说我们是"败家子"，好好地钢材、钢管到了我们手里都给拆零碎了。其实为了苦练焊接技术，我们都是把钢管、钢材剖成两半或更多份，既能保证每人都有练习的机会，又能节约原材料。那个年代条件艰苦，我们学校最初的建制是2年，但是为了让学生牢固地掌握专业技术，学制改成3年，不少同学有想法，毕竟还要多念一年，那个时候不少同学都和我一样撇家舍业的，多一年多不少事呢！老师和学校了解了情况后开始给我们做思想工作，并且提高了我

们的生活待遇，每月光生活补助就有7元，我自己留2元，寄给家里5元。因为我考到玉门时只有我们村主任知道我在哪里上学学什么，家里人就知道我上学了。我往家里寄钱，家里还挺纳闷：这学校上的得吃多少苦才能往家里寄这么多钱啊！

1958年毕业后，我因为技术过硬，成绩突出表现好，留在了被整合的玉门石油技校人事科。有幸为玉门油田大学校、大试验田、大研究所，出产品、出人才、出经验、出技术的"三大四出"贡献自己的一分力量。

玉门1959年生产原油达到了140万吨，占当年全国原油总量的一半还多。当时的玉门担负起了支援国家新油田建设的历史重任。先后向全国油田输送专业技术人才、石油工人20多万人。"凡有石油处，都有玉门人。"这话一点也不夸张。

如今，日子一天比一天好，这是改革开放带来的，我们这辈人曾经为国家建设贡献过自己的青春，什么都经历过，这就是我们的福啊！世上无难事，只要肯登攀，老了还有啥不好好珍惜这美好日子的理由吗？

(康玲霞整理)

康世恩部长指挥战井喷

华北油田公司　田学孟

我叫田学孟，今年86岁，1954年12月毕业于玉门石油工业专科学校（现在的西安石油学院），分配到玉门油矿当了一名钻井队的技术员。当时的校长是康世恩部长。

1958年7月18日是我难忘的一天。这一天是朱德总司令视察玉门油矿的日子。我幸福地见到了总司令。当时管理局发出通知，要求机关后勤人员和上井倒班在家的职工，9点半以前准时都到鸭十八井集合，迎接中央领导的到来。同时还要求我们技术人员，为鸭十八井做好射孔计划，按时进行射孔作业。因为这口井是总司令要去参观的一口探井，所以管理局的贾副局长陪同康世恩部长提前到井场安排接待工作。

当日上午9时许，鸭十八井的射孔作业开始了。不料，刚刚射完孔，突然发生了井喷。只见乌黑芳香的原油随着地层的强大压力，像泉水一样猛烈冲出无控制的井口，直喷到40米高的钻塔顶端，滴滴原油像下雨一样洒满井场。井喷

了！井喷了！在场人们大声呼喊。此时的康世恩部长在井场亲眼目睹了射孔作业和井喷的全过程。根据他的经验判断，这次井喷是井口无控制射孔所致，必须尽快用四通总阀门封堵才能控制住井喷。于是他不顾井喷的危险，立即在现场坐镇指挥。他命令贾副局长立即组织有关人员进行抢险。贾副局长得令后，迅速在广播中高喊："奉康部长的命令，鸭十八井急需直径210毫米的钢圈上法兰总阀门，材料库找到立即送往井场，不得有误。"一连播了好几遍。没过多久，阀门用汽车送到鸭十八井的井场。因为井场都是原油，又怕引起火灾，汽车不能进到井口，为了抢时间，我和10多名年轻力壮的小伙子头顶油雨，脚下踏着又滑又厚的原油。我们4个人一组抬着重重的阀门使足力气往井口冲，没走几步，阀门脱手，眼睛被原油糊死什么都看不见，这时第二组的人又赶快接替我们，第三组、第四组……经过艰难地替换终于把阀门抬到井口。当作业工竭尽全力，经过近一个小时的奋战，终于在接近中午的时候把最后一颗法兰螺丝拧紧，井喷止住了。此时，康部长悬着的一颗心也终于放了下来。大家一阵欢呼！

  这时，再看我们这些抢险的年轻人，个个都变成了油猴子，除了牙齿和眼睛能看清外，我们全身都是黑的，谁也认不出谁来。就在这时，我们还没得及更换衣服，敬爱的朱总司令拄着拐杖来到了井场，此时我们鼓掌，高举黝黑的双手，向司令致礼！司令见我们制服了井喷，又看到我们这些龇牙微笑满身乌黑的石油工人向他招手致意,高兴地对我们说:"你们伟大,你们光荣!"听到总司令的表彰,我们又高兴地跳起来。

总司令视察完鸭十八井后,即兴为玉门油矿题词:"玉门新建石油城,全国示范做典型。六万人民齐跃进,力争上游比光荣!"这一题词更加提高了我们为祖国献石油的干劲。

(李宝起整理)

忆薛柱国创作《我为祖国献石油》

华北油田公司 王家彬

1939年，14岁的我参军当了文艺兵。先后在晋察冀第四军分区教导大队、火线剧社当演员，转业后安排在石家庄市文工团当演员队长。1955年，我们石油战线要成立第一个文工团，即玉门矿务局文工团，急需一名导演，领导问我愿不愿意调到玉门边陲工作？经慎重考虑我表示同意。负责人叮嘱我：你到玉门后当导演，第一件事就是广招演员，敲响开场锣鼓。随后，我从北京坐了几天火车来到位于甘肃省西端的玉门矿务局。

1956年4月的一天，有一位转业军人来到我办公室问："您是王团长吗？"我回答："有什么事吗？"他说："我想参加你们文工团，您看行吗？"我想他能来文工团报名，肯定有其特长。我问他有什么爱好？他回答说会山东快书。接着，便从口袋里掏出铜板，立即活灵活现地说了一段"武松打虎"。他演技较好、口齿伶俐，我很满意，决定让他回去办手续来报道。

这位同志就是薛柱国。他被招进文工团后，服从工作安排，让干啥就干啥。1958年，我让他写群众合唱歌曲《玉门关上立标杆》，他问我有什么要求？我说："要简单明了，突出主题。"后来，薛柱国下大气力，精益求精，很快创作成功，玉门油田职工家属、大人小孩都会唱，都爱唱，唱出了精气神！甚至连玉门市广播电台开始曲也用上了它。"跃进红旗招展，我要一马当先""战胜戈壁滩，钻透祁连山，玉门关上立标杆"的歌声，玉门石油人至今仍在吟唱！

20世纪50年代，国家经济困难。石油工人上下班都坐敞篷卡车，我们文工团去演出也不例外。戈壁滩上气候变化无常，经常一会儿艳阳高照，一会儿狂风大作，风雨交加甚至下起"六月雪"。一次，我们去吐鲁番演出，风和日丽的初夏本来天气晴朗，但走到半路时突然刮起大风，陡时白天立刻变成黑夜，夏天变成冬天。大家穿的都是单衣，冻的实在受不了，就把携带的被子裹在身上，大风吹得人喘不上气来，甚至有三位同志休克了，大家便把大衣、被子给他们盖得厚厚的，掐人中、做按摩，好久才脱离危险。还有一次，我们去敦煌运输公司慰问演出，汽车开到半路突然下起大雪，再经风一吹，把路边沟沟坎坎都填平了，分不清楚哪儿是路、哪儿是沟，车上坐了一车人，司机不敢往前开。周围没有人烟、没有村庄，大家手脚被冻得麻木了，但大伙信心十足，相互鼓励说："肯定会有人来救我们的……"果然，敦煌运输公司同志看我们很晚了还没有到，判断是半路出事

了,很快派了推土机和大型卡车,折腾了几个小时终于把我们救了回去。由此及彼,我们文工团演职员都在想,这样恶劣的天气钻井工人咋干活?采油工人怎么办?他们能停产避风雪吗?能歇息吗?大家心里回答:根本不能,就是天上下刀子,他们也不会离开岗位。记得毛主席曾说过:"看来发展石油工业,还得革命加拼命!"这就是石油工人战天斗地的英雄气概。它感动着我们文工团员,也激励着鼓舞着新来的曲艺演员薛柱国。

当时,薛柱国跟我说,当个石油工人不简单,真了不起。从此,他下定决心写一首歌颂石油工人的诗,标题定为《我为祖国献石油》。薛柱国文化程度不高,但工作热情高,又有切身体会、激情满怀,经反复多次修改、推敲,终于创作成功了。我是"第一读者",看过后觉得写出石油工人的豪情壮志,便连声称赞说:"好、好、真好!"但有人反对,出现了不同意见。当时文工团有个负责同志阻拦说:"作品有问题。你一会儿在天山,一会儿在戈壁,一会儿跑到嘉陵江,一会儿又上昆仑山,你到底要上哪里呀?"无奈形势所迫,薛柱国只得将那份艺术创作文稿压在箱底,沉积在心灵的油层里……

1960年,大庆发现了大油田。作为我国石油战线唯一的文工团——玉门矿务局文工团,奉命参加大庆会战,为职工慰问演出、加油鼓劲。全战区以王铁人为代表的会战职工,以"革命加拼命"和"宁可少活二十年,拼命也要拿下大油田"的英雄气概，仅仅用了三年时间就建成了这个举世闻名的大油田。1963年初，毛主席、党中央发出"工业学大庆"的号召，全国各行各业先后派来代表到大庆实地参观学习。那时，国家正处在三年经济困难时期，工作条件差，业余文化生活匮乏，每月定时放映一场电影、逢年过节再看一次文艺演出外，其他就在没有活动了。但是，石油工人有办法自娱自乐，发挥特长，自编小节目，自己演自己。另外，组织职工写诗、召开小型赛诗会，这些充满火热石油会战生活气息，职工们也感到其乐融融。之后，会战指挥部党委宣传部定期收集基层单位的好诗稿油印成册，再发到基层单位学习交流，更加鼓舞、激励了大家的创作热情。会战热

1960年，玉门油矿文工团部分同志欢送薛柱国合影留念。
前排左二为薛柱国，左三为王家彬

火朝天,工余赛诗会也一浪高过一浪。我们玉门矿务局文工团演职人员也积极参与写诗赛诗,薛柱国写的《我为祖国献石油》在赛诗会上满堂叫好,被收入油印诗歌集之中。

1960年,薛柱国正式调入大庆油田,定为外线工。临行前,我召集玉门矿务局文工团部分演职人员为欢送薛柱国拍摄了照片。不久,东北音乐学院(现沈阳音乐学院)教师秦咏诚来大庆学习、采风、体验生活,立即被火热的大会战场面和工余赛诗会场景吸引、感动。当拿到党委宣传部油印的诗集兴奋不已,便一期期收集阅读。一天深夜,他躺在床上读诗,当看到了《我为祖国献石油》这首诗为之一振、格外激动。

"锦绣河山美如画,祖国建设跨骏马。我当个石油工人多荣耀,头戴铝盔走天涯。头顶天山鹅毛雪,面对戈壁大风沙,嘉陵江边迎朝阳,昆仑山下送晚霞。天不怕地不怕,风雪雷电任随它,我为祖国献石油,哪里有石油,哪里就是我的家……"

歌词直白、朴实、生动、栩栩如生,震撼人心,鼓舞斗志。秦咏诚下定决心为这首用革命浪漫主义与现实主义成功结合写作手法写出的好诗谱曲。第二天,他找到薛柱国师傅,问他写作初衷、缘由后说,谢谢你帮助我深刻认识到了石油工人的伟岸,谢谢你写出了这样的好诗句,我要为它谱曲,你不会有意见吧?得到同意后,秦咏诚把自己关在房子里,经一昼夜奋战,终于胜利完成了谱曲任务。曲子采用进行曲节拍，铿锵有力，大气恢宏，加上流畅歌词好诗句相得益彰。这首歌实实在在展现了大好河山壮丽，美轮美奂；展现了石油工人南征北战、战风斗雪、不屈不挠、一往无前为祖国献石油的开拓精神。试唱时，这首颂扬石油工人真实生活与远大志向的歌曲，一下子就被职工们喜欢上了，很快在小范围传开，大家上班路上唱，班前会后唱，回到宿舍唱，开大会前唱，越唱越广泛。会战指挥部领导发现这首歌反响如此强烈，群众反映如此好，便要求宣传部专门发文件提倡学唱这首歌，还请了教员教唱，很快便唱红了整个战区，参战人员都会唱，确实唱出了精气神！那时，国家非常重视大庆石油会战，从物资设备、文化生活各方面支援会战，经常派外地文艺团体到会战前线慰问演出。每场演出，《我为祖国献石油》战歌都列为必演节目，台上演员唱，台下观众跟着唱，唱一遍不过瘾就再唱一遍、两遍，舞台上下互动，把演出推向高潮。若有的演出单位没有安排这个节目，观众就递条子要求增加上。这首战歌真正鼓舞了斗志，为大庆会战加了油。特别是著名歌唱家刘秉义到大庆演唱了这首歌，工人师傅更被吸引住了，他浑厚有力满怀深情的演唱，把这首歌内涵、神韵发挥得淋漓尽致，大家都夸赞他唱的有味。

　　回眸这首战歌，在玉门创作，在大庆传唱，红遍神州大地，鼓舞着一代又一代石油人不断为祖国献石油。我们要把这首歌永远唱下去，"撸起袖子加油干"，永远为祖国献石油。

（马大有整理）

突击队员在行动

华北油田公司　曹桂芳

"井喷了！同志们快去抢油护井啊！"我一骨碌从床上坐起来，抓起衣服就往身上套，嘴里喊着"快、快抢油护井！"睡在旁边的老伴拉住我，说："老曹，又梦到玉门油田会战啦？"噢，这我才醒悟过来，原来又是在做梦。我重新躺下，但思绪却久久不能平静，当年玉门油田大会战的情景，已深深的镌刻在我的记忆当中，此刻如电影一样一幕幕地浮现在眼前。

1958年8月，初中刚毕业的我，16岁的花季少女，经过三天三夜火车汽车的颠簸，来到了神往的玉门石油城。

玉门油田是新中国石油工业的摇篮，新中国第一个油田，她带动了中国石油工业的发展与壮大。在油田大建设、大开发的大好形势下，我终于如愿以偿，幸运地成为一名石油工人，分配在王进喜所在钻井三大队当通讯员。

1958年9月1日，正是王进喜带领贝乌五队参加石油工业部组织的"优质快速钻井"劳动竞赛开始的第一天。当时提出了"钻透祁连山，战胜戈壁滩，快马加鞭进军吐鲁番，玉门关上立标杆。"的口号，拉开了"月上进尺5000米"攻坚战的帷幕。白杨河沙滩上，几十里外就能看到高耸入云的井架，天车上红旗招展，井场上钻机轰鸣。王进喜及贝乌五队的全体工人都以井为家，不分白天黑夜地干。大队党总支书记窦小群、大队长王嘉善等领导，每天都去井场亲临指导，党总支干事杨国琦和我每次都跟随领导去井场。杨国琦就地搞宣传，我收集钻井进尺资料报送钻井处。

时间就是进尺。王进喜坐定井场，不休息不下班连轴转，全队职工更是信心百倍，鼓足了干劲向5000米进尺的目标挺进。9月30日晚上10时许，部长余秋里和局领导都来到井场静静等候，进尺只差20米就要上5000米了，王进喜走上了钻台，12点整，打完最后一个单根，进尺5009.3米！霎时，井场一片欢腾，掌声、欢呼声、锣鼓声和着钻机的轰鸣声响彻云霄。王进喜带领的贝乌五队成为中国中型钻机最高标杆单位，荣获"卫星井队"红旗，被命名为"钢铁井队"。

王进喜夜以继日地工作和吃苦耐劳的精神让大家深受感动，这一个月以来，他没回过一次家，没睡过一次囫囵觉，经常连续几天几夜不休息，实在困得不行了，就靠着井架打个盹儿。大家劝他回去休息，他说："活着干，死了算，这才是石油工人的精神！"这些事，我看在眼里，记在心里，发自内心的敬佩他，决心向他学习，也要做一名出色的石油工人。

那时，我国的重工业落后，石油钻井的钻头全靠进口。

为了节省资金，王进喜提出"要修旧利废，一年不向国家要一个钻头。"当时，苏联人在白杨河地区打深井，他们使用的是能打 3200 米深的大钻机，用的牙轮钻头。压力过大，就得更换钻头。王进喜打井用的是中型钻机，能打 1200 米。苏联人那边扔掉的钻头，王进喜都把它捡回来。他说，这些钻头打深井虽不行，但可以用来打浅井。

三大队领导很支持王进喜的这一行动，在工会主席马有福的倡议下，由党总支干事杨国琦带头组织青年突击队，青年突击队主要任务有两项：一是搞收旧利废活动，到祁连山里的老井场捡钻头，支援王进喜的井队；二是当时钻井技术比较落后，各井队都有可能发生井喷事故，一旦井喷事故出现，无论白天还是晚上，大家都要第一时间上井场抢险，围堵原油并回收。

我积极报名参加青年突击队。大家纷纷劝阻我说"你是女孩子，找到钻头，你也抬不动，别去了。"还有人说："山里有野狼，会吃人的，别吓破了你的胆。"我一定要去。我想起王进喜说的"不怕苦不怕累才是石油工人的精神。"我要做一名真正的石油工人，便拍着胸脯，很自信地说："我能抬动，也不怕狼，绝不拖你们的后腿。"

青年突击队先后有 20 多人参加，除了我一个女同志外，全都是男同志。每到周日休息的时候，杨国琦就带领突击队员们全体出动，带上干粮、军用水壶，拿着抬钻头的木棒子、麻绳，站在大卡车上出发。汽车开到了无路行驶的地方便停下来，杨国琦把大家分成五人一组，按各自确定的方向分头去寻找老井场、寻找钻头。各组顺着山根往前搜寻，每找到一个钻头，大家就高兴得手舞足蹈，用麻绳编成网兜打好结，两人一组，抬回去装车，直到天擦黑的时候，各组才恋恋不舍地回来集合，拉着我们捡到的几个或十几个钻头回到井队。每当我们把钻头交给王进喜的时候，他就不停地摸着这些铁疙瘩，高兴地就像看到宝贝似的，并赞扬突击队员干得好。他说："你们捡来的不仅是钻头，也是艰苦奋斗的精神，我们不向国家要钻头，就是给国家节省了资金，就是为石油事业做了很大贡献。"

记得有一次，我和杨国琦、郑国垣等五人一组，在山里找钻头，近处的井场上已经让我们翻遍了，只好继续往前走，到祁连山深处、无人烟的地方再试试运气。当时虽然已过立夏，但山里的冰雪还都覆盖着半山腰，到处都是光秃秃的，毫无半点生机。唯有半死不活的芨芨草和骆驼草，稀疏而孤寂地守护在那里。

大家都走得很快，唯我一人跟在后面一路小跑，突然看见有几只饿狼蹲在前面的山根前，它们一个个吐着红舌头，伸长脖子，竖起尖耳朵，眼睛闪射着凶光，到处搜索着，像是在寻找猎物，看见我们一伙人向前走来，腾地跳了起来，一只狼发出一声尖嚎，三只狼都同时往前蹿了几米远，摆出了进攻的架势，对人发起了挑战，吓得我哇哇大叫。在我家乡的山区里，一只狼轻而易举地吃掉一个小孩是司空见惯

的事，何况今天是三只狼。我已吓得毛骨悚然，失魂落魄。杨国琦赶忙拉住大家并紧急命令："站住！别向前走！往后退！"并把手里的木棒子当作武器，左右使劲地抡晃。我们一步步后退，再后退！狼并没有追赶我们。我们心有余悸地躲开狼群后，天已经渐渐黑了，我们拖着又冷又饿的身体，赶回单位已经是晚上十点钟了。

突击队员们捡废钻头的热情依然高昂，为了防止狼群的袭击，改为10人一组，每人手里拿着一根木棒，准备再遇见狼时随时进行搏斗。我们翻过一山又一山，跨过一岭又一岭，把祁连山内所有打过井的地方都找了个遍。看到过饿狼捕食黄羊时的凶残及黄羊鲜血淋漓的悲惨状；也看见过狼吃人留下的头颅、衣服、鞋袜、旱烟袋等，但都没有胆怯，没有什么能阻挡住突击队员们前进的步伐。大家一次又一次的翻山越岭，仔细搜索，不仅捡回废钻头，还捡回了小块废钢铁、钢管等。一段时间下来，我们共捡了300多个钻头、两吨多废钢铁。

突击队的另一项重要任务是：井喷时，到现场抢收原油。

造成井喷的原因有多种，地层压力掌握不准、钻井液密度偏低；起钻抽吸以及其他不当操作等；有时新打的井要出油时，井喷也是正常现象。但出现井喷事故时，喷出来的原油如果不回收就会损失，突击队员的任务，就是把喷出来的原油，用沙土围堵，便于以后回收。

井喷事故随时有可能发生，无论是你刚端起饭碗，还是半夜三更睡得正香时，只要外面大喇叭一喊就是命令，大家就要放下饭碗穿上衣服，扛起铁锹铁镐，直奔调度室门前，爬上大卡车，以最快的速度赶到现场，每次井喷抢险结束，等围堵的原油冷却凝固后，大家就在业余时间进行原油回收。把冷却的原油挖开，一大块、一大块的撬起来，装进草袋，抬上汽车，送到原油储备库。每次抢收的原油都有一两吨。

1959年10月，在老君庙地区西河沿4井的井喷事故中，青年突击队抢险收原油的任务特别的困难和艰苦。由于是突发性井喷，等我们赶到现场时，喷出的大量原油，已经顺着西河沿往河坝里流了，河沿上的土质被长期的流水冲刷流失了，只有坚硬的鹅卵石。我们使劲地用铁镐砸，石头上迸出了火花也挖不出土，眼看着原油往西河坝里流，大家都心痛地无计可施，在这千钧一发的关键时刻，突击队队长杨国琦毫不犹豫地脱下身上的棉衣，拦堵正在往西河坝里流的原油。榜样的力量是无穷的，大家毅然决然的、迅速脱下身上的棉衣同时进行围堵。我们终于用棉衣加鹅卵石延缓了原油的流失。可是，由于井下压力过大，井喷越来越厉害，喷出的原油已超出了围堵的范围，我们没有别的办法可想，只有再脱衣服，男同胞们把身上唯一的一件衬衣，帽子全都毫不犹豫地贡献出来，包裹着鹅卵石去堵原油，每个人都光着膀子干，从头到脚全被原油灌了蜡，连眼睛都睁不开了……在大家奋不顾身的努力下，共回收约5吨原油，没有给国家

造成大的损失。

玉门市地处祁连山北麓,最高海拔2700多米,周围几百里处遍地都是沙土和鹅卵石,又严重缺水,种不了蔬菜和庄稼,没有农民,没有集市贸易。玉门市就好比是一座孤城。市民和石油各单位职工所需食品要到很远的地方拉运。到1960年春节前,生活艰难到了极点,副食品商店基本上没有什么商品,有的甚至都关了门。为了解决职工的生活问题,各单位开着大卡车,到张掖、酒泉等地收购蔬菜,有时,汽车开出去七八天了买不到一棵蔬菜,又空车开回来了。粮食不够吃,蔬菜买不到,人人都在度饥荒。

我们突击队员想为大家尽一份心意。周日,大家拿着镰刀、剪刀、挎包、面口袋等,到山里去采集骆驼草。骆驼草是一种自然生长的耐旱植物,也是骆驼一年四季唯一能吃的赖以生存的牧草。近处的骆驼草已经被人们采集完了,只有往深山里走。骆驼草经历了严寒的摧残,枝叶已经干枯而匍匐在地,有的甚至粘在地上抠不起来,大家就用镰刀砍、剪刀剪,只采集其末梢部分和豆荚,直到每个人把书包、挎包、面口袋都装满了。冬天的野狼,因找不到食物而更加凶残,看见人会不顾一切地扑过来。突击队员郑国垣带着一支猎枪,准备狼来进攻时自卫。大家一路采集,一路前行,突然看到野狼正在捕食黄羊,就连开几枪,狼被吓跑了。

我们和炊管人员共同努力,把采集回来的骆驼草洗净、剁碎、烘干,用小磨磨成粉末,准备过年时给大家增加一份代食品，以表示我们突击队员及炊管人员对全体职工的慰问。除夕的年饭，在全体炊管人员的共同努力下，除过每人有一份定量饭菜（一碗小米饭和一份白菜粉条）之外，还增加了一份烧红萝卜土豆，一个饼子。

突击队员们分成两大桌吃饭，各人把自己仅有的那份饭菜，都摆在桌子中间，象征着节日的盛宴。我们都很年轻，不知什么叫愁，都是今朝无酒自陶醉，哪管它日饥与寒。大家有说有笑，热热闹闹的，节日的气氛非常浓。没有酒，每人就冲一缸子海带丝汤。以汤代酒、相互碰杯，相互祝福。

除夕夜 12 时，大队领导要到各井队去慰问上夜班的工人。食堂准备的慰问品是，每份八个杂拌面和红糖做的点心，四个萝卜丝大肉丸子，还有四个煮鸡蛋。每份慰问品都用一个文件袋装好，并扎上一根红绳表示喜庆。

夜里 10 时 30 分，慰问团队准时出发，突击队员们带着锣鼓鞭炮，跟随大队领导，兵分两路，坐上大卡车，到井队去慰问生产一线的钻井工人。三大队有将近 20 个井队，由近及远，每到一个井队，大队领导把慰问品亲自交到每一位钻井工人的手里，并和大家一一握手、拜年。突击队员们敲锣打鼓、放鞭炮，高声喊着给大家拜年啦！拜年啦！

除夕夜 12 时，两个慰问队都赶到了王进喜的贝乌五队，共度新春佳节。王进喜依然身穿沾满油迹的工作服，头戴狗皮帽，脚穿大头工鞋，手扶刹把站立在井架的平台上，伴着旋转的钻机，以"北风当电扇，大雪是炒面"的豪情，聚精

会神地打井。对他来说，井场就是战场，钻井进尺就是生命，即使春节，他也绝不离开工作岗位。他的心里装地满满的是工作，是钻井进尺、资料数据，是一心一意的为石油事业做贡献。他的形象、他的精神定格在每个人的心中，让大家都感动不已。王进喜满脸笑容地走下钻台，双手抱拳给大家拜年，表示对大家真挚的问候和祝福。轻轻地一声问候，融入了所有的心愿；淡淡的一句祝福，倾注了无限的真诚！井场上，锣鼓声、鞭炮声、呐喊声、祝福声，汇成了一个共同心愿，那就是不畏艰难，勇往直前，一定要为石油事业的发展做出更大的贡献！

春节后，王进喜将要带领贝乌五队前往大庆参加石油大会战，大家都依依不舍，似乎有说不完的话，但不知从何说起。尤其是杨国琦，是王进喜手把手地教出来的，并培养他入党，他们之间有着深厚的师徒恩、战友爱、兄弟情。杨国琦紧紧握着王进喜的手，眼含热泪地说："王队长，我会永远想念你的。"我们大家和王进喜及贝乌五队的同志们紧紧地握手告别，没想到至此一别便是永别。

王进喜是我一生中最敬佩的人。他代表着老一辈石油工人，在极其艰苦的岁月里，不仅创造出了巨大的物质财富，而且创造出了宝贵的精神财富——铁人精神。铁人精神影响了我的一生。王进喜虽然永远地离开了我们，但铁人精神无论在过去、现在和将来都有着不朽的价值和永恒的生命力，永远是教育和鼓舞石油人拼搏进取的力量源泉。

难忘的玉门记忆

华北油田公司　张继祖

《人民油田报》

《人民油田报》是玉门油田1949年9月解放后，由旧油矿的《塞上日报》更名的报纸。1951年初，我到玉门油矿工作，在《人民油田报》当了一名投递员。我的这段工作经历，虽然过去了67个年头，但至今记忆犹新。

3间不足30平方米的砖土结构土皮房是编辑部的办公室。报社编辑部工作人员包括社长、编辑、记者、抄报员、译电员、收发员、报递员共十二三人。油田新闻由记者采写。国际国内新闻由一台据说是德国造的老式发报机传发。"嘀嗒、嘀嗒、嘀嘀嗒"的电讯声一天叫个不停。戴耳机的抄电员和翻译电文的译电员，工作全神贯注，十分辛苦。

印刷厂的不足10平方米的印报房，低矮潮湿，只能放一台印报机。"四开机"是旧油矿遗留下来的"老牙"机，

设备状况很差，经常出故障，常常"掉链子""跑空档"，走走停停，效率很低，一分钟只能印不到10张报纸。印数只有不到300份的报纸，要磨蹭3个小时才能印完。老态龙钟的"四开机"在有气无力地转动，我站在"四开机"尾部，双手木然地一张一张地接收"四开机"手臂传来的报纸。

排字是报纸生产的心脏部分。排字工艺沿袭中国古老的"活字印刷"。排字工人把一个个字从字架上捡起来，拼组在一起，还要对小样、大样、清样进行"三校"，工作环节纷繁。排字工人在排字架前一站就是三四个小时，而且每天是在夜间工作。排字工人付出的艰辛，"局外人"是难以想象的。

铸铅字的铸字工人，由于当时的劳动保护措施缺乏，他们在工作中要付出铅中毒的很大风险。他们付出了健康的代价。据知当年的铸字工人，至今健在者为数有限。

报纸出版的最后一个环节就是投递。我们3个投递员每人配备一匹马，我们就是骑着马把一张张《人民油田报》送到井场、工地、车间、机关、学校、住宅区，送到职工手中。

1952年3月，《人民油田报》更名为《石油工人报》。

回忆过去，再看看现在，我们的报纸工作进入了一个高科技崭新时代，技术更新之快，令人为之感叹！

骑马送报

说到骑马送报,年轻的朋友们可能大惑不解,但这都是我亲身经历的。

1951年3月5日,我在玉门油田参加了工作。从这一天起,我步入了社会,成了一名石油工人。这一年,我才十五岁,人家叫我"石油娃"。

工作分到了《人民油田报》当通讯员,投送报纸。《人民油田报》的前身是旧油矿的《塞上日报》。1949年9月25日油田回到人民怀抱后,《塞上日报"更名为《人民油田报》。这是新中国第一家石油企业报。1952年3月5日,《人民油田报》又改为《石油工人报》至今。当时的《人民油田报》编辑部,从社长到编辑、记者、抄报员、译电员、广播员、收发员,加上3个通讯员总共还不到12人。说是编辑部,其实只是三间砖泥结构的办公室,总面积现在想来充其量不过30多平方米。我们三个通讯员负责全油矿的报纸投递工作。我的话题,就从骑马送报说开来。

玉门油矿解放后,油矿报纸的投送没有别的交通工具,只有马匹。油矿解放前,有个大马场,养着几十匹马。马匹主要供官僚们乘骑,还有一部分用来拉油罐车,为职员住宅和工人食堂送原油。油矿解放后,大车场的马匹派上了新用

场，供各单位通讯员用，传送公文和书信。油田报社的3个通讯员各分到一匹马，投送报纸。

我骑马送报的生活充满浪漫色彩，虽然时间已过去了整整60多年，可许多记忆仍是那么清晰。大车场的马匹有专人喂养，每个分到乘骑的通讯员持有一个大车场制发的木牌，取名"领马牌"。每天早晨我们上班后所办的每一件事，就是拿着"领马牌"到大车场牵回马匹。把报纸送完后，马匹不用人送，把缰绳往马的脖子上一套，一拍马屁股，那饥肠辘辘的马就一溜烟往大车场奔。

当年15岁的我站在大马跟前，还没马高。我身材矮，上不到马背上，就把马带到一个台阶前，自己先上台阶，然后踩上马镫，纵身上马。到了下马时，如法炮制。分给我乘骑的那匹马，是一匹大"牙口"的"老马"，据说是当年伪油矿矿警头子李养义的坐骑。这匹马早已失去了当年那刚烈无羁的野性，多了一份老态和温顺。要不是这样，我还真难以驾驭呢。

那时候，虽然可以称得上是一名石油工人的我，毕竟还是一个小孩子。每天背上报袋，骑上大马，过南坪，下机厂，上八井，心里总有一种悠闲自得的感觉。平时骑马，总是悠着走，生怕累坏了这个"老伙计"，可有时又兴头十足，扬鞭飞马，和友邻单位的通讯员"赛马"，好不神气，对老马的那份恻隐之心早忘得一干二净了。

我何以对骑马有如此之兴致，这里还有一点可以寻觅的思想轨迹。我的老家酒泉是1949年9月24日解放的。酒泉解放后,中国人民解放军的大部队云集酒泉,准备进军新疆。那些天,解放大军的步兵、骑兵、炮兵、坦克兵等兵种,在离我家很近的大校场操练。时年才十二三岁的我,常和小伙伴到大教场看部队操练。我们这帮看热闹的愣小子,尤其对骑兵战士的操练兴致很浓。只见全副武装的解放军战士个个威风凛凛,操练整齐,动作惊险。我们被这一切紧紧地吸引住了。此时,我朦朦胧胧地萌生了这么一个念头:我长大了也要当解放军,要骑大马,骑马挺好玩的。然而,愿望仅此而已。1951年3月,我到玉门油矿参加了工作。当兵的梦想成了泡影,不过倒是骑马的好"梦"成了"真"。人的生活本来不就是这样吗?

别看骑在马上有风光自得的时候,可经历的那份苦,也真叫人难以忘怀。1950年初,玉门的冬天常常零下二十八九摄氏度。碰到这样的天气,骑到马上,两只脚常被冻伤。那匹老马的额头也常常结上厚厚的一层白霜。夏天,玉门天气不热,还好过,可就怕下雨。有时候出去送报,风云突变,大雨倾盆,我和那个"老伙计"常常被浇个透心凉。

我骑马送报只有一年多时间,后来,工作调动,我不再送报了。大概到了1953年,报纸不再用马匹送了,改为自行车送,后来又改用摩托车。这个历史变迁不可谓不巨大,它也从一个侧面,代表了油田的发展变化。

光阴荏苒,日月如梭,60多年弹指一挥间。我这个20

世纪50年代初骑马送报的"石油娃",经历了整整68个春秋,先后转战吉林、华北等几个大油田,如今已年近八十有五,告老退休。20世纪50年代初我在玉门油田骑马送报的这段经历,永远留在我的记忆之中。半个多世纪以来,我们的油田建设取得了举世瞩目的发展。抚今追昔,百感交集。我们对未来充满自信,充满激情。油田发展建设的明天,将更加美好!

我是厂"喇叭筒广播站"的"小喇叭"

1952年初,我在玉门炼油厂第三车间冷榨厂当工人,时年16岁。新中国成立前念过六年高小,这点"墨水"竟使我成了车间里的"秀才"。除了是车间读报员、党的宣传员、报社通讯员外,车间党支部还推荐我为厂"喇叭筒广播站"广播员。当时,厂里设立了一个广播站,取名"喇叭筒广播站"。那阵儿还没有像今天的扩音器、麦克风这些"洋"玩意。广播站编写的宣传材料,由广播员拿着一个废铁皮砸成的像个喇叭的喇叭筒,利用每天中午大食堂开饭的机会,向几百号工人做宣传。当时的情景,至今历历在目。每天中午,当工人们正在食堂排队买饭时,我站在一个高凳子上,手里握着喇叭筒,操着我的甘肃土腔开始广播:"同志们,喇叭筒广播站现在开始广播……"工人们一边吃饭一边静静听着广播,有时听到紧要处,还三三两两交头接耳,有说有笑。喇叭筒广播有时还采取快板形式:"咳,竹板一打呱呱响,我把厂里的新人新事讲一讲。炼油工人是好汉,革命干劲冲破天……"常常迎来一片掌声。"喇叭筒广播站"除了每天播发稿件外,赶上每月工人讨论生产计划或其他一些活动,喇叭筒广播还要到车间、班组挨门逐户广播,进行现场宣传鼓动。赶上定期的设备检修,喇叭筒广播还要到炼塔旁、车间、工地进行宣传。工人们对"喇叭筒广播站"寄予诚挚的信任和热心的支持。在旧社会饱受官僚资本家剥削压迫,今天翻了身的老工人,他们总是那么质朴、淳厚、善良,他们把广播站的广播说成是"党的声音"。老工人的那份情感,深深地刻在我的记忆中。我那时只有十六七岁,且身材矮小,老工人干脆不再叫我的名字,都亲切地叫我"小喇叭"。

说起那时在炼油厂"喇叭筒广播站"工作来,使我铭记不忘的是,那时炼油厂有一批年轻的知识分子,他们热心"喇叭筒广播站"工作,活跃在党的宣传思想工作中。这批年轻的知识分子,他们是新中国培养的第一批知识分子,大都是名牌大学的,有清华的,北大的,还有西北工学院的。这批年轻的知识分子到了工厂后,和工人们打成一片,向工人学习,和工人交朋友,和广大工人群众建立了深厚的感情。他们不仅在生产、技术上运用自己学到的知识,帮助工人不断改进生产技术,增加生产,不断提高产品质量;他们

还发挥自己的优势，在做好本职工作的前提下，利用工余时间，积极参与厂里的宣传思想工作，为广播站写稿，帮助车间办黑板报，给工人们教唱歌，组织工人演文艺节目等，政治热情很高。虽然这段历史已过去了半个多世纪，然而，当年这些青年知识分子的音容、工作情景，至今在我的脑海中还那么清晰，就连他们的名字，比如康凯、卢成秋、杨敬仪（女）、张兰桂（女）、谢苏珍（女）、柯是珍（女）、梁秉维、赵毓珊、李桐风（女）、崔秀和（女）、苗炳兰……我几乎能写出来。他们对工作的那份热情、那颗心，常常使工人们感动不已。还是接上我做厂喇叭筒广播员这个话茬说吧。我文化低，又是个笨嘴笨舌的甘肃"土豆"，当广播员自然困难很多。当时在厂计划科工作的清华学生梁秉维，经常一个字一个字地教我念稿子，手把手地教我用喇叭筒广播，还教我学文化、写稿子。他还帮工人排演文艺节目。我清楚地记得一次我参加演出一个小话剧，他硬是一个动作一个动作地帮我练，一句一句地教我背台词。康凯、张兰桂、李桐风、赵毓珊也都经常给广播站写稿，参与办广播站。张兰桂、柯是珍是北京人，她们还教我用普通话念稿子。赵毓珊用现在的话说，是个多才多艺的"能人"。他不仅是炼油机械上的"大拿"，还会画画，写得一手好美术字。他经常为厂工会办编黑板报、写美术字培训班讲课，培养工人宣传工作骨干。我多次参加培训班学习。他教工人写美术字、编黑板报不辞辛苦，热情耐心，这些至今还留在我的记忆之中。

这批中华人民共和国成立初期活跃在宣传思想工作中的年轻知识分子，用自己的行动，展示了新中国第一代知识分子热爱工厂、热爱工人、走与工人结合道路，为发展经济、报效祖国的高度政治热情。他们和广大工人群众建立了水乳交融的关系。

我在玉门炼油厂"喇叭筒广播站"工作的那段经历，已经过去了64年之久。回首往事，感触良多。解放初期，国家百废待兴，各方面的条件都很差。那时我们的宣传工具是用废铁皮制作的"喇叭筒"，简直可以说是原始方式的"刀耕火种"啊！我们回头再看看今天，各方面条件之优越，无以言表。现在我们的媒体，我们的思想宣传鼓动机器，令人眼花缭乱，什么网络啊，电信啊，"长枪短炮"啊，还有我老头叫不上名字的高科技新玩意。令我老朽目瞪口呆。此时此刻，我百感交集。当年我们的思想宣传鼓动工作还用的是那种"原始方式"，今天这么好的条件，"鸟枪"换上了"大炮"，我们完全有理由把我们的工作做得更好、更好！这是责任，是担当，是使命！

抗战年代我的父亲母亲在玉门

西南油气田公司　刘凯民

抗日战争期间，1938年国民政府经济部长兼资源委员会主任翁文灏决定在甘肃玉门勘探石油，商及周恩来同志通过八路军办事处从陕北油矿调两台钻机"顿钻"（用于浅层钻探的冲击钻）支援。1939年3月27日，玉门老君庙一号井掘至23米时，成功地打出了石油。1940年9月，国民政府资源委员会决定正式开发玉门油矿。1941年3月16日，国民政府资源委员会经济部在重庆正式成立甘肃油矿局，孙越崎任总经理（兼），严爽任油矿矿长，金开英任炼油厂厂长。甘肃油矿局设在重庆，为便于工作和及时汇报，资源委员会还配备了专用飞机（美制），在老君庙修建了简易飞机场，可从老君庙往返直飞重庆。1941年4月，玉门油井喷油，产出工业性油流。

我的父亲母亲是较早来到玉门油田的一职工，是在玉门喷油后的第二年，也就是1942年来到玉门老君庙的。1942年，正是抗日战争最艰苦的年代。父母亲何以会远离故乡和大城市，来到当年的不毛之地玉门的呢？说来话长。这是一段艰辛的、痛苦的、充满泪水的人生经历。也是父母亲在50多年以后的20世纪90年代陆续给我讲述的关于家庭、关于战争年代颠沛流离的故事。

1942—1951年，在玉门和西北石油管理局的9年，是父母亲和整个家庭遭遇重大变故的9年，有辛酸的眼泪，也有感人的温馨。我的父亲刘葆楹（1916—2004），家在天津市津中里，1935年秋从天津南开中学高中毕业后，考入南开大学法商学院经济系。我的母亲方丽中（1914—2001），家在江苏省扬州市东关街，1935年秋从当时的名校省立扬州中学高中毕业，因为家庭经济条件不允许继续升学，考入南京中国银行当练习生，学习财务和出纳。

1937年卢沟桥事变后，北平和天津相继沦陷，日寇的铁蹄迅速向南推进，大批机关、公司、学校南迁。1937年冬至1938年春，北京大学、清华大学与南开大学合并，最初决定在长沙成立临时大学。为便于分散转移，师生各自组合分头出发，约定到长沙后汇合。一路奔波辗转，父亲刘葆楹一个月后才到长沙报到。学校当时设在长沙第49镖（军营）。后因长沙保卫战战事紧张，以后学校与全体人员迁至昆明。当年父亲就读昆明西南联合大学法商学院经济系三年级。1939年秋毕业后，进入云南明良煤矿工作。

1937年12月，南京失守。为躲避日寇的烧杀抢掠，尤其是随着南京政府向陪都重庆的迁移，华北、华东居民出现

大规模向西南迁移的潮流。1937年底，母亲方丽中也随南京中国银行（总行）从南京西迁至陪都重庆，任银行出纳、会计。1940年起至1942年6月，在重庆复兴商业公司、重庆中央信托局等单位供职，任会计员。

1940年，父亲刘葆楹、母亲方丽中经介绍在重庆相识相爱，并于1941年8月12日在重庆举行婚礼，婚礼因日本飞机的轰炸而中断，后续简短仪式在防空洞中进行，董孝逸为证婚人。由于日寇飞机对重庆的骚扰轰炸，重庆市容破坏较大，国民政府资源委员会动员重庆的有志青年到甘肃玉门参加老君庙油矿建设。1942年6月，我的父母刘葆楹、方丽中响应政府号召，离开工作和生活条件相对优越的重庆中国银行与中央信托局，来到甘肃油矿局玉门老君庙油矿工作，父亲刘葆楹任会计员、课员、股长，母亲方丽中任会计员。

1942年9月，蒋介石从重庆直飞玉门，在马鸿逵、马鸿宾、胡宗南、孙越崎等陪同下视察玉门老君庙油矿，并在矿场会见严爽、金开英、靳范隅、孙健初、翁文波、邹明等人。1943年以后，大批青年从全国各地奔赴玉门老君庙。1943年，从全国四面八方来到玉门的员工及家属已接近万人，每月需要面粉18万斤（1斤=500克），大米4万斤。为此，在孙越崎的倡议下，玉门油矿增设总务处，聘请农业专家，组织职工苦干，戈壁滩上种出了菜园、果园。职工不但可以吃到新鲜蔬菜瓜果，而且还能吃到自己喂养的牛羊肉、鸡蛋和牛奶了。职工因为米面加工粗糙，常有沙石，吃了患盲肠炎的很多，孙越崎决定自建面粉厂，还办起了福利社。后来，老君庙变成了一个小都市，生活日用品，米面菜蔬水果，都有专门的经营。还开办了鞋店、布店、豆腐店、酱房、油房、食堂、点心铺、缝衣店和中西药房等。孙越崎及其团队在千方百计增加油料产量的同时，兼顾万名员工生活，建宿舍、辟农场、设学校、立医院，无一不备……使玉门的老君庙油田变成了戈壁滩上的热闹小城。孙越崎还写诗赞叹："关外荒漠接远天，出关人道泪不干，移沙运土植杨柳，引得春风到油田。"

1943年7月，我的哥哥在玉门出生，取名"陇民"。因生活艰苦，条件有限，母亲主要靠开水泡馍替代米粉和以少量奶粉养育哥哥。

1944年2月，甘肃油矿局会计室矿室同仁欢送潘志甲主任返渝，这时已传出孙越崎即将调离的信号。1945年9月，孙越崎被行政院经济部、战时生产局任命为东北区特派员，主持接收东北地区的工业企业，离开了他经营开创6年的玉门油矿。

1944年3—4月，母亲方丽中因子宫外孕术后大出血住玉门老君庙油矿医院。恰巧，父亲刘葆楹因祖父去世前往西安处理后事。陪伴我母亲度过手术后危险期的是卞美年先生的夫人罗文湘（黛石）和翁文波先生的夫人冯平。卞美年先生时年36岁，1942年随同黄汲清、翁文波一行到新疆考察

民国三十三年春甘肃油矿局会计室矿室同仁欢送潘志甲主任返渝摄影纪念

潘志甲（前排右5）、母亲方丽中（前排右4）、父亲刘葆楹（后第3排左7）

石油地质，1943年以后与翁文波一起到玉门油矿，两人都是开发玉门最早的一批地质师。卞美年等地质专家在矿上住在祁连别墅，和我家的住处丁种宿舍相距不远，他们和父亲互以表兄弟相称，时有往来。

1944年10月15日，我国石油工业的开拓者之一何俊英和夫人徐和生在玉门老君庙祁连别墅举行了简朴的婚礼，当时玉门油矿的各级领导、工程技术人员、机关工作人员，除孙健初、邹明、翁心源等出国学习外，基本都到场祝贺，并在一张自制的白绢签名录上签名留念。白绢签名录宽41厘米、长28.5厘米，四周花饰为手绘，墨勾线填色，很是精致。从中可看出当年的玉门油矿虽然物质匮乏，但精神生活还是十分丰富的。签名者计100余人，几乎囊括了当年开发玉门油矿的所有组织者和工程技术人员，其中就有卞美年。

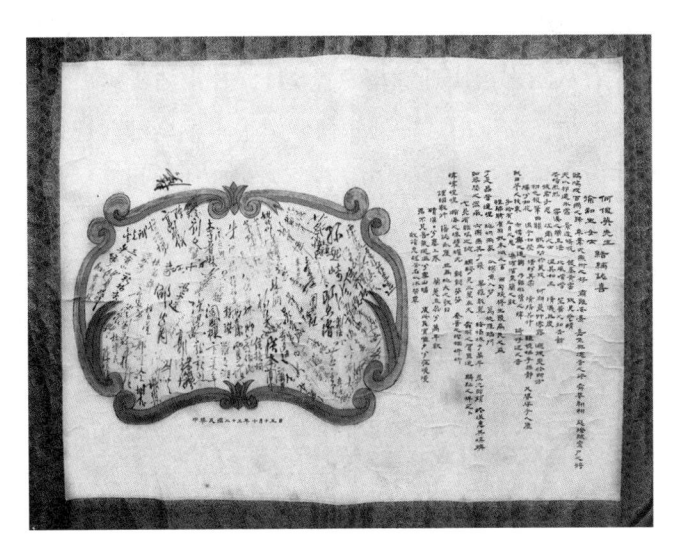

何俊英　徐和生结婚绢帕

1945年11月，我在甘肃油矿局老君庙玉门油矿矿区医院出生，父母为纪念抗日战争胜利，取名"凯民"。因老君庙矿区生活条件限制，12月底，我满月不久，父母因工作调动，乘资源委员会经济部专用飞机全家4口从老君庙直飞重庆。我是被父母放在手提包里提上飞机的，住歌乐山大土

村甘肃油矿局运输处宿舍。重庆歌乐山运输处是抗日战争时期甘肃油矿局最大的后勤、交通、物资储运基地，美制大道奇载重汽车有500余辆，重要战略物资和人员常年往返于甘肃玉门—兰州—广元转运站—重庆歌乐山运输处—云南—滇缅公路，由缅甸仰光（港口）进出海。这也是常年奔走在滇缅公路上物资进出海的一支重要的运输力量。1946年5月，国民政府从陪都重庆迁回南京。6月，甘肃油矿局更名为中国石油公司，歌乐山运输处解体，运输车辆全部西迁组建敦煌石油运输公司。父母随中国石油公司迁住兰州。父亲刘葆楹先后任中国石油公司兰州营业所股长、会计科长、账务科长等职，当时我们一家住在中国石油公司兰州营业所所在地"六六新村"。

1949年5月，玉门油矿邹明经理领导职工开展护矿工作。同年7月，我的父亲刘葆楹奉调从兰州赴玉门油矿任账务科科长，主要任务是协助护矿，对矿区的全部设备物资进行分类统计入账。在解放大军进矿后，交出一份全部、详细的资产状况表，以便于接管人员对物资设备的账务和实物分别清点和接管。9月25日，玉门油矿获得解放。对原有人员实行"原职、原薪、原制度"留用。

新中国成立以后，我的父母亲在石油企业相继转战兰州、西安、成都，续写石油人生近30年，退休养老30年，直到21世纪初叶去世。21世纪70年代以后，儿女们也陆续进入石油工业企业就业、成家，成了第二代石油人。

镌刻在石油河畔的记忆

冀东油田公司　张世德

20世纪80年代末，石油河畔的半山崖上喷冒原油是玉门石油人茶余饭后津津乐道的话题，人们都说时任老君庙油矿矿长的郭敬是一员福将，连老天爷都在帮他。对于石油河畔半山崖上往外喷冒原油的谜底，只有我们这些当事人知晓。这并不是老天爷格外垂恩，而是油田综合治理见到效果。

1986年我从局机关调任老君庙油矿担任副矿长时，正是老君庙油矿原油产量连续多年陷入谷底的困难时期。作为四大油矿之首，老君庙油矿的原油产量占到了全局原油产量的一多半。老君庙欠产，就意味着全油田欠产，对玉门油田的十年硬稳产目标影响严重。在严峻的形势下，局领导对老君庙油矿的领导班子进行了调整，由郭敬担任老君庙油矿矿长，张子铃任党委书记。新班子到任后，我们都感到肩上的担子异常的沉重。经过深入的走访和研究，我们做了三篇"好文章"。

第一篇好文章是对油田注采井网进行重新布局,解决严重失衡的注采矛盾。

我们做的第一项工作就是动员全油矿的工程技术人员和一线员工开展了大面积的油水井普查和地质资料分析,在"大数据"中寻找最为合理的综合治理方案。那个时期,对于原油产量可谓是斤两必争。我们顶住来自各方面的压力对一部分油井进行了转注,通过示踪剂和单井原油含水变化摸清注入水的动态,通过区块油层压力变化情况布局调整井。经过一系列的工作,注采失衡的矛盾得到了改善,石油河两岸的油井产量得到了普遍提升,一些转抽多年的油井再次实现了自喷生产。记得那时的石油河真的成了"石油"河,回收落地油成为机关干部的日常工作之一,在郭矿长和张书记的带领下,200多名机关干部和工作人员一人一把铁锹,哪里有落地油哪里就会出现我们的身影。看着一块块的落地油回收到车上再拉运到总站,人虽然很累,但心里却十分高兴。在连续多年欠产之后,老君庙终于超额完成了局里下达的原油生产计划,受到了局里的表彰和嘉奖。

第二篇好文章是"大锅小吃",充分调动各采油队的上产积极性。

"大锅饭"是一个特定时代的产物,但对人们思想上的影响却是深远的。"干好干坏一个样、干多干少一个样"的思想严重制约了人们的工作积极性。那时还没有"两手抓两手都要硬"的说法,但我们感到不改变干部员工的思想意识不行，于是我们率先出台了"上产单项奖"的激励政策，也就是后来人们形容的"大锅小吃"。在奖金分配的"大盘子"里，超产越多，拿到的奖金份额就越多，欠产则一分钱都没有。到了年底，对于上产单位我们会组织全综合队的干部员工到机关食堂会餐，油矿领导挨着桌敬酒，没有完成产量的单位则只有看的份。这些管理手段放到现在一点都不新奇，但当时对于基层干部员工的激励却是巨大的，影响也十分的深远。

第三篇好文章是解决员工的实际困难，让员工无后顾之忧的投入生产建设。

"户口"问题是当年一个比较普遍的难题。那时油矿的双职工占比很小，老职工基本上是一个人在油矿工作，而妻子和孩子则都是农业户口。没有城市户口就没有粮食供应的定额，不仅夫妻不能团圆，孩子也没有办法招工。记得当时油矿有一大批从部队转业的老职工，孩子都到了十七八岁的年纪，马上面临无法招工的难题。在局领导的关怀和支持下，我们从酒泉地区争取到每年一百个农转非的指标，先后为七百多名老职工解决妻儿老小的户口问题，解除了他们的后顾之忧。我们下大力气改善职工的工作和生活条件，为各综合队翻新了办公场所，建起了职工食堂；在东岗建起了成片的职工宿舍，改善了单身职工的居住条件；加大农场自产肉、食、蛋、禽的供应；定期组织员工参加喜闻乐见的文体活动，满足职工各个层次的精神需求。通过这些工作，油矿

的向心力和凝聚力得到了显著的提高，无论是老职工还是青年职工的工作积极性都空前高涨。

在玉门工作的 20 多年里，有许多事情都给我留下了深刻的印象，但在老君庙油矿工作的这段经历却是镌刻的记忆，永远无法忘记。

（冯玉龙整理）

我和王涛总经理握过手

冀东油田公司　张其会

对于一名工作在基层一线的石油工人来说，能和王涛这么大领导握手绝对是值得珍藏一辈子的荣耀。

记得那是 1991 年 3 月中旬，正在老君庙东山打调整井的我们接到大队领导的指令，要求对作业现场进行高标准的井场建设，并一人发了一套新工服。大队和油矿的领导轮番到井场检查我们的迎检工作。经历过多次检查的我们直觉上感到又有大领导要来检查工作了，而且级别还不低。不知当时是怎么想的，我们几个愣头青在油矿领导检查迎检准备情况时，提出迎检时不统一着装，平时上班穿什么那天就穿什么，这样才能体现出我们的本色，让领导直观地认为我们不是在弄虚作假，经过现场研究，油矿领导采纳了我们的建议。

3 月 21 日，时任中国石油天然气总公司总经理的王涛同志来到我们正在钻井的作业现场。列队欢迎时，我站在队列的第一个，王涛总经理和我们握手之后，站在队列的正前

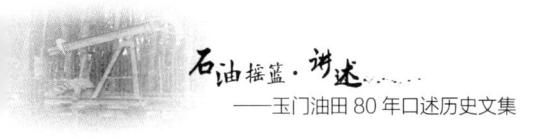

方亲切地说：同志们辛苦了！我们则整齐划一地回答：为人民服务！

那时，我们正值年轻力壮，是工人也是民兵，每年都会进行一次军事训练，所以迎接王涛总经理的视察时，我们自然而然地表现出了军人风范。

欢迎仪式结束后，王涛总经理走上钻井平台，要求我们展开正常的钻井作业。当时我司职老君庙大修队侧钻小队的司钻。在钻台上，我一边手握刹把控制飞旋的钻具，一边回答王涛总经理的提问。看着我们规范而又熟练的操作，王涛总经理非常满意，并鼓励我们快打井、打好井，为石油摇篮的建设做出新贡献。

作为一名土生土长的玉门"石油娃"，从来没想过也不敢想能在自己的工作岗位上见到百万石油大军的最高首长。当王涛总经理出现在井场上时，我们激动的心情可想而知。弹指间快30年过去了，王涛总经理的谆谆教导至今还回响在耳边。

（冯玉龙整理）

我在玉门的深刻记忆

冀东油田公司　吴佩耀

我是1958年从天津石油学校毕业后来到玉门油田的，在玉门工作生活了31年，其中有这么几件事留下了深刻的记忆。

山路遇狼

"文化大革命"期间，我下放到鸭儿峡油矿的电工班接受工人阶级的再教育。记得有一天晚上，47号选油站的供电线路出现了故障。那时，油井停抽可是一件上纲上线的大事。所以电工班班长焦玉科带着我徒步赶到了离矿区大约两三千米的47号选油站，排除了线路故障后，我们又徒步往回走。转过一个山弯后，我平生第一次也是唯一的一次遇见了狼。好在我们是两个人，手中还有手电筒，心里虽然害怕，但脑子还算清醒，人没被吓昏过去。

夜色中，狼的眼睛里闪着绿光和我俩对峙在山路上，我俩是往前不敢走、往后不敢退。后来，我俩用手电筒照着狼的眼睛试着往前走了一小步，狼居然退缩了一下身子。这时，我俩的胆子大了起来，一边大声地喝叫一边往前试探，我们往前挪一步，狼就往后缩一下。最后，狼转身跑进了夜幕中，我俩也是被吓得浑身都是虚汗。第二天到班里说起昨晚的恐怖经历，有经验的老师傅说我俩还好没被吓破胆，要是吓昏或者调头往回跑，百分之百地会葬身狼腹。

"取经"路遇沙尘暴

自鸭儿峡油田建成之后，玉门油田又在酒泉盆地开展了长达二三十年的勘探找油之路。

大约是在吐哈会战前夕，玉门油田决定再次大面积展开酒东勘探。在这一期间，由主管生产的副局长赵熙寿带队，我们一行十余人到腾格里沙漠进行地质勘探的河北队"取经"，我们坐的是4辆"巡洋舰"，那路上的艰辛真是无法言表。

从银川出发后，我们就进入了沙漠地带，不巧的是我们遇到了遮天蔽日的沙尘暴。为了防止车队被沙尘暴吹散出现意外，我们在可视距离里只能缓慢的往前挪动。等沙尘暴吹过之后，车上的挡风玻璃几乎都成了"毛玻璃"，车漆就像砂纸打过的一样。

不虚此行的是,我们取回来的"真经"让酒东勘探少走了许多弯路。

实地踏勘吐鲁番

踏勘吐鲁番是我在玉门留下的最后的记忆。

1986年石油工业部召开局厂长会议,决定将吐鲁番盆地的石油勘探再次交给玉门油田负责。同年10月,玉门石油管理局党委书记王鹏带队,副总地质师王昌桂等一行20余人前往吐鲁番盆地进行实地踏勘。

金秋10月,正是吐鲁番瓜果飘香的季节,但此行给我留下的最深刻的感受就是热,人走在戈壁滩上就像进了一个大火炉,身上的汗就没干过。当然,比之地表温度,我们的心里更热,想想时隔多年之后有希望能在这里找到产量接替,实现玉门油田"二次创业,再现青春"的目标,身上就有使不完的劲。

王鹏书记和王昌桂老总实地踏勘完就返回了玉门,我和其他几个人则留了下来,主要工作就是和铁路打交道。吐哈会战的前期准备工作已全面启动,上队伍就离不开铁路部门的支持,所有勘探设备都需要通过铁路运输。所以,到乌鲁木齐铁路局要车皮就成为我每天的工作,虽然受运力限制车

皮很不好要，通过大家的通力协作，各支会战队伍和设备都如期运抵，保证了会战工作的开展。

1989年1月5日，台参1井喜获工业油流，被誉为当年石油工业的第一支报春花，吐哈会战自此进行实质性的开发阶段。遗憾的是，在吐哈会战进行得如火如荼之时，我接到了冀东油田的调令，于1990年离开了工作31年之久的玉门油田。

今年是玉门油田建矿80周年，感谢玉门油田没有忘记我们这些在玉门工作过的老同志，也借此祝福玉门油田永葆青春！

(冯玉龙整理)

弥足珍贵的地质资料

冀东油田公司　郭治忠

记得那是1986年的冬天,当时我在玉门油田武装部工作,接到一项新的任务,前往新疆石油管理局押运吐哈盆地地质勘探资料回玉门,没想到一路却是那样的艰辛。

玉门油田在吐哈盆地勘探找油的历史可追溯到20世纪50年代。自1958年玉门矿务局组建吐鲁番勘探大队到1965年吐鲁番勘探处撤销,玉门人在吐哈盆地取得了一大批弥足珍贵的地质资料。为期7年的第一次吐哈石油会战结束后,吐鲁番盆地的石油勘探移交新疆石油管理局,第一次会战的地质资料也一并移交给了新疆石油管理局。

1986年初,石油工业部决定将吐鲁番盆地的石油勘探再次移交给玉门油田负责。在玉门油田对吐鲁番盆地进行实地踏勘及与新疆石油管理局就吐哈盆地的石油勘探进行了交接之后,二上吐鲁番拉开帷幕。我随同油田档案馆的同志踏上了西行的旅途。当时是1986年12月,为防止珍贵的勘探开发档案在运输途中出现意外,除了油田档案馆的同志,油

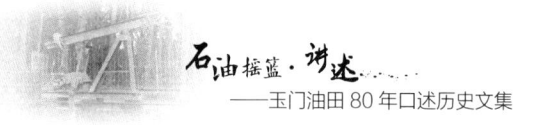

田还配备了两名武装保卫人员，我就是其中之一。

记得那时的天气很冷，我们坐的车辆是一部北京212和两辆东风卡车，一部卡车上还装了来回的燃油。当时的道路情况很糟糕，一路上基本都是沙石路。从玉门到星星峡，几百千米的路程我们走了整整一天，一路颠簸，整个人都快散了架，那可真是又累又饿。那时西行沿途的食宿不像现在那么方便，也没有什么方便食品。好不容易找到了一家饭馆，人家还打烊准备关门，说了半天好话才给我们做了一锅揪面片。吃饱肚子后，我们又连夜赶到了三道岭煤矿，住了一宿之后，第二天早晨5时就启程向乌鲁木齐赶去，不巧的是正碰上翻修国道，柏油路都被推了，车队只能走戈壁滩，一路上吃的那个苦实在是无法用语言来形容。到乌鲁木齐休息了一天后，第二天一大早我们就开始自己装车。为了把十几个大木头箱子装上车，那真的是用人拉肩扛来形容一点都不过分。记得那天乌鲁木齐正在下大雪，可我们穿着衬衣还浑身冒汗，等装好车后，每个人的身上都湿透了。

现在回想起当时的经历，我的心情依然会十分的激动，因为当时每个人都有一种早日拿下大油田的精神支撑，都有一种使命感。早一天把勘探档案资料拿回去，振兴玉门的希望就会早一天得到实现。1989年1月5日，犹如新春的第一支报春花，台参1井喜获工业油流，再一次点燃了玉门人寻找大油田的梦想。

（冯玉龙整理）

玉门八年所经历的实事

大港油田公司　周永生

"苏联有巴库，中国有玉门。凡有石油处，就有玉门人。"一点都没错，可能在玉门的人体会不深，但会感觉到自己的同事、战友不断地在调离玉门。我也是1959年12月25日从玉门调到大港油田的。在我们之前已从供电队调出六名安装电工到大港油田电气队，这次我们六人以运行管理人员的身份调出，至今已有53个年头了。大港是一片盐碱滩，刚去的时候住的都是竹篱笆房，后来发展较快，分别从江汉油田、大庆油田、长庆油田调了7000余人，其中就有不少玉门人，新疆、大庆的玉门人最多，再次证明了"凡有石油处、就有玉门人。"这句名言。虽然只在玉门生活了八年，可这八年使我开阔了眼界，增长了知识，让我终生难忘。

军人变教师

1958年底，我们从南京军区转业，1万余名转业退伍义务兵进入玉门。这些人当兵前都是学生、农民，绝大多数是农民，年龄参差不齐，大都是二十二岁左右，也有二十五六岁的。1959年3月，我被分配到水电厂修配车间，在锅炉维修班当一名维修工人。

在这年龄段的年轻人，身份从军人变成职工，这是极大的转变，要独立自主，要成家立业，要养活父母，要定级考试。大家发现没有文化是不行的，考试不通过就不能升级，玉门石油管理局为此出台了提高新职工文化水准的办法。各单位成立教育科，抽调文化程度较高的职工到管理局创办的师训班学习。我们厂抽调了有初中、高中文化程度的五名基层工人到管理局中坪师训班上学，由黄辉强老师主讲数学。经过三个半月的实训，45人中就我得了100分，我被留下到新成立的教育局当专职教师。因为都吃过文化程度太低的苦，职工上学的积极性都很高。

农场劳动

后来，我成了鸭儿峡油矿的一名变电工。这之前，玉门石油管理局教育系统领导、教育干部组成一个参观团，到嘉峪关酒泉钢铁公司参观、学习。空余的时间参加农场劳动，以改善职工生活及缓解定量不足。我是搞教育也好，当变电工也好，总是被抽调搞农业劳动，如石门子农场（1960年创办）、天生桥农场（1964年创办），我一次也没缺过。当时在天生桥那边搞新型矿区，把来矿家属集中到天生桥劳动，学大庆，盖干打垒土坯房，由我负责设计建造，因为我在部队期间就是搞测量的，有这方面的基础。

我们在石门子、天生桥开的农场均是石油沟峡谷的暗流水源，在此种地，在峡谷滩上扒开一、两米就能取得水源。山中有农民，山下有牧场，这里的自然条件较好，适合开垦农场，水电厂的天生桥农场就在山下，牧民放牧也为我们提供了良好的肥料——羊粪。有地、有水、有肥，我们第一年就获亩产490斤，不知道为什么我们这的白菜长得很高大。

变电所改革

1964年底我被调回变电所，因为变电所要搞运动，即"三摇"：遥控、遥测、遥仪。由清华大学毕业的高级工程师由见欣牵头，经过一年的试运行，效果很好。这样原本六个人三班倒就不需要了，只需留两人看守变电所就可以了。就是这个时候，我被调至大港。

白杨河遇狼

1959年3月7日,我们这些转业军人,全部参加了白杨河管线沟挖掘工作。一个人负责一百米,我排在第一位,两个人之间有很长的距离,几乎看不见。挖了一段时间我觉得出汗了,就脱下外衣,放下时回头一看,一只狼站在离我有30米开外。我当时心想,这地方哪来的这么大的狗,后来仔细一想,才反应过来这不是狗,是狼,是一条饿狼。我抓起一颗鸡蛋大的石头砸它,它不走,仍然看着我,我就拿起铁锹轰它。奇怪的是,你走一点,它退一点,我就彻底将它赶跑免得有人被它伤害。这是我一生中第一次见到一只野生的狼,后来见过很多次狼。当时也流传着对付狼的方法。玉门人说"狼是铜头,铁骨,麻秆腿,狼的腿,一打就折。"我们在戈壁滩上行走的时候一般都带着根白蜡杆棍子,狼群我都不害怕。

冰雪漫漫天山路

吐哈油田公司　熊琢莹

1986年，我在玉门石油管理局办公室档案科担任业务指导工作。当年12月中旬，我们接到了到新疆石油管理局接收20世纪50年代吐鲁番地区石油勘探、开发地质资料的任务。当时，经历了近50年勘探开发历史的玉门油田资源接近枯竭，必须尽快找到接替储量，中国石油天然气总公司把重上吐鲁番展开石油勘探的任务交给了玉门石油管理局。为了保证勘探研究工作如期进行，为1987年开春第一口探井开钻创造条件，我们与司机、武警一行八人，带着一辆北京212吉普车和两辆东风卡车，冒着严寒，从玉门出发了。

第一次从公路开车去乌鲁木齐，大家心理准备都不足。从玉门到星星峡，是柏油马路，没有积雪，比较好走，大家都很轻松。过了星星峡进入新疆境内，公路变得坑坑洼洼起来。汽车在起伏不平的戈壁滩上沿着过往车辙的印痕往前开。我们的吉普车在崎岖坎坷的路上蹦蹦跳跳，不时把坐在后座上的我们颠得跳起来，头碰在车顶的篷杆上。听到我们

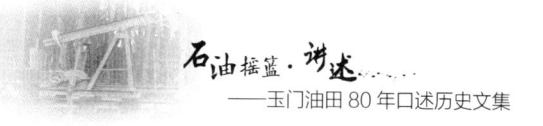

的惊叫,司机张师傅会故作心痛开玩笑地叫:"我的篷杆碰坏了!"车里便响起一片笑声。遇到修路,只好行便道。过往车辆碾坏了戈壁滩上的"石被",汽车开过便卷起黄龙似的虚土,被风一吹,顿时满天黄尘。每逢会车,司机不得不尽量减速甚至停车,以免因视线不清发生事故。

越往前路越不好走。遇到铺路基的地段,行车就更加艰难。戈壁滩上修路比较容易,选好线路,用推土机从两边往中间推,用压路机一压,路基就好了。过往车辆的行驶也可以帮助压实路基,但在上下行车道之间便凸起了一道卵石梁,而且被行车压出的路面凹凸不平,车轮比较小的北京212吉普车常常一头碰到凸起的卵石堆上,或者陷进一个坑里出不来。在车里被颠得前仰后合的我们苦中作乐。有人说,幸好冬天穿得多相互挤着动不了,否则我们非被张师傅像炮弹一样发射出去不可。

车经过吐鲁番时,我们惊讶地看到了严冬里冒着"热汽"的流水;在后沟,我们又更惊讶地发现了冰封雪冻的天山并非一片死寂!在呼啸的北风和纷扬的大雪里,在云雾里壁立的天山像一位身披乳白色轻纱沉睡的母亲,雄伟的博格达峰是她戴着洁白睡帽的头,飞舞的雪花是她飘扬的白发,呼啸的北风是她沉重的呼吸。山谷里河滩上五彩缤纷的灌木丛是她衣带上精心编制的花边,而谷底的流水就是母亲甘甜的乳汁,是她滋养着新疆美丽富饶的土地,哺育了新疆十三个民族的儿女啊。

还没来得及为达坂城外那一株株顽强挺立在严冬雪原上、饱经风霜而伤痕累累的树惊叹，也没来得及到达坂城去寻找大眼睛的长辫子姑娘，就发现我们的车队面临着更大的考验。地面上的积雪被过往的汽车压成一个个的冰包和冰滩。在蜿蜒的公路上，猛烈的北风卷着雪花时而从左、从右扑来，仿佛要把车掀翻；时而又从前、从后扑来，卷起路边的雪尘砂粒抽打着我们的挡风玻璃。我们来到了著名的风口乌拉泊。为了保证安全，车队停下来给卡车轮胎挂防滑链条。车门刚开了一点，一阵风就猛地将车门掀开，被车门带下来的驾驶员被风推着倒退了几步，噎得喘不上气，被随即下车的我们抓住。大家赶紧转身弯腰缩脖，裹紧大衣，喘了几口气，才倒退着挪到车轮边。待大家帮助司机装好防滑链条，搓着冻僵的手艰难地回到车上时，浑身都像是掉进了冰窖。我问衣着单薄的司机小岳冷不冷？他一边打着哆嗦一边说："不…不冷。"惹得大家都笑了起来。车队在玻璃面似的冰雪路上小心地爬行。突然，我们前面的卡车猛地原地转了一圈半，横着冲到路边刹住了。吓出了一身冷汗的我们那提到了嗓子眼的心才放了下来，直呼惊险。

　　到了乌鲁木齐，由于时近年关又人生地不熟，找不到民工，我们只好自己动手装箱、打包、搬运、装车，一个个都累得气喘如牛，汗湿衣衫。回招待所的路上让风一吹，人人都直打寒战。到了晚上，好几个人都感冒发起烧来。为了按时赶回去，我们买了一点药就出发了。

回去的路仍然难走。为了赶路，我们早晨五点钟就起床烤车，赶到沿途不多的几个城市时，早已是华灯初上了。早上，我们饿着肚子出发，赶到一个地方再吃早饭。但是，20世纪80年代新疆的公路边饭馆太少了，我们总是赶不上饭点。一天吃两餐甚至一餐都是常事，而对此估计不足的我们又没有准备干粮，大家就只能饿肚子。这对坐车的人还好说，对开车的司机就难了。何况他们起得最早，休息得最少，在冰雪路开车思想要高度集中，中途还不时要停下来检查或修车，精力体力的消耗都很大。当时国产车里暖气不热、密封不严，大家都感受到了饥寒交迫的滋味，而对司机尤甚。所以当我对着戈壁雪原上那伸向天边的漫漫长路大发感慨说："不到新疆真不知道中国之大"时，张师傅常常要接着加一句，说："尤其是肚子饿了的时候。"惹得大家又是一阵大笑。

更糟糕的是大家的感冒越来越重，尤其是卡车司机张师傅，返程的第二天就发起高烧，不能开车，只好让随队保驾的老司机韩师傅把他换下来。到了三道岭煤矿，大家赶紧排队到煤矿医院去看病、打针、拿药，到汽车修理厂去修车、加油。赶到住宿的目的地哈密已很晚了。

哈密终于到了。地委招待所那明亮的灯光和温暖的房子，热气蒸腾的浴室和路边小店里暖入心脾的"羊肉酸汤揪片子"把饥寒交迫、疲惫不堪的我们一下带到了"天堂"。一夜好睡，第二天又休整一天，大家的感觉好多了。第三天大家安全地回到了玉门，保证了科研工作及早进行。

甘洒热血拓荒原

西部钻探工程有限公司　妥　红

玉门油田位于甘肃省玉门市境内，南依祁连山，北靠戈壁滩，东邻万里长城"边陲锁钥"嘉峪关，西通"东方艺术明珠"敦煌莫高窟。20世纪八九十年代，玉门油田进入开发后期，资源接替上不来，勘探条件艰苦，加上历史原因等因素，玉门油田原油产量不断下降，发展进入了困难时期。玉门油田的原油产量下跌到了历史最低谷。具有多年光辉历史的玉门油田在发展的道路上举步维艰、危机重重。为了摆脱困境重拾往昔风采，玉门石油人确立了以勘探开发为突破口，力争把玉门油田发展得更好、更大、更强。玉门人拉开了大会战的序幕。我有幸参与了这场开发战，成为一名光荣的"会战先锋"。

初踏荒原感温暖

1988年12月我参加工作，分配到了玉门石油管理局地

质录井处地质队。经过处级、队站培训合格后，应组织要求和个人积极申请投身到玉门在新疆找油的大会战。上培训课余时间听老师讲到，石油工业部西北石油勘探会议决定三上吐哈盆地，石油物探局进入吐哈盆地进行区域地震勘探。听到这个消息想着自己即将开启的会战之旅不禁有点热血沸腾起来。新疆鄯善夏季气温超过 40 ℃在 100 天以上，地表温度最高达 83 ℃。凭借年轻气盛的精气神以及石油创业者们传承的"苦干实干、三老四严"石油精神，我一直坚持到了知天命的年纪。当时地质队副队长王志强动员我们新员工积极参加会战，好多人都不愿意参加，大家七嘴八舌说，夏季气温高，冬季寒冷，受不了这样的苦。我当时想，这有什么好怕的？师傅都能在这么艰苦的条件下工作，我们为什么就不行呢？我便拍着胸脯洪亮地喊道："王队长，我去！"接着吴文斌、钟银平也附和着报了名，就这样我们 3 人便踏上了去新疆的火车。车窗外飞驰而过的都是戈壁滩，既荒凉又神秘，我想新疆一定是个神圣的地方，神秘的面纱等我去揭晓！思绪还没回魂火车就到站啦，在新疆哈密站谢继朝队长把我们接到哈参 1 井。

哈参 1 井是哈密地区第一口科学探索井。1987 年开钻，玉门钻井队承钻，承担录井任务的是当时玉门石油地质录井处最先进的法国录井仪 DTC。该设备是 1986 年，我国从法国地质服务公司引进的综合录井仪，它与计算机相连，采集并处理钻井工程各项参数。能够结合录取的地质资料及各项井场参数，齐全准确，判断钻井工况，及时精准发现油气显示。同时，还能对现场录井参数进行综合分析，及时发现异常，确保安全钻井。

  我的岗位是地质工，就是捞取井下返出的岩屑，按照一定的取样间距和迟到时间，将岩屑连续收集起来，进行观察、分析，并综合运用各种录井资料进行岩屑归位，以恢复地下原始地层剖面的过程。通过编制岩屑录井综合柱状图，可较好地把握地下地层岩性变化特征及油气显示情况等信息。记得有一次，我上夜班时，那晚钻得特别快，不一会汗珠子就湿透了我的衣服，我也顾不上擦，进进出出仪器房不知道多少趟，结果第二天就感冒了。当我带病连续坚持上了3个夜班后，何师傅发现了我的不对劲，说："小妥，你脸色发白，走路腿打战，精神特别不好，是不是哪里不舒服？还有点发烧啊？你感冒了吧？"我说是，已经三天了，浑身没劲还发冷。"你后两天不要上班了，我顶你的岗，你快去井队卫生员那里检查一下，吃点药，好好休息休息！"卫生员检查后让我输液，做了青霉素皮试，谁知在青霉素输液到一半的时候，我感觉头越来越昏沉，房子都在转圈圈，突然就一头栽倒在地了。当时把卫生员吓坏了，还以为我是青霉素过敏了，迅速拔了针头，扶我到床上躺下，"你感冒太严重了，身体都虚脱了，必须卧床休息，不能再带病上岗了。"卫生员叮嘱道。随后的几天井队食堂给我开了小灶，准备了病号营养餐，我很快就满血复活啦。回想这件事我深深感触到，有

一个健康的体魄是多么重要，在荒凉的戈壁远离父母兄弟，关键时刻同事们就是你的亲人，互相帮助互相照顾，就连兄弟单位也是充满关爱的，让我在大漠荒原感受到了温暖。

逐鹿荒原显真功

1989年1月5日，台参1井在侏罗系喜获工业油流，被誉为1989年中国石油工业的第一枝报春花，揭开了玉门会战的序幕。在"两新两高"方针的指引下，相继发现鄯善油田、温米油田、丘陵油田等。

在丘东3井，我们小队立足岗位，战严寒，斗酷暑，准确地录取各项资料，及时在非目的层发现了良好油气显示，最终录井解释为油层，为丘陵地区的增储上产提供了有力技术支持，做出了较大的贡献。1992年我获得了玉门石油管理局地质录井处"双文明先进个人"称号。

经过几年录井现场锻炼，我从地质工转换成了综合录井小队长，1995年在李学哲师傅的带领下，承担了玉东1井录井任务。

在玉东1井，我利用DC指数指导钻井安全作业，当钻头钻进到后期，出现岩屑细小、混杂、肉眼识别困难等问题，我便充分利用扭矩曲线特征较好地辨别了岩性。钻头一开始钻遇砂岩时就出现高频、高幅的震荡曲线，并且曲线的振荡频率、幅度与砂岩粒度有密切的关系。随着砂岩粒度由细变粗，其扭矩曲线的振荡频率和幅度有变快、增大的趋势；泥岩曲线表现为小幅度、低频率震荡。钻头使用到后期，扭矩值升高，但曲线频率和震荡幅度减小。在该井的录井作业过程中，我带领小队恪尽职守、精细作业、立足岗位、扎根现场，始终以提供优质的服务为宗旨，充分发挥综合录井各项参数优势，密切配合井队，及时、准确地判断各项异常变化，为钻井安全和油气层发现起到积极作用，累计预报36次，预报率100%，成功率98%，为井队处理异常情况、化解复杂事故争取了时间，避免了多起重大工程事故的发生，圆满高效地完成了该井的录井任务，得到甲方的一好评。

五月的一个清晨，发生了一件让我至今还心有余悸的事情。我刚下早班回到宿舍院里，看到远处另一间宿舍门口的钻工小伙一只胳膊挂在晾衣服的铁丝上，两眼发白，嘴吐白沫。我大呼"有人触电啦！"这时从距离触电者最近的宿舍冲出另一名钻工，抄起手边的一把椅子直接抢在触电者胳膊上，将他和铁丝分开，还好抢救及时，不一会触电者就清醒了。井上的电工师傅第一时间切断了漏电房屋的电源，仔细查找了漏电原因，原来是将晾衣铁丝和住房电线在同一墙体洞口穿过，在不断地摩擦中造成电源线外皮损坏，发生了漏电事故。当年现场没有配备安全监督、钻井监督、录井监督等专职监督人员，员工的安全意识和自我保护意识都不强，各种事故频频发生。这件事情让我明白生命何其脆弱又何其

珍贵，虽然作业现场不大，但是我们每天都会遇到各种各样的安全隐患，每一种都有可能会危及生命。所以必须严守操作规程，加强风险识别，保护好自己的同时守护好属地安全。

1996年5月，由我们小队承录的玉东1井试油成功，传来获日产15立方米的工业油流的好消息。玉东1井的成功勘探发现了吐玉克油田，随后玉1井、玉东2井等探井相继获得工业油流，落实了鲁克沁稠油富集带为一个断块、岩性和地层油藏叠合连片的大型复式油气富集带。玉东1井的出油，唤醒了火焰山下沉睡的"黑金"，拉开了鲁克沁油田油气开发建设的序幕，鲁克沁稠油成为玉门油田上产最现实的领域，为玉门油田原油产量快速增长做出了重大贡献。

无悔荒原忆满怀

1997年，我带领班组承担了玉门柳6井的录井任务。接到柳6井录井任务后，我感觉到了压力，第一次因为工作辗转难眠。柳6井位于玉门油田青西凹陷区块，该区块油藏属裂缝性复杂油气藏，具有地层压力高、钻时快、气测值高等录井难点，加之柳6井的设计井深较深、建井周期较长，井下地层构造和井况都更具复杂性。玉门油田勘探公司对柳6井高度重视。在开钻前我就收集了大量邻井的相关资料，结合地质设计，认真做对比分析，绘制预测地层柱状图；在录井过程中采取"边钻进、边分析、边校正、及时对比"的方法，加强地层对比，克服重重的不利因素。在钻井施工过程中，我以扎实的基本功、强烈的责任心，充分展现了小队管理规范和技术、业务能力强的优势，带领小队与各施工方紧密合作，为甲方提供满意的服务，准确录取了各项资料，精准发现良好油气显示，及时提供多次异常预报，为钻井提速、优化钻井、安全钻井提供了准确的工程参数。资料全准率达100%，均被评为一类资料，受到各方好评。

1997年下半年，玉门油田相继在酒西盆地的柳102井和窿101井喜获高产工业油流，实现了油田近10年来勘探储量零的突破，成为玉门油田产能上台阶的新增长点。2000年，《人民日报》发表了一条令人振奋的消息：玉门油田在青西地区发现了地质储量过亿吨的青西油田。在这场极具历史意义的会战中，我有幸参与其中，有幸成为玉门油田华丽转身的见证者，更有幸努力的付出被认可和肯定，我荣获了2000年玉门油田分公司"会战先锋"称号。青春无悔，无悔青春！无悔曾洒下的汗水和成长的经历，"只有荒凉的戈壁，没有荒凉的人生！"玉门油田——我无悔曾和你一起走过的青春岁月！

(赵小刚整理)

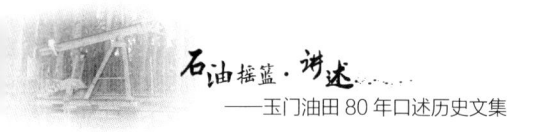

玉门油矿改变了我的人生

东方地球物理勘探有限责任公司　王积发

离开家乡

这是改变自身命运的一天。

两辆很旧的美国产大道奇汽车行驶在兰新公路高台去酒泉的方向，一前一后，在搓板路上颠颠簸簸地前进着，好像它在不断地点头，表示愿意为我们效劳。车后扬起浓浓的黄土，或久久不愿散去像一条黄龙，或随即被风吹向远方消失得一干二净。两辆车上坐着40名年轻人，是酒泉地质大队（地调处前身）在高台通过政府组织考核择优录取的40名学徒工。两名年龄较大的厨师，已近40岁，其他都是20岁左右的小青年，最小的16岁，他叫蒋怀年，是高台宣化乡人，后来他成了副教授。这次离开家乡远去，将改变我们大多数人的命运。

我们各自坐在自己的行李卷上，随着汽车颠簸摇摇晃晃，谁都不声不语，各有所思，考虑着自己的未来。有的人第一次坐汽车，晕车呕吐，不敢向车外看。人和人之间基本互不交谈，一则互不认识，二来车上风大，汽车马达声也大，不便谈话。高台到酒泉150千米走了5个多小时，总算到了目的地。人人都是土头土脸，你看我，我看你，都一个样儿，都需要清洗清洗了。5个多小时前汽车离开高台时，有几个城里青年人的家人到县政府门前送行，有两个青年流下了眼泪，他们的家人也泪眼汪汪。现在到了酒泉不知他们是啥想法？我想，想爹想妈想家是人之常情，尤其是第一次离开亲人。离家时父亲又重复了一遍之前对我的叮嘱："要好好工作，别怕吃苦，多学习，管钱的事别干。"我说记住了。头天晚上父亲还说，"遇到困难哪怕头拱地也要坚持住。"这是一句家乡表示决心的狠话，意思是说哪怕头朝下立着，也要挺住。我背着铺盖卷儿，不舍地向县城方向走去，走出很远了，我回头看见大门口的人还在望着我，有的把手举过头顶打招呼。这是他们对我的厚望。这样走出王家树窝村的人，乡亲们说我是第一个。听到这话，我内心真有点洋洋得意，但也有了压力感。暗下决心我要当一名合格的玉门油矿工人。

这一天我的心情很激动，我的未来会怎样我不知道，但我会努力。

"公家的人"

到达酒泉地质大队，我们被安置在酒泉东大街一个废旧的仓库里住下，没有床铺，地上铺一层麦草，前沿铺一排砖头，都睡地铺，40个人等于睡一个大通铺。我们自己都带有被褥，没带枕头的人，把身上的衣服叠了当枕头。我带了一床红织贡呢白兰花面的被子，一床褥子，新里新面。晚上虽还有点寒气，但毕竟是春天了，加上新新的被褥，心里是暖和的。再就是这么多人住在一起还是头一次，挺新鲜。我想这是不是就叫集体生活？听人说兵营就是这样子的。

来到这里的每一件事都觉得很新鲜。安顿好住处之后，紧接着就给我们发放生活用品。每人发一个白色搪瓷洗脸盆、一条毛巾、一块香皂、两个搪瓷吃饭碗、一双筷子、一只勺子、一个搪瓷缸子，刷牙喝水都是它。深感领导对我们很关心，想得很细致周到，心里暖洋洋的。

第一顿饭是小米干饭，一大锅金黄色小米饭连锅抬到院子里，自己盛饭，排队到另一处每人打给一勺菜。我们这些新来的人和老职工都吃一样的饭、一样的菜。在家吃小米干饭只是为了填饱肚子，习以为常，没有觉得有什么特别。今天的大锅小米饭，大锅菜却觉得又香又甜！顿觉大锅饭好吃。我想这也许和环境变了有关，更与思想有关。

在同一个院子里，四五位大队领导干部另外设有一个小灶火，有一个专职炊事员为他们做饭。据介绍大队长叫吴理真，党委书记叫于跃先。只听说那大队领导和我们高台县县长是一样大的官儿。对这个说法我们新来的只当是老职工骗我们这些人的，把我们当土包子，觉得有点好笑，也太小瞧我们了。他们说这是真的绝对不是搞笑，没有骗你们。我感到很纳闷，心想我们县长管十几万人，你一个大队只有二三百人，怎么能和我们县长比！心有不解，真的是环境变了，一切都和家里不一样了，这里是一片新的天地。

三天以后，组织上给我们新来的这些人发工资。一次发半个月工资二十五万元。全国1954年底进行人民币改革，旧币值一万元兑新人民币一元。实际相当于领到半月工资25元。领导告诉我们半个月伙食费五万五千元，要从工资中扣除。我拿到手的钱是十九万五千元。第一次拿到这么多钱有点像在做梦，高兴极了。我真正成了"公家的人"了！在我们家乡把为公家干事、拿工资的人称为公家的人，都很羡慕。

拿到钱后我留下四万五千元自用，即刻到附近的邮局给家里寄了十五万块钱。寄完钱我鼻子一酸眼泪止不住往下流，邮局的两位同志马上站起来问我发生了啥事，要不要帮忙，我说没事，是高兴。我第一次实现了自己曾立下的志愿：长大要自己挣钱孝敬生我养我的父母和疼我爱我的爷爷。我的爷爷和父母，他们太苦太累了，我亲身感受、亲眼

目睹他们的辛苦，我这一辈子绝不会忘记。让他们过上无忧无虑、富裕幸福的好日子，是我从小就在心里埋下的愿。

寄完钱从邮局出来，我又一次情绪失控，鼻子一酸，眼泪直流，我怕街上的人看见，我就转过身子面对墙壁，控制情绪，定定精神。我在想，我是长大了，还是变小了？回过头看，街上人来人往，我不比他们矮，我真的长大了，我是20岁的成年人了，该是自立的时候了，能挣钱自立养家是应尽的义务。我心里暗暗想：我要感谢玉门石油管理局，感谢高台县人民政府，是组织为我创造了参加工作的条件，我才能成为"公家的人"。我要再接再厉，一定干好本职工作。

第三天家里就收到了汇款，全家人都十分高兴，第一次有了挣公家钱的人了！父亲随即给我复电，嘱咐我好好工作，家里"不指靠你使钱，只望你好好工作。"

这"公家的人"还有一个标志，每人发一个徽章，像解放军那样的徽章一样大小，是一块白布，在条格里印有自己的名字、单位，缝在上衣左侧胸前。老职工的徽章是红底黄字烤漆的金属圆牌，他们和学徒工的区别就亮在大面上。

又长见识了

大队很重视对工人的培训，训期一个半月，大会动员讲形势，小组讨论表决心。

新的一天开始了，要到玉门油矿参观。4月的玉门早上要穿棉袄，比酒泉冷多了。

第一天我们要参观几个地方。第一个是机械厂，很大的厂房，进到厂房各种声音很刺耳，轰隆声、敲击声，还有一些说不上来像什么但钻到耳朵里又很不舒服的那种叮当声。厂房里工人很多，估计上百人，干活的工人有男有女，他们都穿着工作服，油乎乎的。我们进到厂房立刻引起他们的注意，目光一下子转向我们。有的问我们是从哪个县来的，看样子是想找老乡，厂房里干活的工人中没有高台人，想认老乡的人一定很失望。厂房里机器很多，刚进去听到的嘈杂声音就是这些机器发出来的。我们从来没有见过这些东西。走近跟前观看这些机器，都很厉害。一块很厚的铁板放在上面钻眼，像钻木头一样，哗啦一下就钻一个眼，操作师傅说这是钻床。一片凸凹不平的铁块在上面蹭来蹭去立刻变得又平又光滑，和木匠用刨子刨木板一样，操作师傅说这叫刨床。一根很粗的铁棒卡在机器上，高速旋转，吃吃作响，一会工夫就会变成又细又亮的铁棒，操作师傅说这是车床。高速旋转的刀具切削下来的钢丝卷曲如云，柔细如发，耀眼又美丽。我们的一位同行者出于好奇，伸手想拿一条细丝看看，刚拿到手又立刻丢弃，还轻轻"呀"了一声。操作师傅立马停下工作，走过来拉起那人的手看，三个手指都起了血泡。在车间里值班的医生为他上药包扎。原来刚切削下来的钢削丝温度极高，不能用手摸。我们又长见识了。

我们看得眼花缭乱。看了一阵儿后，工厂的一名技术人员把大家集合起来，给我们讲解机器的名称、功能、制造地价格以及什么人可以操作等知识。他说这些叫机床，机床又分车床、钻床、刨床、铣床等，领我们到不同的机床前又仔细进行一番讲解，还让操作工人给我们演示。看着工人操作的现场，我突然就想起来"咱们工人有力量"这首歌，想必同行的人也都有相同的感触，大家眼里都闪着羡慕的光，觉得当个操作这种机器的工人也很不错。听了技术员的讲解，我总算有点明白了，记得上学的时候老师讲过"工作母机知识"，"母机"就是现在看到的这些机床了。在我们那里为什么叫"母机"呢？因为它可以制造各种零件，然后组装成用途不同的各种机器，等于母鸡孵小鸡一样。在学校教我们的老师这样讲，但我们那地方压根儿就没有这种机器设备，老师也未必实地见过真正的机床，学生就更不用说了，一头雾水。但"母机"的叫法我觉得很形象，也很有意思，证明了这些大设备的重要性。20世纪50年代直至70年代，在讲国家实力对比时，我国还曾用"机床拥有量"作为一项重要指标和外国进行对比呢。如今，机床这类设备在国家实力统计中早已被"边缘"化了，最多谈一谈高级数控机床罢了，"机床拥有量"也早已不在实力对比指标之内了。

参观还在意犹未尽时，带队的人招呼大家集合，要到另外一处参观学习。玉门油矿很大，每换一个地方都要坐汽车前往。第二处参观的地方是一个钻井队，在一个山沟里的一块平地上。在老八井旁边高高的铁架子，高大雄伟，上面挂着皮管子，立着一大堆铁管，拉着电线，挂着许多电灯泡。我们根本弄不清楚这些都是怎么回事，只是抬头向上看去时头有点晕。一台发动机轰鸣着空转，在一个高高的平台上有工人在走动，他们满身是泥和油迹，地面上到处是铁管、钻井液、绳索、一大堆黄土，还有石灰，反正是给人一种脏兮兮的不太好的印象。这是我看到井场的第一感觉。井队的同志不停地喊"注意安全。"井队的一位技术员为我们进行了讲解。这位技术员个头不高，圆乎乎的脸庞，胖墩墩的身材，说话不紧不慢。他对钻机各个部位的功能和作用、钻井在油田开发中的作用及重要性进行了讲解。因为当时钻机出了故障在停钻，无法进行演示，这一点很遗憾。这位技术员和工人一样满身油泥。后来得知他叫王炳成，是清华大学1952年的毕业生，学地质钻井专业的，已经当了三年的钻井工。20世纪50年代我在新疆克拉玛依又与他相遇，有过工作来往。1982年下半年在石油工业部举办的高级经济研究班上，我们又重逢，并且分在一个小组里，相处半年，成了"同学"。之后他就到石油工业部塔里木会战指挥部担任党委副书记、指挥，直到退休。1992年我在南疆库尔勒拜访过他。他是一位有学问、有实践经验、脚踏实地干实事、不摆架子、不打官腔的高级知识分子。人的缘分就是这样来回轮流转，想来也挺有意思的。

离开钻井队后，我们又去了一个采油队参观，那里只有

两三个工人在干活。井口立着一根粗铁管子，横着插出两条管子，上面都有阀门。一位工人师傅操着一口浓重的武威话说，石油就从这管子里流到集油站去了。我们不懂集油站是啥。除此以外，没有别人再为我们介绍其他情况，我们待了20分钟就离开了。

汽车又把我们拉到一座砖场跟前，许多人在脱砖胚，都是手工做，泥手泥脚。我们都不理解把我们拉到这个地方干啥？在这里让我们参观学习啥？难不成让我们当烧砖工人？期间也没有人向我们讲解一下，我看也没什么可讲解的，烧砖工们和在家乡看到的一个样儿，烧砖也没有什么技术。我想如果让我脱砖胚烧砖，我可不情愿干。又转念一想，应该不会让我们干这种行当，绝对不会，一定只是让我们来参观一下，开开眼界。

新中国成立前的玉门油矿工人生活区是我们最后的一个参观点。所谓的生活区，是在一条烂河滩里，两面的山崖上一个挨一个的掏了许多窑洞，每个窑洞大约有三四个平方米，里面铺一点麦草，洞口吊一个草帘子，就是宿舍。晚上照明用一个破碗弄点石油，找一截麻绳作捻子点灯。据说工人如厕是用石头垒成一个墙遮挡，或者干脆走远一点就地找个避羞的地方解决。这就是新中国成立前玉门石油工人的生活环境，悲惨、艰苦。

我立刻想起我的一位堂叔，叫王万盛，新中国成立前被抓去玉门油矿当劳工。我想他当时一定是住在那窑洞里，不由得心里难过。为什么要抓人去玉门油矿当工人呢，我们那地方绝大多数人没有文化，不知道外面世界是什么样儿，更不知道去外面闯荡闯荡，因此油矿招工没人去，只有强行抓人去劳动。堂叔家里正好是弟兄两个，都很年轻，这不就顺理成章吗？被抓走一个，还有一个兄弟可以照顾家里。后来堂叔病死在玉门油矿，是什么病都不知道，只通知家属王万盛已经死亡。他死后，家里人，包括他媳妇，没有任何一人去看一看。为什么？因为没钱出路费，又不知路怎么走。玉门油矿也没有任何表示，也没有任何赔偿，全家只有大哭一场了事。这就是当时的现实。我们心想旧社会油矿工人生活在地狱；今天我们刚当上工人就给这么高的待遇，真是新旧社会两重天。

后来，在20世纪60年代困难时期，玉门组织老工人到全国各地忆苦思甜，讲的就是这些事儿。当时对年轻工人的教育意义也很大，对稳定大局起到了积极作用。

参观学习结束后我们乘来时的大卡车，踏上回酒泉的路。从玉门到酒泉是下坡路，汽车走得很轻松。夕阳还没落山就回到了酒泉。

这次的玉门参观，我是大开眼界，见了大世面了。听了不少故事，长了一些知识。以前没见过的见了，以前只听过没见过的，这次也见了。

在一个多月的培训中，还安排我们聆听玉门矿务局杨拯民局长的形势报告和酒泉地委刘长亮书记的形势报告，真是

收获满满。

走向岗位

　　培训结束了，我们参加了酒泉市1954年庆祝五一游行大会后，宣布分配名单。我被分配到202地震队当放线工，队长叫邓敦明，是安徽大学物理系毕业的高才生。工地在白杨河，就在玉门油矿东北方向。从此我们就以物探事业为本，把一生献给了找油事业，从玉门走向新疆、大庆、胜利、辽河、大港、长庆、华北油田，为物探事业献出了毕生精力。

玉门，铁人精神在这里扎根

东方地球物理勘探有限责任公司　董　功

第一次听说玉门，是十来岁的时候。我在小学课本里读到："羌笛何须怨杨柳，春风不度玉门关。"见到照片里的玉门，是在十几岁上了中专以后。我了解到，中国的石油史，是从玉门发源的。玉门有老君庙，有石油河。玉门和她的石油、她的石油工人，对于抗日战争、解放战争和新生的中华人民共和国，有着特殊的功勋和意义。自此，玉门这个名词便在我这个石油新兵的心里扎了根，发了芽，成了梦。

亲眼见到玉门，则是在上班后。这一年，我26岁。随石油物探队伍来到这里，驻扎在鸭儿峡。项目工区，是承载了玉门油田未来新希望的窟窿山。

窟窿山，从未见过的艰险。主测线正好穿越妖魔山，海拔4500多米，山势尤其陡峭，到处都是百仞绝壁，山石风化严重，攀爬艰难。向上爬一步，向下滑半步。有一次，我在陡壁边上检查炮点，突然脚下一滑，身子便沿着山势直坠而下。幸亏没多远一块凸出来的石头挡住，否则不堪设想。

雪线以上，到处是大块的千年冰川。有融化了的雪水，一滴滴汇成溪流，向山下奔去。所过之处，更加滑溜危险。时值春季，大风、沙尘、连绵阴雨时常光顾。收放线、放炮，效率奇低，大家苦不堪言。天气时冷时热，队员们纷纷感冒发烧。可要知道，高原地区的感冒，凶险得很，稍不注意，就会要了人命。

队伍不稳，很多人都想打退堂鼓。我，更不想干了。其实，我之所以想当逃兵，还有一个不能对外人说的原因，就是谈了六年的女朋友分手了。马拉松式的恋爱，以失败告终。年轻如我，愤怒、悲哀、狂躁、苦闷，让我更加寝食难安、无心工作。

"这是什么破工作！"我咒天骂地，"还不如回家当个农民！"

心情不好，工作效率和质量自然差得很多。这天，康指导员来了。

"小董，今儿歇班儿？"

"嗯……"

"走，跟我出去转转。"

"不去！"

"德行，不去也得去！"说着，过来拽上我就出了门。

坐着北京212吉普车一路朝北，向山下奔驰而去。

"康导，咱们去哪儿？"

"去看看铁人。"

"铁人？王进喜？他不是在大庆吗？"

"他老家在这儿。"

"在这儿？"

"那是！玉门可是中国石油人的祖宗。"

"吹！"

"小子，你得看看中国石油史了！"

"没什么好看的！"

话不投机，气氛有点沉闷。渐渐的，柏油路面消失了，取而代之的，则是乡村常见的黄土路，路面越来越窄，越来越颠簸。吉普车密封性很差，被车轮激起的黄土粉尘，钻进车厢，弥漫起腾腾黄雾。

说话间，车子进了村子里，七扭八拐，在一个小院前停了下来。我下了车，站在院子外面的那片修整得平平整整的场地上，双手使劲儿拍打，徒劳地想把落在身上头发上的黄土抖掉一些。

一个再普通不过的西北农家小院。泥垒墙，栅栏门，门边竖着一个再简单不过的木牌。我还依稀记得木牌上的那行字：铁人王进喜故居。

进门，主房是土坯垒的，泥灰屋顶，木门，木窗棂，白纸糊窗，我心里不由一惊：王进喜也当过农民？心头又是一热。铁人也和我一样，从农村出来的！

小院很干净,屋旁有一棵不太高的白杨树,挺拔直立。看上去,年代不是很久远。

"这棵树,据说是王进喜离家前种的那棵树的孙子。"康导说。

我没有接他的话茬,继续前行。我想立刻就进入屋子里面,看看王进喜的老家究竟什么样子。

很让我失望。除了一席土炕,什么都没有!"他人呢?他爸妈呢?他媳妇呢?他孩子呢?"我在心里默默地问。

"他为什么要远离自己的家乡,到大庆那么远的地方去?玉门到大庆,至少也有两千千米吧?"我问康导。

"不止。他先去的克拉玛依,后去的大庆!"

"那不是有上万千米了!"

康导没有回答。

我不禁心潮澎湃。铁人,钢筋铁骨,铁石心肠!他为了石油,更为了国家,连家都不要了!他和他那辈石油人,为国家开发玉门油田,又辗转奋战克拉玛依油田,又支援了大庆油田!经济有了血液的支撑,变得强大了,老百姓们生活也富裕了!

"侠之大者,为国为民。"铁人王进喜,百万石油工人,不正是中国当代的大侠吗!

再回头看看自己,我扪心自问,"董功啊董功,你怎么能只有这么一点格局和心胸呢?"

一阵和风吹来。屋前秀美的白杨树哗啦啦地响，像是在对我述说着这个小院里几十年以前的故事，又像是在思念他曾经的主人，更像是铁人以他那西北汉子的热情与豪爽，热情挽留我们几个来访的客人再坐会儿，多喝点热茶，扯点闲篇儿！

　　"不了，"我在心里默默地对铁人说，"我要回工地，干活儿去！"玉门油田的老老少少，正在翘首以盼，等着我们这个勘探项目的好消息呢！

那是青春吐芬芳

中油测井吐哈分公司 毛万青

玉门油田开发于 1939 年,是中国第一个天然石油基地,至今已经走过了 80 年的发展历程。诗人李季有诗曰"苏联有巴库,中国有玉门。凡有石油处,就有玉门人。"

玉门,石油工业的摇篮,铁人王进喜的故乡,一面中国石油工业的光辉旗帜。"有条件要上,没有条件创造条件也要上。""石油工人一声吼,地球也要抖三抖。"在那个年代,铁人精神不知激励了多少人。

父亲 20 世纪 60 年代响应国家号召来玉门油田工作,我也出生在玉门油田,直到长大成人走向工作岗位也没有离开玉门油田。

1985 年元月我参加工作,当年 18 岁,和我一起参加工作分配到玉门油田钻井处测井站的有 45 人,我们都是石油子弟,是标准的第二代石油人。"测井"这种工作就是用电缆连接各种井下仪器监测地层含油饱和度、油层孔隙度、地层压力等,为油田开发提供第一手原始资料。"测井"被誉为是油田开发的"眼睛"。油田测井工艺复杂，专业性极强。有勘探开发的裸眼测井、随钻监测地层气体的气测、开发油层的射孔、油田后期开发的生产测井等。

我和7名同学分配到随钻监测地层气体的气测队干气测工，能有缘分在一个班的就我们3人，邓文龙、毛丽霞和我。在我的记忆中，鸭儿峡油矿594这口设计井深为4500米的井完钻将近用了一年时间，听师傅们说曾经在甘肃张掖打过一口钻探井，4500米的井用了2年的时间才完井，也许是那时的钻井技术还不先进吧。照片中，身后的仪器就是当时上海仪器厂生产的701F色谱气测仪。

身后仪器为701F色谱气测仪

701F色谱气测仪是固定在由南京汽车厂生产的像交通车一样的嘎斯车上,上井工作时就把仪器车开到井场,直到钻井完毕,才能把仪器车开回基地。完井周期要根据地层的复杂程度和钻井工艺来决定,最少都在六七个月,甚至更长的时间。车内不大的空间就是我们的工作场地。这种色谱仪器精度差,自动化程度不高。印象深刻的就是每次上井工作前,都需要在井架的顶部安装井深显示器的钢丝绳,站在40多米高的井架顶部往下看,井架晃晃悠悠的,男的上去都小心翼翼,更不要说是女工了,小队里胆小的女工根本不敢上井架,都是我们几个男的来做这项工作。上班都是三班倒,仪器连续不断的工作。

录井时,从井底返回地面的泥浆进入泥浆池,收集气体的脱气器就固定在泥浆池里,气体通过脱气器的管线进入仪器进行色谱分析,根据仪器峰值显示的高低来判断油气层位置。夏天还好,玉门油田的冬天野外的气温常常在零下30℃左右,在车里上班就像在冰窟一样,非常寒冷,我们就用棉棚布把仪器车从上到下包裹起来,用这样的土方法保暖,效果非常好。但连接仪器的气路管线裸露在外,经常被泥浆冻住堵塞,只有疏通管线才能保证仪器的正常录井,我们只好不断地上泥浆池疏通气路管线,往往是从头到脚溅一身的泥浆,冻在工作服上就像穿了铠甲。有时候钻井进尺快或是油气显示好,仪器立马崩溃,只好关机,再开仪器时还得重新校验,劳动强度非常大。

油田勘探工作很辛苦,长年在野外工作,几个月才能休一次假,好在那时候年轻,没心没肺的长期不回家也没有牵挂,下了夜班也不知道累,和同事们漫山遍野的到处跑。几年的野外工作,我结交了许多钻井工朋友,他们大多耿直豪爽。那时,野营房刚刚开始装备野外钻井队,一色的绿铁皮野营房,整整齐齐摆放在离井场几百米的比较平整的地方,一间野营房又分为2小间,一小间住2个人,共住4人。在此之前,野外工作住的都是帆布帐篷,一顶帐篷要住五六个人,夏天热的要死,冬天冻得要命。野营房的投用,告别了野外工作使用帐篷的历史,极大地改善了前线职工的生活条件。

为了中国的石油事业,石油工人长期离家别子,极其艰苦,但那时的石油人从不说苦言累。现在想想,那就是石油人艰苦朴素、以苦为乐渗透到骨子里的一种精神。这种精神是身处大城市的人们无法体会和理解的。石油精神代代传承,激励了几代石油人,至今仍然在石油行业发挥着重要作用。

20世纪80年代后期,开采了50多年的玉门油田产量递减,寻找新的油气田成了日渐紧迫的事。1988年,新疆吐哈盆地发现了油气田,我又参加了如火如荼的新疆吐哈石油会战。

新疆吐哈盆地是著名的火州。夏天,新疆鄯善戈壁滩上的气温达60℃。那时没有空调,仪器车里就像是蒸笼一

样,只有一台电风扇,吹出的都是热风。上班时每人都准备一壶8磅的水瓶,但一会就喝光了,我才真正理解了"汗流浃背"的含义,大班人员就不断地给值班的人员送水……我们用701F气测录井仪,克服高温酷暑带来的许多不利因素,取得了新疆吐哈石油会战许多井次的第一手原始资料。想起当年工作的往事,至今让我引以为傲。

20世纪90年代中后期,随着钻井工艺的不断发展,三四千米的井完钻也就3至4个月,701F气测仪在90年代后期已经淘汰,取而代之的是全自动数字化的拖橇综合录井仪。1996年,新疆吐哈油田基地建成,我和许多玉门油田参加新疆吐哈石油会战的职工整体搬迁至新疆哈密。

我在野外工作了6年,1992年因工作需要调到了后勤,个人的工作经历也从侧面反映出油田的发展史。几年的前线工作经历对我的影响是巨大的。每当工作中遇到困难时,我就想起了在前线工作那种克服困难、勇往直前、不怕吃苦的精神,激励着我面对困难,没有任何的惧怕。原来和我在一个小队工作的同事,还有许多人仍然奋战在油田一线。20多年过去了,能坚持下来确实不容易,向他们表示由衷的敬意。

回想起那段艰苦奋斗的创业经历让人唏嘘不已,我作为石油工人的一员为此而感到无比的骄傲和自豪。那种不怕苦、不怕累,团结友爱、以苦为乐的团队精神至今仍然是我工作的动力。

我是玉门人

中国石油共享服务西安中心　范　雯

梦回玉门，那个戈壁滩上的绿洲，那个祁连山下的石油城。在那里，有着我最美好的童年记忆。算起来，已经15年没有再回去了。虽然由于资源的匮乏，城镇搬迁，人员流动，昔日的油城已不复繁华，但是这座城的每一个角角落落都已深深印在心底，印在脑海，印在岁月长河里。

玉门，说大不大，毕竟全市只有两条马路。一条单马路，一条双马路。一个文化宫，一个红绿灯，立在最繁华的十字路口。说小也不小，因为这里有老君庙、鸭儿峡、石油沟、白杨河、单北、青西六个油田，是中国第一个天然石油基地。20世纪50年代产油量一度占全国原油总产量的一半以上，为抗日战争和解放战争做出了特殊贡献。后来，玉门油田更是担负起"三大四出"的历史重任，先后会战大庆，南下四川，跑步上长庆，二进柴达木，三战吐鲁番，曾先后向全国各油田输送骨干力量、先进设备。被誉为中国石油工业的"摇篮"，铸就了铁人精神。

我们石油娃打小就喝石油河的水,从小就对前辈们打井时居住的老君庙山上那些大大小小的山洞充满了好奇。每当学校组织活动,我们都会去老君庙、老一井、油田公园纪念碑瞻仰学习。每天上下学都会路过街心公园矗立着的王铁人雕像,每路过一次都会想起王铁人和那些石油前辈如何克服重重困难,有条件要上,没条件创造条件也要上,奋不顾身制服井喷的英雄事迹。代代石油工人都为祖国建设,为摘掉贫油国帽子的爱国情怀而奋斗终生。不论男女老幼都为自己是一个玉门人而感到油然自豪!

算起来,自从我高中去嘉峪关酒钢三中读书后,就鲜少再回那里去了。但是经常地,都会想起在玉门的那些年。那时候,我家住在三三区,穿过菜市场,穿过林荫小道,穿过一排商铺,就到了玉局二中。真是幸运,在这个学校里面遇到了王晓燕、柴学勇、唐晓玲老师等,好老师,好朋友。如果有机会,真想再见他们一面。因为同学们的父母亲朋基本上都是石油人,所以我们上学在一所学校,放学就回油田家属区,写完作业就结伴去油田公园、纯净水厂公园、技校院子里各种玩耍。打沙包、烤土豆、捉迷藏……玉门城虽不大,但是生活便利,人们的课余、业余生活也都格外丰富。加之大家都是因为石油而从全国各地聚集到一起的,除了上班,一出门大概就能碰上个面对面。所以治安很好,社会清明,加之铁人精神和石油文化的熏陶,人们的素质普遍都很高。每到周末、假期,文化宫就是我们的乐园。孩子们去那里玩耍、学习，父母就在对面的局机关大楼上加班，下班就跟同事结伴去文化宫的音乐喷泉旁边啤酒摊上喝啤酒吃烧烤。那时候音乐喷泉的音乐都放的是萨克斯音乐。至今还记得那种惬意。我上初中时，随着玉门油田整体"下山"，我们家也从海拔2300多米的玉门搬迁到酒泉。此后，因各种原因，我再也没有回玉门。每当听到"回家"这首曲子，思绪就随着旋律飘回了那时的玉门。就会想到那些年在玉门的一些人、一些事、一些景色甚至是一些建筑，心里觉得格外温暖惬意又带着点儿忧伤。

一定是因为从小受到油田文化的洗礼和铁人精神、玉门精神的熏陶，我从骨子里就对中国石油的企业文化有着强烈的认同感和归属感。正是这种情怀，毕业后我也选择成了一名石油人！每当被问及是哪里人，我都满怀骄傲和自豪地说：我是玉门人！毕业将近六年，也曾在加油站加过油，便利店卖过东西，每加出去一枪油，卖出去一样东西，就觉得自己为企业出了一份绵薄的力量。南方40多度的高温，经常一站就是一天，有时还要应付一些无理的顾客。虽然艰苦，但是后来再看着加油磨穿的两双工鞋和黑成沥青似的手套，就觉得特别有成就感。工作六年，在浙江销售公司见证了创业的艰辛，迎上了企业向大数据、智能化发展的浪潮。在西安财务共享中心看到"小铁人"机器人，光听名字就有一种亲切感。其制证、审核之快，认证发票系统、订票、采购平台之智能都让我深刻感受到未来已来！在长庆油田博物

馆里瞻仰前辈们的光荣事迹,又被深深震撼。尽管时代在发展,技术在变革,但是我们石油人不畏艰险、迎难而上、攻坚克难的铁人精神、玉门精神,依然根植在每一个石油人的心中,不可磨灭!

工作多年,依旧会在梦醒时分恍惚觉得自己是睡在玉门那个不大但却异常温馨的家里,对"梦里不知身是客"这句诗词有了些许体味。我想这可能便是所谓的故乡情怀了吧。虽然玉门老城现在已经不复繁荣,但是喝着祁连山雪水长大的我们,依旧奋斗在路上,永远铭记着铁人精神,在石油行业各个岗位奉献、耕耘。凡有石油处,就有玉门人!我也相信,随着时代的变迁和发展,老玉门一定会迎来新的发展机遇,变得越来越好!

脑海中又浮现出夕阳西下时的老君庙,漫山遍野的磕头机镀上了金光,那,便是一代代石油人的金色华年!

1978—1991 玉门记忆

重庆销售公司　马　萍

玉门是我的出生地、我的第二故乡，作为继铁人王进喜之后的第三代石油人，我感到骄傲和自豪。1978—1991这16年，记录了我儿时的幸福时光。玉门是石油工业的摇篮，她是一片承载着光荣与梦想的热土，这里不仅积淀着玉门石油人艰苦创业、自强不息的光荣传统，也传承着石油人献身石油、报效祖国的创业激情。

1978年，我出生在这里。玉门位于甘肃省西北部，坐落在祁连山脚下，海拔2500～3500米，大陆性中温带干旱气候，东西长114千米，南北宽112.5千米，总面积1.35万平方千米。坐火车到达这里之前，看到的是一望无垠的戈壁沙滩。我脑海中这里所有的地名简洁地排列在两条平行线上。鸭儿峡、老君庙、炼油厂、局机关是父辈披星戴月奋斗过的工作场所；西河坝、油城公园曾是我儿时游戏玩耍的好去处；八井、北坪、中坪、三三区、一一区等是住宅区；花海农场、赤金镇、水电厂、被服厂，印象中是种植农副产品

等保障油田内部供应、实现自给自足的大后方；我曾经就读过运输处小学、玉局子弟小学、玉局子中，这些地名我会脱口而出、如数家珍，在它们陪伴我成长的16年时光里，我曾经历了四次搬家、两次转学，作为家中被宠爱的老么，说起父亲，一直令我骄傲不已，我眼中的父亲，慈爱又严厉，晚饭后总是牵着我的小手，边散步边听我讲学校的各种见闻；我的父亲勤奋好学，由一名普通农民身份被招工进入油田当了石油工人，然后利用工友们休息的时间像挤海绵里水一样挤出时间自学高中教材，以高分顺利通过了"文化大革命"后全国第一批成人高考，取得了大学生文凭，又凭实干从一名普通钻井工成为会计，一路成长为干部，用286的老式计算机编制出一套应用广泛沿用至今的财务报表系统。

穿裙子是一种奢望——故乡夏日的凉爽

虽然由于海拔较高不缺日照，但早晚温差大，屋里屋外温差也大，所以穿裙子的机会少之甚少，几乎是一年只有一个月是夏季气温，而一个月只有一周时间可以天天中午穿裙子。记忆中的母亲是个贤惠的石油"家属"，她有一手远近有名的擀面手艺，同乡长辈隔三岔五地到我家和我父亲下棋，就为了蹭吃一口香喷喷的酸汤臊子面，当然，原因还有父亲乃是好客的棋迷，一碗碗细细长长的手擀面、一盘凉拌豆芽、凉拌三丝、一盘猪耳片、一份油炸花生米……简简单单几样下酒菜被母亲分分钟搞定上桌。酒令声、吃棋子声、欢笑声，白酒味儿、凉菜味儿、香烟味儿……成了我童年睡眠里最熟悉的声音、最喜爱的香气。以至于，长大后的我一直拥有在光亮和喧闹的环境中也能酣睡的"特异功能"。印象中，我们小孩子是不被允许在客人面前盘旋吵闹的，我们也非常懂规矩。有一两次大礼拜，由于酒菜的气味太香，一边吞咽着口水一边坚持着不睡觉，等待着父亲送棋友远去的声响，箭步跑到桌前捻几粒香酥的花生米，抿一口辣喉咙的白酒，那个刺激到每一颗味蕾的美味记忆犹新。

粘着油花花的小脚丫——故乡石油河的温暖

20世纪70年代的孩子，多数家中至少都有两个孩子。于是暑假里，大孩子带小孩子是常态。上午，大家伙集体在大树下书写作业，下午组织野炊，地点是西河坝，那里是我们常常光顾的"伊甸园"，充满着冒险和挑战，乐趣无穷。食物是遍布坡上坝下的野果：沙棘、枸杞、马奶子、蒲公英，荤腥野味有烧烤蚂蚱、壁虎、麻雀、草蛇，戈壁沙滩上多的是干枯的天然燃料：骆驼刺、芨芨草。传说壁虎腋下有个红色小书包，因此在享用美食的时候，小伙伴分成了两派，一派不忍心伤害爱上学的小壁虎抗议不吃，一派认为传

说是无稽之谈的大孩子们，后来才知道这是大孩子欺骗小孩子吃独食的伎俩。这都成了童年最纯真美好的记忆。穿过睁着"大眼睛"的白杨树林，转眼已经到了该回家的时候，在西河坝的底部低洼地段，流淌着一条石油河，在落日余晖的照耀下，河水泛着金色的光点，晃得眼睛无法直视，由于走到宽处水流湍急，大孩背起小孩一脚深一脚浅的艰难蹚过河水，到了河对岸的沙滩上时，边听大孩子说起河水有多么温暖舒服，边看着他们鞠一捧灰色的细沙搓去粘在腿上脚上的原油，我那时非常羡慕脚上也能粘上那黑乎乎的东西，因为那意味着我有力量背起比我小的孩子……

借钱买电视——故乡儿时的大事记

我是个乖孩子，正好赶上六年制义务教育制度推行，规定7岁才准入学，我已迫不及待想背起书包学文化，上了半年学前班，放学第一件事就是做作业，吃完饭最大的娱乐就是玩游戏：拍电报、捉迷藏、丢沙包、抓石子、弹弹珠、扇扑克牌……真可谓百玩不厌。1986年冬，我小学快二年级时候，家里买了电视机，爸妈为了我们几个孩子不跑去隔壁阿姨家挤着看黑白电视，借钱买了一台日产"逻声"牌彩色电视机，当时价值750元，从此，我们看完《新闻联播》再出门玩游戏，听见有《一休》《好爸爸坏爸爸》《血疑》这样的电视节目集体进我家看完,又出来继续玩,童年的欢乐时光在极少的电视节目和丰富的集体游戏中度过。自从知道爸妈为了买电视省吃俭用很长时间才还完借款,我更能体谅父母的辛劳,于是我做出了一直坚持不买校服的"傻决定",决心为家里节约钱出一份力,后来父母知道后告诉我家里并不缺买校服的钱。童真多么可爱。

告别玉门

1958年3月,天降大任,一批热血沸腾的石油工人扛起红旗响应党的号召,怀着"我为祖国献石油,把贫油帽子扔到太平洋去"的大无畏英雄气概,一路奔袭到亘古荒原,成为第一代创业者。从此,荒原戈壁上烙上了玉门石油人第一行脚印。然而,由于技术条件和认识水平的限制,勘探没有取得大的进展。10年间打了138口井,只发现了胜金口、七克台两个小油田。石油人仰天长叹:油啊,你在哪里?1983年8月,在克拉玛依召开的石油工业部西北地区石油勘探会议上,新中国石油工业的奠基人、国务委员康世恩呼吁重上吐鲁番。此时玉门人正在为产量下降担忧。玉门作为祖国第一个天然石油基地,1959年原油产量占当年全国产量的50.9%。1985年,年产量不足60万吨,成了全国产量的零头。1986年1月12日,玉门向石油工业部提出"再上

吐鲁番勘探"东山再起，再现青春"，申请得到批准。1989年1月，台参1井喜喷工业油气流，中国石油工业1989年的第一枝报春花绽放西部，从而开创了我国陆上石油工业侏罗系找油新领域。1991年2月，天山南麓，绵延800里火焰山，一场全国性的大会战在亘古荒原开始了。玉门、物探局、长庆、华北、中原的17个油田的45部钻机来了，1.8万石油工人来了，一排排井架立起来了，一个个大罐竖起来了，一股股油流冲出来了，吐哈油田应运而生。玉门石油人吹响了进军吐鲁番、哈密盆地的号角，揭开了吐哈油田神秘面纱。我家随着会战大潮举家搬迁至新疆哈密。我告别了玉门石油子中，来到了哈密石油一中，新学校师资力量雄厚，面向全国招聘老师，数学老师姓杨，曾教过延庆宏志班，他授课深入浅出，教学经验丰富，建立了我学习数学的浓厚兴趣，也让我很快忘记了与出生地和老师及朋友的分别的感伤。

作为吐哈油田的开路先锋，玉门油田干部职工在风沙飞舞、酷热难耐的戈壁滩上，以"铁人"为榜样，发扬"人拉肩扛精神"，走"搓板路"，在天当房、地当床的戈壁上战风斗雪，在严寒酷暑中加快发展，用忠诚和责任，用心血和汗水、用坚韧和无畏，奏响我为祖国献石油的主旋律，写下了"敢叫日月换新天"的新诗篇。伴随着油田的发展壮大，第一批开荒者，引领着一批又一批、一代又一代来自五湖四海的石油大军、知识青年、复转军人、院校学生，不讲条件、不计得失、不畏艰险，执着地践行着"有条件上，没有条件创造条件也要上"的铁人精神，重上吐鲁番，挺进温米，逐鹿丘陵，啃下鲁克沁，挥师三塘湖……打开了一个又一个油藏富集的地下宝库，牵出了一条条奔涌的工业油流，把国家急需的"黑色血液"，从昔日的戈壁深处源源不断地注入共和国的"经济动脉"，以日新月异的发展、翻天覆地的变化演绎着精彩不断的"吐哈传奇"。

我们这一代很幸福，没有经历被国际列强瓜分的屈辱，也没有陷入战乱不止的颠沛流离，更没有经历新中国成立后一穷二白勒紧裤腰搞建设的清贫艰苦。只感受到了国家发展带来的利好：出生在和平国家，享受义务教育，改革开放经济繁荣，就业机会源源不断……我们这一代赶上了共筑中国梦的美好新时代。

路漫漫其修远兮，吾将上下而求索。有人说石油人遍布全国，哪里都有玉门人，石油精神就像黑色的血液滋润着每个石油人心间，我们将继续传承前辈的优良传统，从这里出发，脚踏实地，立足岗位，建设国家，缔造历史，见证未来。让自己像那曾经流淌过自己足间的"黑色金子"在中国梦的阳光普照中发光发热。

和老领导赵宗鼐一同出差的那段往事

玉门油田公司　魏忠贵

这是40多年前的事了,至今回想依然历历在目,难以忘怀。

1976年夏天,甘肃省燃料化学工业局在兰州市红古区窑街煤矿召开企业整顿经验交流现场会。受玉门石油管理局委派,时任局总工程师的赵宗鼐带队,成员由玉门石油管理局计划处马处长、老君庙油矿办公室张主任和我组成,我们一行四人赴兰参会。窑街矿务局位居半山区,是甘肃省大型煤炭生产企业,在当时企业整顿中属省燃化系统的样板。我作为炼油厂代表,也是油田唯一一家代表在大会上作经验交流。会议采取大会发言、小组讨论和现场参观交叉方式进行。玉门油田四人一起居住在一个不足20平方米的房间里,会期为一周,加上来回在路上的时间一共有十多天。我们和赵总一直吃住在一起。赵总的举止言行很有优秀领导的风范,油田艰苦奋斗、勤俭持家的作风在他身上充分体现,而且近距离地接受赵总渊博知识的熏陶和洗礼，对我这个年轻人来说是一次极为难得的传帮带教育机会。

当时玉门油田许多职工的两地分居问题和全国其他企业一样刻不容缓地摆到了各级领导面前，玉门石油管理局党委以前所未有的魄力开办花海农场。会议期间，除了个别时间安排讨论，大部分晚上的时间是自由活动。赵总带着我们看似随意转悠溜达，其实是在窑街煤矿做实地的调研考查。当时窑街煤矿也遇到和我们一样的问题。为解决职工家属分居、探亲问题，在矿区周边的山坡上、沟梁上盖起了一片一片并不整齐的低矮房。赵总带着我们走家串户深入了解察看，询问职工家属的吃住生活，包括粮站供应以土豆、红薯代替部分主粮等情况。对职工切实的家庭困难，赵总不止一次地表达出发自内心的同情。

那时没有电视，在会议空闲时间，包括来回漫长的旅途中，我们总是围在一起，津津有味地聆听赵总讲解油田知识、工作经验，甚至国家的历史、地理，他还时不时地穿插几个引人入胜的小故事。每天晚上10时关灯以后，我们都在各自的床上洗耳恭听，久久不愿入睡。

会议开完了，我们几个就数我年龄最小，我就自然成了代表团里的小秘书。大伙让我请示赵总，乘坐飞机回去，理由一是没坐过飞机，想体验一下，二是想快点回去上班。赵总没有答应，说飞机票要花40多元，火车票只有10多元，我们还是给油田节约一点吧。我问：坐火车，那就给局调度

室打电话，要个小车东站接我们吧。没想到赵总为了节约说不要啦，东站有到南站的通勤车，一样可以回矿区。到了南站总得要个车接一下你吧，赵总又说那里有公交车（当时玉门南站有通往南坪的公交车），我们坐上一样回家，不用要车啦。我的一个又一个的提议都被赵总和颜悦色的否定了，但是我没有一点的愤愤不平，反而感觉是那么的令人心悦诚服。就这样，我们一行四人从南站乘坐公交回到了各自的家里。

  在几十年不同的工作岗位出差无数，唯独与赵总的这次出差让我终生难忘。认真回想起来，赵总那一辈老石油、老领导艰苦奋斗的家国情怀，为国家为油田能省则省，不浪费、不奢侈的思想作风，事事处处、随时随地都能体现出来。他时时为油田发展着想，处处为职工困难考虑，他所代表的这种思想和作风，对我们这一代石油人也影响深远。后来我在不同场合讲过这个故事。宣传赵总的故事，就是宣传由老一辈石油人亲手培植、身体力行的玉门精神。我也为此受益，成为优良传统的传承者。虽然国家经济发展了，人民生活富裕了，但艰苦奋斗的精神不能丢，玉门油田赖以生存发展的好传统要发扬光大，代代相传！

怀念邹明老先生

玉门油田公司　赵莉君

我因参与玉门油田 60 周年矿庆筹备工作与邹明先生相识，与他有了较多的交流。邹明先生最美好的青春年华与玉门油田紧密联系在一起。邹明先生生于 1913 年，毕业于金陵大学工业化学系，在玉门油矿先后任实习员、课长、甘肃油矿局驻美国代表。

1942 年冬，邹明先生任甘肃油矿局驻美代表时，正值第二次世界大战，美国政府为了支援盟军作战，在国会通过了《租借法案》。规定：凡盟国要求美国提供的作战物资和劳务，都可视作租借性质，不需付现。国民政府资源委员会和甘肃油矿局想把玉门油矿奇缺的设备物资挤进租借法案范围内，邹明先生和时任资源委员会驻美国总代表尹仲容先生共同努力克服了重重困难，终于完成了任务。从 1942 年至 1945 年，油矿急需的钻、采、炼设备、配件、仪表、材料等都通过租借法案获得。其中有美国艾迪尔-30 型钻机、高压防喷器、采油树、汽油添加剂四乙铅、真空蒸馏装置、离

心脱蜡装置、达布斯热裂化装置、高压电流表、电测仪器、260辆4.5吨卡车等油矿急需物资，缓解了油矿生产物资缺乏的局面，有力支援了油矿的建设，这一阶段是新中国成立前玉门油矿发展最好最快的时期。

1945年8月抗日战争胜利后，邹明先生奉孙越崎之命，从美国赶回上海，接管由抗战期间日商在上海高桥建立的丸善炼油株式会社、出光油槽部和大华石油联合会社3个单位改组成立的上海炼油厂，并出任厂长。

1946年6月1日，资源委员会中国石油有限公司在上海成立。原重庆甘肃油矿局机关及营运部门重组为该公司的机关，由重庆迁往上海，邹明先生任中国石油有限公司营业室主任兼上海营业部经理，后又任协理。

中国石油有限公司成立后，原甘肃油矿局玉门油矿矿厂、炼油厂改组为甘青分公司，隶属于中国石油有限公司。甘青分公司成立后的主要任务，是负责甘肃、青海境内油田勘探开发和石油炼制，以开发老君庙油田为主。

1948年8月，35岁的邹明先生受命于危难之际，兼任甘青分公司经理。从上海又一次来到了茫茫戈壁的玉门油矿。这时的玉门油矿，由于国民党政府发动大规模内战，交通梗阻，器材运输十分困难，加之货币贬值，物价飞涨，内外部环境极其恶劣。随着解放的炮声临近，玉门油矿的命运成为人们密切关注的重要目标。

1949年3月底，邹明先生到中国石油有限公司上海总部汇报工作，得知老领导资源委员会委员长孙越崎要将资源委员会下属的工矿企业保存下来交给共产党，迎接新中国的解放。邹明先生旗帜鲜明地表态说："我参加了玉门油矿的建设，深知油矿的一草一木来之不易，许多人为油矿的建设流血牺牲，许多人奉献了美好的青春年华，油矿是中华民族的，我一定保护好"。

玉门地处戈壁，保护油矿绝非易事，首先要储存粮食和筹集资金，以保证油矿上万人维持生活。否则，就是一句空话。

邹明先生马上开始行动四处筹集资金。1949年4月13日，邹明先生从中国石油公司上海总部要来第一批黄金，在总公司营业室副主任张英陪同下押运到兰州，交给兰州营业所经理高琨兑换成银圆，又筹购了大量布匹、鞋帽和日用品。

5月初，在邹明先生的努力下，又从总公司要来第二笔资金，由广州送往兰州，邹明先生立即命令全部换成了银圆，并且一边筹集钱款一边做保护油矿的准备。6月1日，邹明先生召开全矿员工大会，宣布从6月起油矿员工工资不发"购物证"，直接发银圆，并重点强调油矿是国家的财富，是全体员工辛勤劳动的结晶，是大家的饭碗，要求大家齐心协力把油矿保护好。7月初，邹明先生又成立了组织严密的护矿队，护矿队设大队、中队和分队建制。甘青分公司为大队，直接受邹明先生领导，具体指挥护矿事宜。矿厂、炼油

厂、工务组分别设中队，既受护矿大队的指挥，又受各单位主管的领导；各基层生产单位设分队，负责组织全体人员参加护矿。

8月初，邹明先生又组织各单位主管制订了玉门矿区、兰州营业部、探勘处在紧急情况下的护矿措施。

8月中旬，邹明先生为再筹资金从兰州到香港，见到了翁文灏和孙越崎先生，汇报了玉门油矿的情况和困难，经过多方协调努力，通过三个渠道筹得资金。一是总公司保险柜现有的金银全部拨给玉门；二是广州营业所现有的油品出售后的油款全部拨给玉门；三是从高雄炼油厂急调一船汽油、一船煤油到广州出售，所得油款全部给玉门。此次共筹得银圆16万余元，金条一批（约合银圆7万余元），共20余万元。此时解放军正乘胜西进，邹明先生冒着战乱的风险，硬是将全部银圆押运到兰州，留下兰州探勘处和营业所员工两个月的工资，沿途在永登、张掖各站分别留给员工两个月工资，将余款全部押运回油矿。1949年4月至9月，邹明先生前后筹得黄金和银圆30余万元。

在玉门油矿解放前十天，邹明先生又从国民政府行政院要回了所欠玉门油矿的军油款1000两黄金。同时，邹明先生还组织人员在武威、敦煌两地抢运存储了几个月的粮食，到玉门油矿解放时，玉门油矿还有余粮一万余担。

为确保油矿设备安全，邹明先生调动护矿队各级组织发挥作用，矿厂组织人员掩埋了钻机等机器设备；炼油厂组织人员用铁桶构筑临时围墙，保证生产不停顿；邹明先生还深入油矿国民党军队驻地劝说，给高炮连和骆驼兵团官兵讲话，讲油矿艰苦创业的历史，讲石油对国家的重要意义。这些工作卓有成效，促使高炮连和骆驼兵团的全体官兵在解放军进驻油矿前宣布起义，为玉门油矿顺利解放奠定了基础。

邹明先生成功地领导了护矿斗争，有效的护矿工作使炼油生产没有停顿，为解放大军继续西进解放新疆提供了油品保障，为解放全中国做出了贡献。更重要的是确保了新中国成立后快速恢复生产。

新中国成立后，时任玉门油矿军代表的康世恩同志说过："别的企业、军代表最感为难的是要筹款给职工发工资，而我们玉门油矿职工吃饭不愁，还有银圆发工资，这对油矿的稳定接收起了重要的作用。"

邹明先生把一个完整的现代石油联合企业交给了新中国、交给了人民。

1999年是玉门油矿建矿60周年，局党委、管理局决定对油田60年的历史回顾总结，组织写作《石油摇篮》一书，我承担了玉门油矿新中国成立前十年两章的写作任务。由于历史的原因，许多事件所存档案资料不全，经过多方努力和邹明先生取得了联系，多次采访了他，虽然老人在"文化大革命"中蒙受不白之冤，在北京秦城监狱度过了七年，但他对玉门油田依然关心、关注，采访的有关问题，他一时说不

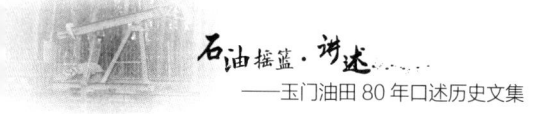

清楚或回忆不起来的，都非常认真的和曾在玉门油矿工作过的老同事交谈、回忆、更正，随后，都亲笔写出寄来。前后提供的书面材料主要有"四五事件真相""甘青分公司时期（1946年6月—1949年9月）""甘肃油矿局派赴美国实习人员情况""新中国成立前玉门油矿进口器材概况"等珍贵的资料，对正确写作玉门油矿解放前的历史发挥了重要作用；也使我对玉门油矿开拓者这一群体有了更多、更深的了解，他们的精神深深感动和教育着我，使我震撼。

当时的中国，洋油断绝，国家正处在"一滴汽油一滴血"的艰难时期，在玉门油矿的主管和技术人员大都是家境富裕、风华正茂、留学美国的年轻人，他们为了中国的石油工业，甘愿舍去名利，放弃大城市优越的生活条件到茫茫戈壁艰苦创业，用知识报效国家，用实业救国。邹明先生身上体现出的旧中国爱国知识分子的奉献精神，值得玉门石油人永远学习和铭记。

在临近新中国成立其他人纷纷撤离大陆去美国、台湾地区时，邹明先生毅然携带大量资金，冒着生命危险返回玉门油矿组织护矿和生产，为新中国的石油工业奠定了扎实基础。邹明先生这种爱矿如家，视个人安危于不顾，甘愿与油矿同生死、共命运的无私无畏精神，值得玉门石油人永远学习和铭记。

邹明先生一生情系玉门，玉门有他年轻时的梦想，有他奋斗的足迹。2008年5月22日邹老因病与世长辞，按他的生前遗愿把一半骨灰安放在玉门老一井旁，永远守护着玉门石油人的精神家园。玉门石油人将会更加努力工作，让他看着玉门油田的前进、发展，玉门石油人将永远缅怀为玉门油田的建设和发展做出贡献的人们。

邹明老先生，玉门石油人永远怀念您！

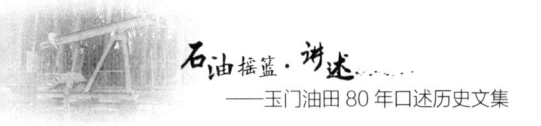

我为玉门领金奖

玉门油田公司　王天林

1983 年经层层申报，国家组织专家评审鉴定，玉门炼油厂生产的 10 号航空液压油最终被评定为国家金质奖。国家金质奖要求非常高，必须具有国际先进水平指标才有入选资格。定于 8 月 20 日在人民大会堂颁奖，由玉门石油管理局派一个人去领奖，经炼油厂党委和厂部研究提名，上报到局里审查后，再报中石油炼化公司审查批准，同意由我去北京人民大会堂领奖。

1984 年 8 月 20 日上午十时，颁奖大会在人民大会堂隆重举行，由谷牧副总理主持大会，田纪云同志代表国务院颁奖，我光荣地登上了人民大会堂代表玉门三万多名石油工人领到了奖牌。下午三时，在人民大会堂宴会厅设宴招待参加大会的代表。我是第一次进人民大会堂，而且坐在前排；第一次上人民大会堂主席台领奖；第一次参加国宴；第一次见到国务院副总理，而且和我握手，发给我们金牌。当晚回到住地，我彻夜难眠，无法入睡。

我们就生产了一些航空液压油，国家就给我们这么高的荣誉，这是对我们玉门石油管理局的奖励，这是对我们玉门石油管理局三万多名职工的鼓励，这也是我们玉门炼油厂二千三百多名职工辛勤劳动的果实。8月26日我从北京回到玉门东站后，厂党委书记赵登鳌、厂长张进家、总工程师徐吉熙、10号航空液压油生产车间主任闵永华全部出动迎接金牌，并在火车东站照相留影纪念。在炼油厂大门口组织了秧歌队载歌载舞，到处都是红旗招展，锣鼓喧天，大家喜气洋洋地迎接金奖牌的到来。看到这种喜庆的场面，回到家里我又彻夜难眠，热泪盈眶，激动不已。我暗暗下定决心，玉门已是开发了40多年的老油田，玉门炼油厂又是玉门石油管理局主要经济支柱单位之一，经济效益不好，我作为炼油厂主管经营的副厂长，一定要管理好炼油厂的经营，千方百计增产节能，降本增效，为玉门发展创收做贡献。经过我和工人们的艰苦奋斗，确实也为党、为单位做出了一些贡献和成绩。1987年4月玉门石油管理局给我立了特等功，给了我很高的荣誉。同时，在《石油工人报》头版头条报到了我的先进事迹，但我认为这应该归功于集体的智慧和力量。

有道是：

往事连连浮眼前，几分辛苦几分甜。

勤劳伏枥艰辛路，热血一腔忆往年。

在玉门东站迎接金牌（左一为徐吉熙、左二为赵登鳌，左三为王天林，左四为张世家，左五为闵永华）

人拉肩扛　为油而战

玉门油田公司　袁智三

我出生于1933年，1954年参军，隶属南京军区，是炮兵的测远距手。1959年，为了支援大西北石油建设，我们一个师转业至玉门石油管理局，从此开始了为油而战的人生。

来到玉门，我被分配到三矿场十九号选油站当采油工，当时的厂长是王思文。刚来的时候什么都不懂，分配什么工作我们就做什么工作，边干边学，晚上有油矿办的培训班可以上课，每天的任务就是巡井取样、收拾井场等。那时候的井场不像现在这样规范，都是原油，衣服穿几个月就洗不出来了，只能丢掉，发的工作服不够穿，只能穿当兵时省下来的四套军装，可还是不够穿。刚开始工作的时候就知道当时的中国石油工业很落后，找油很重要，所以在工作中我们都是拼命在干。听党的教育，听党的话，领导交代的任务，就算是不吃饭不睡觉也要干完。我因为表现比较出色，还获得了采油厂先进工作者的称号。

1962年，玉门油田的大部分修井队伍支援新油田以后，大批需要维护修理的油井因缺少维护而影响产量。这个时候老君庙采油厂成立红专教导大队，我被调至土方修井队任支部书记，当时的口号是"人拉肩扛为油战"。老君庙的K油藏油层较浅，主要都是些浅井，大概井深100米左右。由于缺乏修井动力，修井主要依靠人力。那时候，我们一个队上有不到50人，修一口井一般需要2～3天，工作量很大，时间很紧张。第一天是准备物资，包括前期搬家、立架子、挖绷绳坑等。第二天就开始起油管，全队50余人肩背着钢丝绳，排成一行，将几吨重的油管从井底一根根拉上来，用高压蒸汽清洁管壁内外，冲出结蜡和泥沙。当时用的锅炉车、"三抽"都是玉门油矿机械厂自己制造的。第三天开始往下放油管，油管越接越多，负荷越来越重。这个时候是最危险的，如果有人摔倒就有可能打乱全队的步伐，失去控制，后果不堪设想，所以大家都紧紧背着钢丝绳，就算手和肩膀被磨破了也不会松手。油管放下去试压成功，才代表着我们的一口井作业完成。每修一口井，大家都要背着钢丝绳在井场往返走200多趟。那几年正遇到自然灾害，每个人的口粮都是定量的。修井、采油等重体力劳动者是50斤左右，而我们干部只有28斤，领导还要求我们每个月带头节约两斤口粮。粮食紧缺的情况下，大家基本只能吃个半饱，有的人都浮肿了。可就是这么艰难的时候，大家还是牢牢地握着肩上的钢丝绳，坚守着"人拉肩扛为油而战"的信念。

刚进入修井队的时候，上井架穿钢丝绳，别人不敢上。可是作为党支部书记，我必须以身作则，上到井架的最顶端把钢丝穿在天车轮上，钢丝把手掌上勒的都是血道子，现在还能看到手掌上这些伤痕。在干土方修井的时候，有一件事令我记忆犹新。那是一次靠人拉肩扛起油管的实验作业，正当全队人员鼓足力气拉绳子的时候，突然地轮飞出，在50余人拉力下飞出的地轮，力量可想而知。后来经过检查发现是地车的地锚卡子少上了一个。作业的师傅说，因为没有这样的螺丝了，就少上了一个，以为没问题。我当时还在井架子上，情况非常危险，所幸这是在做实验并没有真的起油管，也没有造成人员受伤，如果在起油管过程中发生，那很有可能引起井喷，后果不堪设想。但这件事给我上了深刻的一课，就是工作中要格外重视安全，缺任何小部件都不行，任何细微的隐患都要检查到，我在工作中也一直践行着这一理念。

回想那几年，自然灾害时期，条件特别艰苦，周围有很多人都离开了玉门，但是我从来没有过离开的想法。我就觉得既然支援了石油建设，就不能变心，遇到困难自己想办法克服，而且周围有那么多人支持我，一定要好好工作，要当标杆，要好好为党、为石油而战。粮食不够吃，我们只能去采骆驼草吃，把骆驼草晒干后用石磨碾碎，然后混在玉米面杂粮面里面吃。粮食不够吃的时候我只能写信向山东老家的家人要，可是等收到信的时候发现信中的粮票被人取走了。

这样艰苦的条件下，幸好有一个我的战友接济口粮，他是修井工，每个月有 50 斤口粮，他就把口粮省下来分给我，他说我们都是为油而战，只是岗位不一样而已。

当时为了能保证原油产量，每周星期六、星期天，所有党员干部都要去收油。那时井场作业后有很多落地原油，我们就用铁锹、铁脸盆、铁簸箕这些东西进行收油。收油时的要求也很高，不能铲到土，也不能收到水，就这样的收油大概持续了一年多。

1970 年后，我又被调至研究院，在那里一直干到 1993 年退休。条件比以前好多了，主要做的工作也是与科研相关，可是我这颗为油而战的心从来没有变过。1993 年，我在研究院退休，退休的生活很好，今年玉门油田也迎来了 80 岁的生日，祝愿玉门油田越来越好。

（薛雅、赵颖整理）

拍"假照片"的故事

玉门油田公司　康东锁

我叫康东锁，今年81岁了，陕西长安人。1957年，我从省农干校下属的畜牧兽医专业学校毕业，原梦想在十里八乡当个兽医师的，但正赶上干部下放的政治形势，学生分配不出去，被集体下放回家等待结果。无奈，我只好当了父亲茶水摊上的一名"小伙计"。志存高远的我，此时心灰意冷，万念俱灰，每天跟着父亲四处游荡赶庙会、买茶水。

1958年的一天，村里突然出现了两个陌生人。原来是玉门矿务局来乡里招人了。那时，我还是头一次听说"石油工人"四个字，感到十分好奇。只听招工的人说，他们那除了发工钱，还管吃管住，发干活穿的衣服。我心里大约算了一下，矿上一个月发的工钱顶一个农民刨一年地挣的工分呢！着实让人心动。

但一家人却围绕我的去向问题发生了激烈的争执，全家人坐在堂屋里的煤油灯下合计了好几回。父亲是个火暴脾气，他第一个跳起来激烈反对，说："在家虽种地，但肯定

能吃饱肚子,而且还有家人照应,至于玉门,想都别想,谁知道那是个什么鬼地方,咱没听说过。再说了,整天与机器打交道,那可是个危险活!"家庭会议的结果,坚持去玉门的只有我孤身一人。但我那时就是"一根筋",任家人百般劝说,我就是"油盐不进"。因为我想,当石油工人,肯定挣钱多。至于那个地方在哪里,肯定在中国,只是咱不知道罢了!为此,我与老父亲先后吵了好几个回合,谁也说服不了谁,一时陷入僵持的局面。那时,我有个堂弟正好在玉门工作,这个节骨眼上写信来叫我过去,说那边不仅能吃饱肚子,还顿顿有肉,出门就坐四轱辘大汽车,可神气啦。我赶紧把信念给父亲听,父亲听着有些心动。他思量,以对自己小儿子的了解,再僵持下去也扳不回来。两天后他对我说:"我想通了,你去玉门吧,出这么长的远门,你可要改改性子,照顾好自己。"我默默地点点头,一时无语,见父亲脸上堆满了皱纹,刚年过五十,头发就像雪染了似的,白了一大半,心里有些发酸,便背过身去,悄悄抹去眼角早已溢出的泪花。

没料到,刚来到玉门没两年,父亲最担心的事还是发生了。1960年,我在玉门石油技校采油班当技校生。5月3日那天,我在鸭儿峡油矿修井队实习,正在井上干活时,意外发生了。一根几十千克重的油管从几米高的井架上砸下来,正好落在我的身上,当时我就从钻台掉下来昏了过去。那时修井条件多差呀,哪像现在,人不站在井台上,只管待在冬暖夏凉的操作室里按电钮，操点心就成，穿着白衬衣就能干活。那时不成，全凭井台上搅着油干，安全上也全看你自己眼神快不快，身手灵不灵。另外，还要看运气好不好。还好，我的命硬，没死，只是骨折，人摔在井台上时，有根胸椎骨断了。但我命大福大，由于那时年轻，身体底子好，再加上医护人员的精心照料，身体恢复得很快。

从"虎口"里拣回一条命，按说我应当十分庆幸才是，但我却怎么也高兴不起来。为啥呢？本来告别家乡，来到风吹石头跑的戈壁滩上，家里人就放心不下，这下出了这么大的事，怎么向家人交代？记得临来玉门油矿时，我与父亲有约在先，那就是我必须一个月向他老人家"汇报"一下在玉门的工作生活情况。这下好了，我受伤躺在病床上，还怎么"汇报"呢？于是给家里的去信明显少了许多。这终于引起了父亲的"怀疑"，他老人家又是托人捎话，又是打电报，问是不是发生了什么事情。每每询问，我都想法搪塞。没承想，父亲干脆打电报说："那就寄张照片回来吧，全家人都想看看你当石油工人的模样。"捧着电报，我傻眼了。那阵我做完手术后，还躺在病床上动弹不得，怎么拍一张让父亲放心的照片呢？

我真是发愁啊，着实琢磨了好几个晚上。一天，我忽然灵机一动，有了办法，用一本解放军杂志盖住被褥上的红十字标志，拍了一张床上"看书学习"照，洗印出来后，赶紧寄了回去。但见多识广的姐姐却从照片上发现了"破绽"，

说只有医院病房里的墙上才有"绿杠杠",你怎么坐在医院的病床上看书,莫非发生什么事啦?为这,父亲也对我寄的"学习"照片提出了"质疑",我胡乱一通解释,算是暂时蒙混过关。后来回家探亲时,老父亲还专门让我扛一袋百斤重麦子,检验我能否扛得起来。所幸,我又一次侥幸过关。

受伤后在医院病床上拍的假照

拍"假照片"的故事是一个"善意的谎言",为的是让远方的亲人放下心中的牵挂。半个多世纪过去了,每每回想起这段经历,对亲人的思念,对工作的挚爱,仍如暖流般从心头涌起。

(郑丽整理)

我们背着钢丝绳修井

玉门油田公司　王茂基

我是1958年从甘肃省武威农村招工到玉门油矿工作的，兴奋和喜悦之情很快就被油田的艰苦生活和恶劣的环境所淹没。

刚来油田的时候，我才17岁。10月的玉门油矿风大气温低，我们一起来的有53个人被安排住进了草坯房，房子四面漏风，不大的房子里放满了铁架子床。我们刚来的时候，都没有铺盖卷，单位想办法给我们找了几床被子。只有被子，没有褥子，怎么办？带我们来的师傅就教我们，把被子一半压到身子下面当褥子，另一半盖在身上，就这样我们住了很长时间。不久，我们就发了棉工服，因为房子太冷了，我们睡觉的时候都不脱衣服，和着衣服睡觉，刚开始不习惯，慢慢地也就能忍受了。

我一来就被分到了运输处管理科工作，一直到1960年。大庆会战开始，玉门油田大量的人员和物资被抽调到大庆，因为大量的人财物去援建，玉门油田的产量、人员也一下紧张了起来，为了保持油田产量，玉门油田内部也开始了上产

会战。1960年3月,玉门石油管理局团委从各单位抽调了108名员工前往老君庙采油厂的干油泉去收油。干油泉这个区域很奇特,就是油层很浅,安装抽油机抽油,它一天没多少油,而且经常抽不出来,但是不抽油的时候,它又自己往外冒油。所以,1960年油田产量紧张的时候,我们就到这个地方去收油。我们108个人,100个男的,8个女的,当时好多人都称我们是"108名收油好汉"。我们在这个地方干了3个月,随后,就被留到了老君庙,弥补前往大庆会战抽调的空缺岗位。

当时,我们在干油泉收油的时候,也看到了我至今难以忘怀的场景——人背钢丝绳修井。当时玉门油田支援大庆会战,几乎把全部的钻修设备都调往大庆,玉门油田没有了修井设备,有些油井就只能处于关停状态,原油产量不太理想。为了恢复产量,就必须要修井,没设备,就只有用人力。油田组建了一支群众修井队,这只修井队是由采油工、机关干部、其他工种,甚至包括后勤部门组成的,大概有五六十人,他们肩扛钢丝绳,排成一排,把近5吨重的抽油杆和油管从井口一根根拉出来,油管有多长他们就得往前走多远,然后把拉出的油管、抽油杆一根根排列好。钢丝绳又粗又硬,修井人员的肩上都被磨得全是血印子,即便这样,也没有人松手,一旦松手,突然少了一份力,大家抓不住,五吨重的油管就会把钢丝绳全部拉到井下,把人全部拽倒,十分危险。

没想到的是,我留到老君庙后开始了修井生涯。我被分到了老君庙二油矿四区队当修井工，这一干就是十几年。可能当时亲眼看到了人背钢丝绳修井的壮烈情景，那一幕对我震撼太大，当修井工以后，无论干什么，和人背钢丝绳修井一比都不算什么。在修井队上就靠体力，设备很少。修井队的这十几年，周围的人也有陆续出去的，上大庆、胜利、江汉、南阳的都有，我当时写申请也想去，领导出自私心，就找我谈话说，已经把好的设备、大部分的精兵强将都调出去了，得留几个能干的，要不玉门油田怎么办呀。领导这么一说，我想出去的火苗也熄灭了，俺就留下来好好干吧！

那时候什么防喷器呀、液压钳呀听都没听说过，修井过程全凭人力，只要一提油管，那连油带水就全部喷出来，淋的满身都是，大家就赶紧到土窝子里滚一圈，用土把油凝固在工服的表面，这样油就不会浸到棉衣里面。当时是三年发一次棉衣、两年发一次单衣，所以衣服很珍贵，冬天井上干活也全靠这身衣服，再黑再脏也是我们修井人的标志。有一次，我干完活，正值周末，队上的车顺路就把我们拉回了家，我站在家门口，我媳妇都没认出我，看着我就问，你谁呀？干什么的？当时我差点眼泪都没掉下来，我媳妇看了半天才认出我来。

20世纪70年代，玉门油田跑步上长庆，开始了陇东会战。玉门油田为了应对人员、设备、物资大量减少的困境，不断号召留在本部的员工艰苦奋斗，并进行上产会战、修井会战以提高产量。我的岗位再次发生变化，调整成了一名调

度，负责调派车辆和人员，这一干又是十几年。在这过程中，我认识了马武林。马武林真的特别踏实能干，他身上的工衣从来不脱，当时他负责看管集油区的收油坝，就一心想着怎么收油。他这份工作也很辛苦，遇到下雨天气，他基本上是不能回来的，就在收油坝上待着，防止雨水把坝冲垮，油流到下面农民的地里，所以这个工作特别操心。我每次负责给他上去送吃的，雨停后再把他接回来。马武林身上的工服就没有干净的时候，成天都在油窝子里收油，他回家从来不坐床和椅子，就坐自己专门的一个凳子。他也从不睡床，不是家人不让睡，是他太"油"了，那时候没条件天天洗，所以他就自己睡一个铁架子床，年年如此。1987年他退休后，仍然返回单位干收油工作，他退休后的三年又回收了3000多吨油。当时老君庙井均产量才0.5吨左右，所以他被誉为"祁连山下一口井"当之无愧。

回望自己的工作生涯，没有遗憾的时候。我刚来油田的时候才拿着30多元钱的工资。1972年，玉门石油管理局对工资进行了一次大的调整，我涨到了60多元钱，涨工资的第一个月还给自己买了一块手表。20世纪90年代，退休金拿到了1500多元，到现在有5000多元，自己很满足。玉门油田经历了一次次的机遇和挑战，迈过了一个个坎坷和困境，如今仍然在拼搏，作为老玉门，我也非常荣耀和自豪，我也很庆幸自己没有离开这片热土。

(周蕊整理)

从抗美援朝到建设油田

玉门油田公司　段兴贵

我是1933年出生，1951年入伍成为一名中国人民志愿军，参加了抗美援朝战争，1958年光荣地加入了中国共产党。

我参加抗美援朝战争时部队给我发了一个瓷缸子，我十分珍惜，一直在用，补了又补，但是缸子上"人民志愿军"几个红色的字迹还是很清晰的。

我是1951年9月参军的，在人民志愿军309部队5师1营1连1排1班。入伍后，我就坐火车从酒泉一路到东北。在来年2月，我们又坐火车到达了朝鲜，在新义州下的火车。

我参加的正是抗美援朝战争第五次战役的第二阶段，这个阶段，我们执行"持久作战、积极防御"的战略方针，以阵地战为主要作战形式，进行持久的积极防御作战，军事行动与停战谈判密切配合，边打边谈。

我们接到的第一个任务是在黑桥火车站旁的山下打一个坑道。那时，白天外面一个人都没有，一到晚上大家就全部出来了，路上人群密密麻麻。后来才知道，这是因为白天美

国人的飞机在到处轰炸。我们一个连6个班,大概不到100人开始挖坑道。当时的工具只有钢钎、大锤、羊镐。我们一班不到20人,每天掘进最快只有1米。接到命令,要为建军节献礼,大家都没日没夜地干。那时支撑坑道的只有木头,一时间山上的树都被砍完了。每天头顶上一直有飞机在飞,外面枪声、轰炸声响个不停。在挖了3个多月后,那座山终于被我们打通了,我们一个高炮部队驻了进来。我们一路前进,不断地挖炮洞、挖坑道,构筑防御工事。

1956年3月,我们来到了东海岸,在那里有座马莲山,听说那时打仗这座山被炮弹炸下去了3米,我还专门爬上山看了一趟,山上到处都是从地下炸出来的树根。在山上,可以看到高瓦山,还有整个东海岸。那年我们踏上了返回祖国的归途,记得坐了三天三夜的火车才来到鸭绿江。

后来,部队让我转业留在黑龙江,如果留在黑龙江的话,我有可能会参加不久之后的大庆会战,但我想念家乡和亲人,便又一路坐着火车到了张掖,辗转回到酒泉。

1956年7月,记得当时地里的麦子黄了,玉门油矿保卫处来了两名同志,叫我去玉门工作,我就跟着他们来到了玉门油矿。那时玉门油矿"百废待兴",许多年轻人和部队转业军人都来到玉门支援油田建设,我遇到了好几个战友。我那时在保卫处警察大队,一边在炼油厂巡路,一边参与修房子、挖管沟、平井场,什么活都干。记得1958年,朱德来玉门视察,当时我就在朱德身旁,负责首长的保卫工作。

那首"玉门新建石油城,全国示范作典型,六亿人民齐跃进,力争上游比光荣!"的题词我还记得很清楚。

我印象最深的是1962年,那时全国都在闹饥荒,油矿也不例外,但是油田建设任务很重,所以要保证油田的生活必备物资,为此,我接到了一个特殊的任务,就是到秦皇岛押粮。到秦皇岛时刚好是正月十五,这些粮食有11个车皮,全都是从加拿大进口的小麦,可想那时的粮食多么珍贵。为了看好粮食,我吃住都在车厢里。当我们的列车经过永登打柴沟时,也就是乌鞘岭那一带,列车要更换刹车瓦,结果一个车皮被落在了火车站。上级让我压着这个车皮,等待下一趟列车。当时我一个人待在车厢里,不敢下车吃饭。特别是晚上,更是提心吊胆,生怕粮食有什么闪失。那时天特别冷,我在车厢里饥寒交迫,直到车站的人了解情况后,找来派出所的人来替换我,我才吃上了饭。后来列车顺利把我押的车皮送到了武威,和大家一起会合。后来玉门油田开垦了自己的农场,种植粮食蔬菜,自给自足,人们的日子也慢慢好了起来。

今年是建国70周年,玉门油田建矿80周年,想想自己经历的那些艰苦岁月,觉得现在的生活来之不易,这些好日子,是多少英雄儿女用鲜血和汗水换来的。我们要不忘先辈们艰苦奋斗的革命精神和铁人精神,更要不忘初心,砥砺前行,愿玉门油田的明天会更好!

(詹文亮整理)

我在玉门油田工作的日子

玉门油田公司　吉荣森

我出生在四川西充的农村,1958年川中会战开始,掀起了支援石油建设的热潮。要想干石油,就得懂石油,玉门油田来村里招工,招工前必须先到玉门油矿的技校学习,我们一批人就这样来到了玉门油矿学习。

培训了一段时间后,我被分配到了老君庙采油厂。我的师傅叫张志心,带了我整整半年,什么知识都给我教,油井、水井怎么管理,井口设备怎么保养,井上出问题怎么判断和处理,我学的也很快,半个月就能独立顶岗。上岗后,我有什么不懂的地方仍然去请教师傅,师傅给我讲得很仔细,有时候,还画图把每个设备的原理、工作方式讲给我听。但是半年后,师傅跟随大庆会战的队伍走了,我很是伤心。

1961年,我工作的地方被更名为老君庙三油矿,我成了10号选油站采油工。三油矿有7个选油站,选油站负责对油气进行分离、计量和储存,然后将原油运输至总站。我们不仅要保证计量准确，安全输送，还要根据产量要求和油井的生产情况，给各个岗位下产量任务，每个选油站管理着二三十口井。后来，随着油田搞自动化，很多选油站都开始了自动计量。

不久，我被调到了老君庙一油矿二区队，一油矿就是负责老君庙西山的油区。这个时候，油矿的很多油井都出现了问题。因为，那时候的玉门油田不仅要支援松辽会战，还有如江汉、胜利等油田也陆续开始会战，而在当时成熟的油田只有玉门，所以理所当然的，玉门要往外输送人才、设备。可想而知，当时的玉门油矿任务有多重，经常一天就好几道调令，人员设备大量外调，但是生产任务却有增无减，加之设备陈旧，整个油田的产量掉得很厉害。玉门油矿很快发现了这些问题，首先就开始加强油水井管理，我们全面地进行油水井普查，每口井去录取资料，每口井单量。然后就是加大岗位责任制检查的力度，岗位责任制就是我们油田创建的。为了提高油井设备完好程度，我们利用工余时间，去到井场上维修保养、擦拭调整设备，铺路平井场。学习教育也很重要，当时为什么产量掉下来，不仅是人员大量外调，各单位的管理也很松散，有一部分原因是玉门油田都忙于其他油田的会战，思想教育放松，人心涣散。所以玉门油田开始加强思想政治教育，白天上班，晚上上课，学习毛主席著作。慢慢地大家都定下心来，虽然人员、设备仍然不

断地支援出去，但留下的人开始踏实安心工作，产量也慢慢回升。

就在20世纪60年代初，油田还开展了"巨龙夺油会战"，搞竞赛、搞比武，采油工就是抓每口井的产量。当时我们一个岗位一年就有一万多吨产量。我们三班倒，每个班8小时工作制，巡井几乎两小时一趟，每次巡井回来就要填写报表，报表要用小楷字体，达不到要求的也必须把字写得整整齐齐。晚上那轮班要从凌晨12时上到清晨7时左右，没有加班费，但是大家干得也很认真。我觉得油井就像人一样，刚开始能量很大，慢慢地随着地层能量变小，产量就会下降，这种时候就要采取措施保持地层压力。老君庙是最早注水开发的油田，能量补充还算及时，自喷井也很多，好的自喷井一天能产100多立方米的液量。老君庙一油矿的领导很讲究规律采油，所以我们也就是3毫米油嘴自喷生产，和后期放大油嘴自喷的衰竭式开发还是很不一样的。

1964年，玉门石油管理局在603岗位召开岗位责任制现场会，推广岗位责任制经验，我们的所有岗位都开始学习603岗位，实行岗位责任制。每个人以每天一口井效率对油井进行保养，早班下了不能回家，要到井场搞卫生，擦拭井口、井架，打防火墙，拔草平路，全部完成以后，要给单位领导汇报，上面会派人下来检查。他们要用手在井口下面来回摸，确定没有油污，才算过关。岗位上还要加强油井资料收集和录取，油井的各项参数准确，才有利于进行上产措施。晚上和周天的时候也要到井场义务劳动。因为我工作细心，所以哪个岗位不达标，矿领导就把我调到哪个岗位，去帮助这个岗位干好工作。有一年，我连着被调了四个岗位，调到最后一个岗位的时候正值年末，我刚到新的岗位，各项工作刚刚展开，岗位考核、产量任务自然都没有达标，结果我这一年的年终奖就没有了。

后来，我被调到了离老一井很近的3号岗位。那是"文化大革命"最厉害的几年，很多工人都不上班，岗位就我一个岗位长，没办法，我就只好住在岗位上，住了好几个月都没离开，所有的工作我一个人全包了。印象最深刻的就是，在一个星期一的早晨，岗位上来了一个人，我一看，这不是赵宗鼐么。由于"文化大革命"，赵宗鼐被下放劳动改造，这一周刚好就在我们岗位上。我们俩就每天同吃同住同劳动，他在岗位上待了一个多星期。赵宗鼐是一个性格非常好的人，什么工作都干，而且干得非常好。虽然短短一个星期，但是从赵宗鼐的身上我学到了宽容、认真和坚强的处世态度。

在玉门油田工作的这么多年，我也会想家。20世纪70年代的时候，我一年只有12天探亲假，一般单位都是让我们攒够两年才能回家一趟。玉门到绵阳的火车得走三天，火车都是硬座，到绵阳后，还得坐半天的班车才能到家，这样

在路上就得辗转三天半,这一个来回就是 7 天。但是家里有父母,所以每次回家还是很激动的。

在玉门油田工作 37 年,回忆起来,有苦有乐,但更多的是幸福,有时候还会再想起我的师傅,后来因为各种原因,我们断了联系,也不知道他是否还健在,如果健在,估计也有 90 多岁了。如今我 80 多岁了,有幸能见证油田 80 年矿庆,这是我当年来到油田没有想到的,这里是培养我、成就我的地方,是我愿意为之奋斗一生的圣地。

(周蕊整理)

我在油矿四十年

玉门油田公司　丁万康

赴外会战三出三进

我今年85岁了，1935年出生于兰州榆中，1955年从培黎学校毕业后分配到玉门油矿钻井勘探处贝乌7队。

建设初期的玉门油矿一片荒芜，生活和工作条件异常艰苦。工人们住的是窑洞房，吃的是黑馒头。那时候，由于交通不便，上下班全靠两条腿走，都是早上上山，下午下班才能下山。于是，工人们常常早上吃上一个馒头，兜里再揣上两个当午餐。寒冬腊月，馒头冻成了"铁疙瘩"，有时候遇到井喷或紧急情况，连续工作十几个小时，连"铁疙瘩"都顾不上吃。我所学的专业是设备管理，由于人员紧张，整个钻井勘探处的设备都由我负责，这是一个技术活，哪里的设备出问题就得往哪儿跑，山沟山顶、东山西山，全都跑遍了。

1956年夏天，玉门油矿发生洪灾，当时正在井上工作的工人们看到形势不妙，使劲往山上跑。我正好在井上工作，看到洪水如瀑布一样直泄而下，我赶紧爬到井架上，才躲过一劫。这次洪灾虽然没有造成人员伤亡，但部分油罐、运输车都被冲毁，经济损失严重。如今回想起那场洪水仍心有余悸，但在当时对工作的热爱战胜了一切。在同一年，319井发生井喷，火打到高达40米井架上的天车上，井架着火，大火着了7天，全国各地调来救援设备，但由于井架太高，救援设备根本无法达到喷射高度，最后井架喷垮后，将火压灭了。不论是洪灾还是火灾，工人们都坚守在工作岗位，石油工人的责任感和使命感让他们寸步不离、时刻坚守。

　　1957年，我调到四川南充参加会战，工作条件异常艰苦，没有固定场地，就像"游击队"一样，井打到哪儿，就走哪儿。1959年，玉门油矿鸭儿峡发现大油田，我和同事们回到玉门油矿，参加鸭儿峡油田的大会战，继续从事钻机的设备管理工作。1959年，玉门油田支援大庆会战，贝乌大队整体参加会战，贝乌和小罗马钻机全部搬迁过去，只剩钻井二队留下来负责调运设备，后来，这支队伍留在了玉门。1966年，我再次参加四川后坝会战工作，1969年调回玉门油矿老君庙采油厂大修队三队，一直工作到退休。在工作的40年里，我像许许多多的老石油一样，恪尽职守、兢兢业业，用一腔热血谱写着新一代石油人为石油事业奉献终

· 436 ·

身的壮丽篇章。也正是靠着这份尽责与奉献，几十年来我荣获了无数荣誉和勋章，先后被玉门石油管理局、采油厂评为优秀共产党员、"双文明"先进个人、职工技协先进个人等称号。这些证书和奖章我都一一保存了下来，与之一起保存下来的，还有那段熠熠生辉的青春印记。

我和王进喜工作的那些年

在我的工作生涯中，有一段抹不掉的记忆，那就是与王进喜共事的那些年。1955年进入玉门油矿后，我被编入贝乌7队，贝乌大队共有7个钻井队，是以当时从苏联引进的钻井设备"贝乌"命名，王进喜是贝乌5队的队长。当时还有另一个以设备命名的大队是"小罗马"钻井大队，两台设备昼夜运转，承担着整个钻井勘探处的钻井任务。当时王进喜是贝乌5队的队长，因为工作原因，他们经常在一起共事。那时候，贝乌5队、贝乌4队、克拉玛依贝乌8队都是全国的标杆钻井队，几个钻井队更是在工作中你追我赶，谁也不想落在后面，王进喜更是如此。当时，30多岁的王进喜，总是穿着一身蓝褂子，腰里扎着一根草绳，一年四季头上总是戴着一顶油腻腻的帽子，一天到晚在井场上"窜"。那个年代，人们对工作的热爱和敬业是异常狂迷，王进喜对工作的热情可以用"不要命"来形容。记得1857年，白杨

河钻机整体搬家,八个拖拉机输送,王进喜在井队一待就是三天三夜,当时作为设备技术员的我劝说他回去休息一下,王进喜说:"回去也睡不着!"就这样,硬是在井场上守了三天三夜。

那时候,只要钻井有问题,王进喜就不回家,困了就躺在井场睡一会,几天几夜不回家是常有的事。尤其遇上井喷,油喷涌而出,将周围的钻井工喷的面目全非,所有人都变成了"黑人",只有两个眼珠子是白的,全队人员几乎都是拼了命地去压井。为了快速搅拌泥浆,王进喜更是一次次地跳进搅拌池,用手搅拌,真的是为了压井,命都不要了。

王进喜是一位了不起的人,他提出的"日上千,月上万,一年打他十五万。""石油工人一声吼,地球都要抖三抖""有条件要上,没有条件创造条件也要上。"的话语,在那个年代,乃至如今都激励着一代又一代石油人奋勇前进,永不退缩!

后来,大庆会战,王进喜以及整个贝乌大队除后援调运设备的人员外全部派往大庆油田,我们也断了联系,后来听一起回来的同事讲,在大庆井场,王进喜又一次一连几天不回家,到家后,房东大娘心疼地说:"几天不回家,不睡觉,就是铁人也熬不住啊!"从此,"王铁人"就这样叫开了,"王铁人"这三个字在全国各大油田成了一种石油精神,他是石油工人的骄傲和自豪。

(李靖整理)

我亲历的中央部委领导调研

玉门油田公司 曾祥文

1970年11月，我在白杨河油矿区当修井工，时年21岁，抽调去参加大批判培训班。11月4日至6日，恰逢任国家计委革委会主任、国家计委主任、党的核心小组组长余秋里带领22位部长到西北考察调研。我有幸跟随陪同，深受启发，感触颇深。

这段往事是翻阅当年的笔记本找到的，没有找到媒体的公开报道。当时正是"文化大革命"最为动荡的时候，许多领导干部被打倒"靠边站"，中央调研组由油矿军管会张忠司令员负责接待陪同，并未通知其他领导干部参加。我当时在玉门石油管理局政治部主任刘志敏负责组织的大批判培训班中当学员，和其他二三十名学员被集体抽调陪同中央调研组。

11月4日早饭后，余秋里带领的中央调研组从专家楼步行到南坪食堂视察，时间约为九时半。食堂供应的主要是小笼包，余秋里一边看一边问食堂负责人，"现在大

家的生活怎么样？粮食都够不够吃？食堂的原料存货多不多？""改善大家的生活你们在这里要做模范，应该艰苦奋斗。"接着询问养猪的情况，指出连队养猪和集体养猪是两回事，"养猪没错，错了我负责。"随后了解玉米、大豆的种植情况，"大豆种了没有？大豆也可以磨面。"一旁的农业部长询问种甜菜没有，说现在国家还很缺糖，可以通过甜菜提糖。余秋里当即对轻工部长说可以给玉门调拨一些榨糖机。

接下来，中央调研组到戈壁庄农场调研。看到田间地头的沙枣树，个别树枝上还挂着没有采摘干净的果实，余秋里对身边的人说，这个就可以利用起来，沙枣可以酿酒，可以办个酒厂。

11月5日，中央调研组上午11时到中午1时听取了玉门市委的工作汇报，下午听取了玉门石油管理局工作汇报。余秋里在讲话中说，玉门是老企业、老基地，担负起培养人才的任务，领导干部要有长远考虑。今后别处发展了，可以抽调到别处。玉门海拔高，氧气少，大家饭要吃饱，睡觉要睡够8小时。

中央调研组马不停蹄，赶往东风油矿4连（老君庙油矿4队）。那时相当大的一部分医疗任务落在赤脚医生头上，许多疾病是靠中医治疗的。余秋里询问医务室的医生草药配置情况，"不能吹牛！有多少说多少，现在工厂、农村治病是个大问题"。他还提出，青海民和、海石湾做过一些前期工作，应该有油，要抓紧勘探，争取突破。"四五"计划期间，老油田要立新功。油矿军管会张忠司令员在总结玉门"大三线"建设时归纳了"五个好"，达成了共识。

11月6日下午的会上，余秋里发表讲话。他说，按照周恩来总理的指示，让我们下来学习，时间少，联系群众就少一点。这次考察调研，牵扯到农业、工业、卫生、技术革新、市场保障等方面。一要狠抓农业，"四五"期间能否解决市局粮食问题，农场现有土地2.1万亩，通过努力后种到3万亩，这样在河西就能解决一个大问题。农业学大寨，可以搞"四化"。以后工矿办农业，人员可能还要少，也可能增加一些新人。在20世纪70年代继续发挥"三大作用"。要区分主次，工业劳动力不能随便乱用，农忙时可以组织工人支援农业。化学工业还要发展，气化装置可以解决穿衣的问题（生产化纤），市局合作搞。毛主席就说过，手中有粮，心中不慌；脚踏实地，喜气洋洋。二是要大造舆论，自力更生。支援会战后，地震队一个都没有，是个问题。大钻机只有一部。1964年以前我还可以批。1964年以后我就不负责这一块了。同时，要抓好革命大批判工作。第三，关于大中专学生问题，政治部主任刘志敏汇报了情况。接受教育好，大中专学生到基层、农村经受锻炼，要抽时间到农村去。农村一亩地产700斤粮食。要搞好整体设计，玉门的设备老而且小，又没有新的投资，生产还要搞上去。希望大家加深思想革命化，一直强调不要搞招待，以后就是土豆、白菜，有这些就开伙。我们不是为了接受招待才下来的，而是为了工

作。除了专家大楼、医院大楼，我看农村和工矿没有多大差别。建议明年在玉门再开一个全国工农业会（次年甘肃省工业学大庆会议在玉门召开），还是老要求，不搞招待，不搞欢迎仪式，不搞照相合影。

结束玉门的考察调研，中央调研组到新疆继续行程。临走时，余秋里指出，反映二级工（玉门当时有个特殊现象，二级工由于调资升级受损失，身份尴尬，人称二鼻子）的问题占到了30%，这是全国性的问题，职工生活人多困难就大，一定要妥善解决。并且对陪同的玉门军管会张忠司令员说，对当前问题要做好综合利用，一个一个地解决。抓紧抓好自制武器，火箭筒质量要过关，光试验不过关不行，鸭儿峡油矿制造炸药的工作也要抓紧。还要抓作风，不要做表面文章。

对中央调研组的这次考察调研，我的领悟颇深。余秋里同志率如此大规模的考察团在西进途中专门到玉门考察调研，最操心的是办好农场，提高职工生活质量的问题。说明中央对玉门的关心，老部长心中时刻装着玉门，没有忘记玉门对中国革命的贡献，没有忘记玉门油田的生产发展，没有忘记玉门的生存，没有忘记改善玉门职工生活水平。党中央一定会帮助玉门克服困难，促进工农业生产。此前10年的1960年7月，在全国最困难的时候，时任石油工业部长的余秋里来玉门视察，发现玉门不是生产问题，而是生存问题，前后干20多天蹲点，重点就抓玉门油田职工生活改善问题，让玉门职工渡过了难关。此次余秋里率考察团考察工农业发展，具有新的特殊意义。

老一辈领导同志的工作作风必须继续和发扬。考察程序是先到基层，先接触群众，了解实情后再听汇报，最后才讲话发指示。就像毛主席说的，"一切结论产生了调查研究之末尾。"这种老八路的作风在今天也符合党中央要求，不招待，不搞欢迎仪式，不搞照相合影，有土豆、白菜就开伙，体现了领导干部勤俭朴实的作风。

（赵治忠整理）

我的机械厂回忆

玉门油田公司　李万保

我是1965年从北京石油学院毕业分配到玉门石油管理局机械厂（以下简称机械厂）。该厂当时有七个车间：抽油杆、抽油泵、机钳、工具、维修、铸造、铆锻；职工不到一千人，主要生产任务是保障玉门石油管理局钻、采、炼设备配件的制造与维修，抽油机虽能制造，当时尚未形成批量能力。因为有第一机械部的"兰州通用机械厂"当时也生产抽油杆、抽油泵和抽油机。玉门石油管理局机械厂的杆、泵、机向外油田供应的就很少，石油工业部给机械厂下达的其他任务也不多。在20世纪60年代末、70年代初，机械厂还成立过一个军工车间（215车间），制造半自动步枪。三年后接上级命令撤销，自制的造枪专用设备和软件资料移缴酒泉军分区。

20世纪六七十年代，中国新油田陆续出现，在玉门油田"三大四出"的大背景下，机械厂也陆续向新油田输送人才。不过当时机械厂的自治修复能力强，每次人员减少造成的影响会很快恢复，但支援陇东会战后，玉门机械厂一分为二，人员和设备几乎分走一半，厂子大伤了元气。

  当时上级要求全局"跑步上庆阳"。分家的原则是：人员要精兵强将，设备要精良好用。搬家的口号是：把方便让给别人，把困难留给自己。在这种情况下，石油工业部、玉门石油管理局给机械厂下达的生产任务没有减少，因为当时石油工业部管辖下的石油机械厂全国只有宝鸡石油机械厂，远远满足不了许多新油田大上快上的需要。虽然玉门机械厂是一个局属小厂，也要为国增光、为党分忧，义不容辞地要分担压力。从那时起，石油工业部下达的任务逐年增加，品种也渐渐增多，比如钻机部件的天车、大钩、水龙头、钻井液泵泵头、柱塞、缸套、导轨、凡尔体、凡尔座、B形吊钳等，还有柴油机用V2-300摩擦离合器片等。不久兰州通用机械厂停止生产杆、泵，石油工业部在"五对口会议"上又将杆、泵的任务压给玉门机械厂生产。当时石油钻机钻井液循环系统急需专用阀门配套，其他厂子嫌批量少不愿生产，部里让玉门机械厂成立阀门车间，阀门的型号和结构自己设计、尽快投产，于是机械厂就形成了"三抽一阀"四种主打产品，并面向全国供应。在20世纪70年代的很长一段时间，阀门车间为全国石油钻机配套，解燃眉之急。当时玉门油田为了提高后期采收率急需一台千型压裂机，石油工业部为了加快地质勘探速度还急需一台震源车，原打算这两台大型设备从国外进口，为节省资金，石油工业部、玉门石油

管理局又将这两个难啃的"硬骨头"都交给了玉门机械厂去啃。面对这样大的压力，全厂党、政、工、团拧成一股劲，提出当时流行的一句口号："上刀山、下火海，脱皮掉肉也要上。"听起来这个口号像在戏台上表演节目，实际上全厂职工、家属付出了相当大的心血和汗水。

首先要把厂子失去的元气尽快恢复起来，全厂上下总动员，边生产边自制设备、自己武装自己，先后自制了一台锻造用千吨水压机、铆焊用剪板机、卷板机、冲压机；电焊机进行了更新改造；炼钢炉、铸铁炉进行了扩容改建；自制、外购了各类产品的质量检测工具和仪器。两年左右，工厂的元气逐渐恢复。千型压裂机、震源车也按期制造成功，并在1978年"全国科学大会"上，玉门机械厂的千型压裂机、"三元共渗"新工艺两个项目双双获得奖状。在抽油泵车间原材料极度缺乏、面临停工停产的情况下，玉门机械厂经常派人到油田井场去搜集、回收旧缸套，运回车间后重新加工、修复，变废为宝，千方百计、保质保量按期完成生产任务。这种精神后来被人赞誉为玉门机械厂的"找米下锅"精神。

那时由于生产任务重，职工加班加点是司空见惯。20世纪70年代初、中期，职工的社会活动还特别多，几乎每天晚上要开会，那时国家还没有双休日，连星期天也要经常加班，有家的职工一段时期连蒸馒头的时间也挤不出，后来局里通知厂部每周三晚上不要安排开会，让职工回家蒸馒头，这很受大家欢迎，人们就把每周三称为"蒸馒头日"。

1971年12月26日,玉门油田自行设计制造的千吨水压机开始试车

在那个年代,一首《我为祖国献石油》的歌曲唱遍大江南北,石油工人怀着献青春、献终身、献了终身献子孙的豪情,克服各种困难要为祖国献石油。当时为了赶任务,职工吃饭、睡觉时间常常被打乱,家里如果有人做饭,往往会把饭送到厂里。农业户职工当爹又当妈,家里有孩子,再忙也得回去做饭,那时家里用的是煤球炉子,做饭太慢,夏天改成吸风灶,烧柴禾,上面双手和面,下面用脚推柴,真正是"手忙脚乱",吃罢饭赶快上班,根本顾不上休息。家属居住

· 447 ·

在离市区很远的厂办农场,刚开始连吃的油都没有,职工每次去农场"探亲"都需带一瓶酱油一瓶醋,一家立两灶,有家不像家,晚上孩子就变成了临时留守儿童。我经常回家太晚,小女儿就被同院周克复师傅的老伴抱回去临时睡下,等我回来再抱回自家。很遗憾,这两位老人现在都不在了,他们在天之灵假若有知的话,我要向他们再次说声:"感谢你们了"。那时我还年轻,只要工作能干好,苦累不算啥。大家的劲头都很足,谁也不甘心落后。那时候加班再多,没有加班费,也没有任何奖金,干得特别好的人可获得各种荣誉奖。

20世纪七八十年代,机械厂职工人数已经超过2000人,车间陆续发展到15个:抽油杆、泵一、泵二、抽油机、阀门、机钳、工具、维修、热处理、铸钢、铸铁、锻工、铆焊、精铸、动力。厂子规模逐渐扩大,生产能力大大提升。回顾几年的艰难爬坡路,有人感慨地说:"一厂分两厂,鸭子上了架"。

当时来机械厂出差的人很多,你来我往应接不暇,订货的、催货的、器材供应商和拉运产品的越来越多,厂里不得不修建一个招待所,招待所门厅若市。

1980年我调出机械厂,在玉门电视大学工作了三四年,后来机械厂要从美国引进整筒泵生产线,又把我调回来参与引进工程。生产线建成并拿到美国API会标后,1989年底,我又调出机械厂。

我亲历的农牧业改革

玉门油田公司　马心瑞

我是 1958 年到玉门油田,至今已经有 61 年了。对当时来油田的情形,我记忆犹新。

1958 年 9 月,玉门油矿勘探公司到我们县招工。当时我所在的民勤县生活并不富裕,去外面找工作是年轻人最好的选择。来招工的单位也很多,但是玉门油田名气最大,当时全国倡议支援油田建设,所以我义无反顾地选择了玉门。我们村还有其他三个人和我一起来到油田。

我们坐着火车,看着一排排的白杨树到了玉门东站。来到油田之前,我们并不知道勘探公司是做什么工作的,过来之后才知道勘探公司就是负责钻井前后的一切事宜。对于能和钻井打交道,我十分激动,不过在正式入职前,我被抽调去炼了三个月的钢铁。

1959 年,我回到勘探公司,被派到装建大队。装建大队专门负责新井的钻前工作,就是推井场、推路、立井架、连接水电等工作。玉门矿区的油区都在山里,几乎没有平整

的路,要想打井,就必须先推路、推井场,但是山里的大石头很多,就得用炮炸。每天早晨,我们根据新井定位,去井场附近打炮眼,等下午工人都回去了,我们就开始放炮,把大石头全部炸碎,然后我们就用小推车,一车一车地把碎石运出去,因为全靠人力,工作效率很低的,平个井场得需要十几天,甚至一个月。然后开始立钻机,钻机要一截一截的组装起来,再找吊车往上吊。那时候吊车、推土机、挖掘机都很少,活很多,大家都忙不过来,所以周日即使休息日,也不能休息。

没过一年,我被调到了玉门石油管理局农牧处。当时是三年自然灾害最严重的时候,玉门石油管理局为了稳定队伍,使大家能够"吃饱肚子搞生产",开始狠抓农副业。当时石油工业部部长余秋里还来到玉门,落实"三硬一软"等措施。玉门油田从各单位抽调了一部分人开始搞农副业。我被调到农牧处就是为了协助筹建农场。当时去了好多人,一部分人到农场种庄稼、种蔬菜、种粮食;另一部分人到山里去放牧、养羊、养牛、养猪。

我们村一起来的四个人关系很好,干什么都在一起,我本来是没有被抽出来搞农业的,因为我学什么东西都快,那时候我已经是我们装建大队的生产骨干。因为我同村的一个同事被抽出来要去搞农业,他不想去,想让我帮忙去给领导说说让他留下来,我就真的去找领导说情。领导说,你们关系这么好，刚好去种地的人还不够，你就陪他一起去吧。结果我就被调到农牧处了。我们刚去种地时间不长，就听其他同事说，装建大队留下的那些人全部支援大庆会战去了。虽然自己没有去成大庆有点遗憾，但是我在玉门，一直都能感受到大会战的气氛，因为那时候全国无论哪里会战，最紧张、最忙碌的永远是玉门。

到农牧处后，一开始我们被分到武威。武威市城北20多千米处有一个叫双城公社高头沟大队的地方，那里有一大片庄稼地，农民不种了，我们就把地租过来自己种，种出来的粮食蔬菜都运回油田。在这里种了一年的地，后被叫回油矿，又去了玉门镇附近的青山农场。这个农场原来是犯人劳动教养的地方，后来荒废了，但是农田很好，我又开始在这里种地，种了一年，又被叫回油矿。这次我被调到面粉加工厂，这个面粉加工厂是油田和地方粮食局合作开的，我们帮忙加工粮食，加工剩下的副产品归玉门石油管理局。刚开始我们是80粉，就是100斤小麦出80斤面粉，其余是麸子，麸子就归我们，这些麸子可以给农场的牲口吃。但是随着要求越来越高，我们开始磨90粉、95粉，到最后就是全粉，利润空间就很小了。

1964年前后，玉门油田开始解决员工长期两地分居的问题，有城镇户口的员工家属可以参与油田工业生产和生活服务，没有城镇户口的家属可以到油田下属的农场干活。我

的妻子带着孩子来到了戈壁庄农场，但是他们这些家属干活是记工分，劳动一天最多给十工分，一工分是一毛五分钱，一天最多可以拿到一块五毛钱，这些钱可以满足一家人一天的生活。周日，我回农场休息，有时候也帮妻子干干活，播种、施肥、翻地、修路、建房子，我每次都觉得下班比上班还累。

改革开放后，玉门油田也开始改革。特别是1983年以后，玉门石油管理局要求各单位所属的农副业要开始自负盈亏、独立核算、多劳多得，并给了三年的过渡期。我当时在玉门石油管理局生活公司，生活公司领导相继找我谈话，让我负责戈壁庄农场，并承诺三年内要是能自负盈亏，就按照产值的10%给我奖励。我接到任务后，压力也很大。到戈壁庄农场后，我考察了几天，把2000多亩地按照优劣划分了几个等级，把人员也按照工作能力分别划分到生产队、机械队、后勤队等，要求员工自行承包土地，年底种出粮食越多，发的奖金越多。能干的人是香饽饽呀，大家抢着要，平时不干活的人肯定没人要。我就给这些干活不太好的人说，你们把等级最低的土地承包了，我要求也不高，人家要种出900斤粮食，你们种出300斤就算完成任务，大家的积极性一下提高了。这样不仅提高了工作效率，劳动力也富余出来，多出来的劳动力我就让他们在外面找活干，种蔬菜什么的，也可以拿出去卖。第一年年底，根据劳动情况，挣的最多家属工拿到了1900元钱的奖金。第二年，我管理的戈壁庄农场就开始自负盈亏，玉门油田履行承诺，按照产值的10%给我奖励了2.3万元，在当时，是很大的荣耀呀。

如今，虽然经历了多次变革和调整，但玉门油田依然在为员工家属提供蔬菜、奶制品，我很开心，我觉得油田为员工做的这些虽然都是小事，但是却很暖人心，油田关心员工家属的初衷没有变，让员工生活得更好的初心没有变。

（周蕊整理）

我和柳 1 井的故事

玉门油田公司 冯玉龙

1983 年,我从玉门石油技校采油班毕业后分配到了鸭儿峡油矿采油三队工作,那一年我 19 岁。

大约是 1987 年初,在队部当办事员的我被队领导派到柳 1 井看井,名义上是让我体验生活,写一篇反映采油人生活的新闻报道,实质上还是一名独自驻外的看井人。

当时还没有青西油田的建制,柳 1 井和西参 1 井由鸭儿峡油矿管理。从鸭儿峡油矿出发,过青草湾和戈壁庄农场后就是一眼看不到头的戈壁。带着简单的行李和一口袋从食堂买来的馒头,一辆卡车把我送到了 20 余千米之外的柳 1 井。按原定计划,我在井上只需待十天,但由于下大雪道路被封,我在柳 1 井独自坚守了半个月时间。

被卡车送到柳 1 井之后,一个四处漏风的板皮房出现在眼前,交接班的老师傅告诉我西参 1 井处于关井状态,驻井管理好柳 1 井就行,白天两个小时量一次油,并嘱咐我晚上最好不要出来，附近可能有狼。他说他在井场周边发现有白色的粪便和爪印。

一个人在戈壁滩上生活十分单调枯燥，放眼四周别说看见个人影，就连鸟都难得一见，那可真是"天上无飞鸟，地上不长草"，每天除了擦拭自喷井口就是平整井场，因为自己不找点活干真的会发疯。上井时带了一台当时十分流行的砖块式录放机，只响了两天就因电池没电而闲置。每天吃的也十分简单，就是把冻的冰块式的馒头放在火炉上烘烤好后吃完了事，吃菜只能是奢望，不说那时没有，就是有自己也不会做。

记忆最深的是快到换班时间时，一场突如其来的大雪将我困在了井上，接班的人上不来，我也回不去。庆幸的是在驻井期间，油矿地面队曾来柳1井进行过地面施工，随行的有厨师，我跟着蹭了两天饭，所以上井时带的馒头还剩余了几个。那时通信还不像现在这么发达，根本就不知道手机是个什么东西，井上也没有安装固定电话，求援只能是一个念头。由于没有野外生存的经验，大约是在上井13天时，最后一个馒头填进了饥肠辘辘的肚子，然后就彻底地断粮了，当时那个饿呀，只能用温开水充饥。就这样饿了两天之后，一辆换班的卡车终于出现在了雪野中，一种死里逃生的感觉油然而生。

从柳1井回来后不久，我就被油矿借调到了党委办公

室，从此开始了长达 30 多年的新闻宣传生涯，后来有幸被《中国石油报》聘请为特约记者。回想起来，在油田工作的 36 个年头里，从进厂当采油工到调到机关工作，一线采油工的经历只有 4 年时间，但就是这短短的 4 年，使我成长为一名合格的石油工人，柳 1 井的驻井经历也成为我脑海中难以磨灭的记忆。

石油儿女走天涯

玉门油田公司　李藻春

1951年，在保卫红色政权、建设社会主义的号召中，21岁的我在家乡甘肃金塔县应征入伍，成为中国人民解放军西北军区公安部队的一员。当时，我已结婚成家，1950年11月大儿子李斌出生。

新中国成立初期，刚刚获得新生、回到人民怀抱的玉门油矿治安形势严峻。结束短暂的新兵训练后，我与抽调来的老兵和干部一起编入公安大队，承担起保卫油矿的任务。1954年转为经济警察。1956年，妻儿经组织批准举家搬往玉门。一年后，长女李萍出生。次年，妻子陶兰英被安排在玉门市糖烟酒公司工作。

1955年我从部队入党，同年被玉门矿务局评为先进个人。翌年，石油工业部产业工人工会成立时，作为玉门代表团的代表赴京出席会议，同行的有被誉为"祁连山下冬青树"的全国劳模郭孟和。尽管过去了半个多世纪，我对当年的荣耀记忆犹新。那是我第一次坐火车，第一次在首都吃到

了涮羊肉。

随着大庆等一批新油田相继发现,玉门油田的职工和设备源源不断地支援新油田建设。1964年我调到炼油厂工作,两个儿女也长大成人在油田就业。

1982年,正是华北油田开发建设初期,我的大女儿李萍在玉门石油管理局运输处当汽车驾驶员,随丈夫调往华北油田,当了一名采油工,成为我们这个家庭首个支援新油田开发建设的成员。如今,已经退休的她,有空总忘不了回娘家来看望我们。

1986年,玉门为找到新的战场,将目光瞄准吐鲁番、哈密盆地,当时我的长子李斌在钻井处当钻工,首当其冲领命出征,随后参加吐哈石油会战,业务整体划转后留在了吐哈油田。

1989年,在地质调查处上班的次子李军,也投入吐哈石油会战,在野外从事地质勘探工作,因表现出色被吐哈石油勘探指挥部授予首届"疆场雄鹰"荣誉称号。玉门—吐哈体制理顺后,单位成建制划归吐哈油田,儿子李军考虑到我们身边没有人照顾,经协调到玉门油田炼化总厂工作,算是为家庭保留了仅有的青壮力量。

2009年,我们老两口已经走过了60年风雨历程。在子女的张罗下,我们第一次穿上礼服婚纱,留下了人生中第一张婚纱照。但由于疏忽,照片上钻石婚错印为金婚。尽管这样,我并不在乎,觉得好着哩!不用改了。金婚也罢,钻石也好，反正 60 年婚姻错不了。

我们退休后，开始了四世同堂的晚年生活。随着通信条件的改善，和孩子们联络越来越方便，电话、微信、视频聊天成了家庭成员交流的主要方式。但是现在年纪大了，听力减退，又不习惯使用助听器，儿女们说，与我们通话就像是在吵架似的。如果有孙子在，就会打开智能手机，让我们和外地的儿女视频聊天。

儿孙都外出工作，只有我们老两口待在家中，智能手机也不会用。我每天都要将报纸翻来覆去看好多遍，到现在也搞不明白印在报纸首页的二维码是做什么用的，总认为白白占用了一块地方。

在玉门油田像我们这样的家庭很多，老石油人为玉门油田奉献了一辈子，子女们又去支援新油田，我们就是玉门众多老石油家庭的一个缩影。

（赵治忠整理）

石油的"种子"

玉门油田公司　　黄桂根

玉门油田，中国首建，阳光风雨，一路成长……"三大四出""五种精神""四个一样"催人奋进。再看当下，百年油田，目标明确，众志成城，奋力前行。我的这首诗叫作《赞玉门》，是为玉门油田80年矿庆写的。

我今年84岁了，能见证油田80岁的生日，我很荣幸。

我的家乡在江苏盐城，由于我从小记忆好、口才也好，经常给村里的人讲课，还有做动员工作。1955年我参军当兵，在南京军区的军事教导营负责给新兵讲课。1959年，随着国家号召支援大西北，我便转业来到了玉门油田。刚到油田第五天，我就被调往吐鲁番勘探处，参与吐哈油田的早期勘探，那时我们在吐鲁番的有3000多人。到了吐鲁番才发现，那里太荒凉了，没有路，到处都是戈壁滩，刮起风来感觉能把人吹走。虽然那时的条件苦，但没有一个退缩的，那时大家都在说越苦才越光荣。我们就在沙漠和戈壁里一干就是4年。

从 1958 年开始，玉门油田在吐鲁番盆地做了大量的地质勘探工作，我们高唱"我们向大地宣战"的战歌，进军吐鲁番盆地，展开了为期 5 年的轰轰烈烈的找油会战。但后来因为支援大庆会战，在吐鲁番盆地找油中止。这也是玉门油田"三上吐鲁番"的第一次勘探，也是玉门油田"三大四出"的雏形。

从吐哈回来后，我来到了老君庙油矿，在注水站工作。那时我们有好几个班，我的这个班让我带几个人干活。由于我在当兵的时候在教导营学了很多知识，我就给我一起的同事经常讲课，提高他们的思想认识，结果他们的工作积极性很高，没有一个偷懒的。再加上我个子高、力气也大，他们干不了的活我都干。当兵的时候我还学会了认地图，每个人都要管 10 多口井，我井位记得特别快。每次到月底，我们班的活都比别的班干得快。

后来，在大庆发现了大油田，我们大家都特别高兴。那时玉门油田领导对中央决策的落实速度特别快，一听说要支援大庆会战，油田上下都行动了起来，出人、出设备，都是把最好的拿出来，玉门油田支援大庆会战的力度很大，大量的人都被调出去了，玉门油田各个部门严重缺人，我记忆好，所以就被调到了油田机关的经营科当会计。

在机关里的好处就是消息很及时，通过报纸我才知道，石油事业真的发展很快，特别是《人民日报》的有关评论、消息，有关石油的相关消息特别多。大家对中央的决策很

关心，每人都有一个小册子，大家都在学习理论、学政治。再后来，又陆续发现了胜利、长庆、南阳、华北等好多大油田。特别1970年，玉门油田根据石油工业部的要求，在"跑步上庆阳"的口号中，迅速集结队伍、人员和设备，无条件地征战陇东，全力以赴保证长庆石油会战。本着要啥给啥的原则，玉门石油管理全局端出了所有家底。要人给精兵，要设备给最好的，当玉门的发展与陇东的需要发生矛盾时，要优先满足陇东的需要。玉门油田的4个地震队，人员和设备全部调往庆阳参加会战。井下处敞开大门，将占全处60%的272台设备运往庆阳。运输处几乎全盘端走，289台机修设备上了庆阳，仅卡车就是149辆，还配备了足够的汽车修理人员。机械厂整建制地搬迁车间，运走车、铣、刨、搪各种机床钻床187台，器材总库仅存的16套采油树全部拉走。玉门油田1300多人的油建队伍，只留下200多人，其余的人连同机械设备一起赶赴陇东参加会战。职工医院调去医护人员176人，组建成战区最早的野战医院。

"有三调二只留一，走好留差不埋伏，独一无二宝贝蛋，自己不留给庆阳。"这首打油诗形象地说明了当时的情况。我们发扬大庆石油会战的传统和艰苦奋斗的精神，在短短几年内，使长庆油田成为我国西北地区的重要石油天然气生产地，展现了石油摇篮无私奉献的玉门风格。

1990年，玉门石油人又发现了吐哈油田，大家就又一股脑地上吐哈会战。我想起了最早我们上吐哈的情景，真是感慨万分。玉门油田全力以赴保会战，把困难留在老区，方便送往新区，急新区所急，想新区所想，供新区所需，父送子、妻送郎，夫妻双双去会战的情景随处可见。玉门油田倾尽家底，在人力、物力、财力严重不足，经济形势十分严峻的情况下垫付资金，抽出优良设备和生产技术骨干赴疆参加会战。在我工作的那些年里，一个一个的大油田被发现，玉门石油人东奔西走，为全国油田的建设立下了汗马功劳。如今，玉门油田已经走过了80年，而且油田的发展也越来越好，这要感谢国家的政策，要感谢一代代奋斗的玉门石油人。

玉门油田的艰苦奋斗、为油拼搏的精神很宝贵，那都是玉门油田从领导到工人，一辈辈传下来的，有了这些精神，才让石油摇篮的"种子"遍地开花，才让我们成了石油工业的摇篮。你们一定要把它传承好、发扬好，这是我们石油事业的根。

（周蕊、詹文亮整理）

挥之不去的记忆

玉门油田公司　郁子良

17岁那年,我来到玉门油田大修厂当了一名油泵工。第一次见到师傅,望着他那又瘦又小的身材,心里就想,他未必是个能干的人。

过了不长时间,我见许多一起进厂的人都能单独顶岗了,心里非常着急,跟在师傅身后问这问那。师傅看我有心学习,便手把手地教我。一次,师傅让我单独上试验台校对V2—300柴油机油泵的供油量,两个多小时过去了师傅问:"校对怎样了?""差不多。"我说。"差不多到底是多少?"师傅一下火了。"记住,油泵是柴油机的心脏,一丝不苟是干油泵工的要求。"师傅严厉地对我说。

我沉默着,把师傅的话牢牢刻在了心里。后来经过自己的努力,技术上有了很大进步,经班长和质量检验员检验,我修的油泵台台合格,师傅很满意,这对我的鼓励很大。

随着时间的推移,我和同事们都混熟了,没事常和人闲聊。一天,我正侃得高兴,师傅叫我过去,我心里很是不情愿，心想，跟一个老头子有什么好说的。师傅的表情很严肃，也很认真，他对我说："小郁，做人就要先学做事，会做事才会做人，交朋友也要有尺度……"听着师傅的话，我才第一次想到做人的内涵。

记得那是1964年的一天，我和师傅正在上夜班，外面下起了雨，厂房里也漏雨了。这时候，师傅的女儿跑到车间来说家里的房子漏得很厉害。我便从工具柜里拿出一大块塑料布递给了师傅，"师傅，快回去挡挡雨吧。"师傅接过塑料布看了一眼试验台上被漏进屋的雨水淋着的地方，默默地将它盖了上去，给我交代了一下，才走出了大门。

天黑沉沉的。一道明亮的闪电一划而过，紧接着又是一个响雷，我不由自主地哆嗦了下身子，望着机床上盖着的那块塑料布，我想了很多，想了很久……

作为工人，劳保护具对我来说很重要，不仅有利于施工作业，而且可以有效地保护工人的生命安全。这点，对于我来说深有体会，安全帽曾两次救了我。

记得在1961年元月，我在玉门油田技校参加勤工俭学时被分配到鸭儿峡油矿实习。一天，实习老师带我们去井上参观修井，临行前给我们每人一顶铝制的安全帽，讲了应注意的事项。我拿着安全帽戴到头上，嫌重又取了下来，实习老师看了对我说"你别小看它，必要时它能救你的命。"我不以为然地又将帽子戴在头上。我们正在观看修井时，突然，安全帽项上"崩"的一声，我叫了一声"不好"，拔腿

就跑，随后又听见掉下几条螺丝。可把我吓坏了，我摸摸自己的头，没事。试想，如果没有安全帽，将是怎样的后果？

第二次是在"史无前例"的年代里，那时候到处都在深挖洞。我担任砌砖固洞的任务。我们采取架木槽的办法将砖块往十几米深的地道里送。当时我的任务是接砖，不知咋搞的，一块砖从木槽内飞出，砸向我的头部，亏有安全帽，只把头砸破了点皮。好险啊！安全帽又救了我一次。

前段时间，听说多年不见的魏国贤师傅因病不幸去世的消息后，深感悲痛。回想起曾经和他相处的日子，一件难忘的事情浮现在我的眼前。

那还是35年前的一天，我驾驶着被职工们称为"蓝色桑塔纳"的翻斗车去料场拉料，车间的魏国贤师傅和我同去。他坐在翻斗车引擎的旁边，我手握方向盘，挂上高速挡，把油门踩到底，嘴里还哼着歌儿，向料场飞去。就在车行驶到料场转弯处时，前面有一辆汽车急速驶来，眼看就要相撞。我手忙脚乱中，来了个离合器、刹车起踩——紧急制动，翻斗车差点碰到汽车的保险杠上，我的头也碰到了挡风玻璃上。我出了一身冷汗，很庆幸没有出事。正在我暗暗高兴时，听到翻斗车后边有人叫了起来，这时候我才想起还有个魏师傅坐在车上呢。只见他捂着嘴，含混地说了声没事，我也没在意，就开车拉料去了。

过了几天，我在马路上碰见魏师傅。他一见我就拍着我的肩膀，用很浓的甘肃临泽话说："老郇，你把飞机给开上了。"我一听来气了你说这话什么意思?"魏师傅不慌不忙张开嘴让我看,才发现他的两颗门牙没有了。我问他是怎么回事,他说:"你好好想想,还不是前些天坐你的翻斗车给碰掉的?你当时一个急制车,我的嘴撞到驾驶室的角铁上了。我怕说出来会扣你奖金,就没说。"

望着魏师傅少了牙的嘴巴,我内疚得连忙向魏师傅道歉。魏师傅温和地说:"我没事。你呀以后开车还是要慢一些。我老了,碰掉两颗牙没啥。如果你拉上一个小伙子,把人家的牙碰掉,找不上媳妇可就事大了。"说完,他爽朗地笑了起来。

不久,魏师傅退休了,直到去世,但我给他老人家造成的创伤,和他对我说的这段话,却让我终生难忘。

我在玉门油田生活了40年,亲身经历了许多事情,留下了许多美好而难忘的记忆,它使我不忘过去,珍惜今天,展望未来。不忘初心,牢记使命,继续前行,奉献余热。

(周蕊整理)

难以磨灭的记忆

玉门油田公司　张希文

《步步高》《彩云追月》《山乡春早》，这些耳熟能详的广东音乐，我刚来玉门油田的时候天天唱。1958年，我开始上班，宿舍就住在解放门不远处。那时也没有什么文化活动，每天听听影院里播放的广东音乐，拉着一把老二胡，即使当时生活很艰苦时候，也觉得很享受。

我是地道的酒泉人，1949年9月的一天，酒泉市里的人们奔走相告，说解放军要来，酒泉城里的人都已经跑出城躲到了周围乡里的亲戚家，我们家是最后一批逃往城外的。前一天酒泉河西警备司令部的一个库房发生了爆炸，烧得很厉害。我们出城的时候大概是凌晨四时多，当时整个天都是红色的，家里的一个老人领着我往出城的方向跑。在跑到北大桥的时候，我们就听见远处传来坦克轰鸣声，然后我们赶紧躲在了路边上。过了一会，路上就开过来了10多辆装甲车，没想到的是，车上有一个解放军在向我们招手，我只能看见他的牙很白，其他都看不见。

当时，酒泉即将解放，国民党西北军政长官公署下令所有学校全部停课。同时，加强了城内警戒，大肆进行反共宣传，到处散布流言蜚语，说什么"共产党来了，就要共产共妻""共产党见到留头发的知识分子就要杀头"等，妄图以谣言惑众，愚弄人心，控制舆论。

国民党政府看到解放大军即将兵临城下，自己的反革命阵营即将崩溃，在无可奈何的情况下，便从酒泉乘飞机仓皇逃往重庆。留守在酒泉的国民党敌军，一面组织特务大肆进行暗杀活动，一面四处鸣枪放火，扰乱破坏社会秩序。城乡到处是散兵溃匪，他们烧杀掠抢，敲诈勒索，奸淫妇女，为所欲为。居民百姓，关门闭户；商人富豪，东藏西躲。处于群龙无首之中的国民党反动派，为了做最后的垂死挣扎，把酒泉搞得混乱不堪。

后来，我才想到了，在前一段时间，一直有个人经常到我家来，带着个两层镜片的眼镜，衣服已经磨的花白。那个人可能就是地下党，我父亲那时在家里做了好多牛肉干，然后用细长的布袋子装上，那个袋子跟解放军的干粮袋一模一样。新中国成立后，解放军还住在了我家，他们蒸好了米饭，叫我们一起吃。那时候才知道，解放军是好人，跟国民党说的完全不一样。后来，解放军代表又跟国民党谈判收回玉门炼油厂。听说那时国民党的一个炮兵部队就驻守在炼油厂旁边，当时谈判的氛围特别紧张，稍有不慎，炼油厂就要被炸毁。解放军代表真厉害，最后还是和平从国民党手里收

回了炼油厂。

  1958年,我到玉门矿务局参加了工作。刚进油田就被派到石油技校去学习,学的就是内燃机燃料,3年毕业后分到了玉门炼油厂。那时的炼油厂叫达布斯炼油厂。因为炼油厂有一套达布斯热裂解设备,炼油厂也因此命名。那时炼油厂的设备很先进,基本上都是美国和德国的设备。我们那时候的干劲特别足,每天跑流程、学技术,感觉总有使不完的劲。因为大家都知道,是人民当家做主了,所有的活都是给自己干,没一个人偷懒。那时的文化活动也很丰富,可以说是百花齐放。我们炼油厂在当时还组建了篮球队,我还是队长。热裂解装置还分来了20个女同志,当时一下班,我们还有苏联专家都去舞场跳舞,那时的广东音乐特别流行。

  1966年,全国开始了"文化大革命",我那时候的成分比较高,因为父亲是地主,被分配到了农村劳动,一直到1979年,"文化大革命"中遭受迫害的同志得到了平反,我才又回到了炼油厂8车间。再次回到炼油厂后,发现我们的国家,我们的油田建设那真是一个快。炼油厂周围过去的铁丝栅栏已经变成了围墙,马路也变成了油路,装置也增加了许多,而且那时的技术改革特别多,每年炼油厂都有很多技术改造。我真的很感慨,我们的国家真的是越来越好,越来越强大了。虽然"文化大革命"让很多人都受了苦,但是每一个国家的发展都不是平顺的,有了那时的曲折,才有现在的繁荣。

(詹文亮整理)

冒和603岗位一样响亮的名字

玉门油田公司　赵和元

1956年,我响应党的号召参军,在部队这个大熔炉中,我完成了从农民到革命军人的转变,这五年的军旅生涯,我多次荣立三等功;离开军营,我完成了从革命战士到石油工人的转身,在老君庙油矿一干就是23年。

1960年,我进入原老君庙采油厂五队,当时的玉门油田不仅要面临三年自然灾害带来的困境,还要抽调大量的人员设备支援大庆会战。玉门油田为了保住产量,也在不断地开展会战,希望能凝聚人心,让大家干好自己的工作。

当时,采油工实行三班倒,每个班上都必须按照规定完成管辖范围内所有井的采样工作。属于自己管理的井都要跑到,上山、下山都是很寻常的事,遇到坡度大的地方就需要手脚并用。比较难熬的是上夜班,23时接班,一番准备工作后凌晨1时开始查井、跑井,每一个环节都不能马虎,每次夜班采样都要到5时以后才能做完。

有一次大冬天，天气特别冷，在井口放刮蜡片的时候，由于天太冷，操作很困难，我就把手套脱了再去放，手感觉都要冻在设备上了。前8口井的检查工作做完了，到最后一口井却怎么也放不下去刮蜡片。我一看阀门被冻坏了，关不掉，一使劲，刮蜡片又掉下去了，这可是事故呀，掉下去的刮蜡片很容易顶钻，我很郁闷，觉得这活干的，怎么比当兵还苦呢。但是，工作还得继续，第二天我就起罐、修阀门，终于取出了刮蜡片。

那时候油井结蜡情况比较严重，采油工每天都要用刮蜡片刮蜡。起罐的时候，由于器械有限，有时候是四五个人一边垫砖，一边用绳索拉，硬是人工将大罐拉起来修理油井。有时手、脚、脸都被冻得麻木了，即便这样也不能耽误工作。我就想，退伍军人来油田工作的每年都有，我们先来的必须给他们带好头。

还记得有一次，一口井检泵完井后要投产，当时恰好下了大雨，井场中垫的黄土全部被打湿，有的地方甚至开始流淌着黄水，脚下踩着泥，鞋里浸着水。我发现抽油机的中轴承与尾轴承有点脏，为了不把抽油机踩脏，我就脱了鞋爬到抽机上拿着棉纱将它们擦干净，直到完成了清洁工作后，我才下来，其实这都是很小的事情，但这是我们采油工当时必须做的事情。

两年后，我开始担任老君庙油矿老五队763岗位的岗位长。那时候，老五队已经有了9001和755这两个标杆岗位，相比之下763是一个较为落后的岗位，我也想把我的岗位搞成先进。我坚持外学603，内学9001、755的原则，对岗位进行了标准化建设，井口横平竖直一条线，小到4条井口法兰螺丝的螺杆必须冒出两个扣。在井口不放过任何一个死角，那时候实施单井打分，用白手套判定井口卫生，就查不易让人看见的死角，只要在白手套上留一个黑印那就是不合格。生产条件有限，我们勤俭节约，井口用的蒸汽皮带坏了都不领新的，我们岗位上的人就把废料堆里的旧皮带接起来用；七分光杆的盘根磨损了，不扔，再把它们用到一寸的光杆上，就连一个工具袋也是破了补，烂了缝，连续用了三年。

搞好基础工作的同时，我对每口井"望闻问切"，落实"一井一策管理制度"。有一次，我通过分析发现有一口井地层供液不足、渗透性差，立即跟队部领导、主管地质业务组汇报，要求对这个井压裂增产，当时出现了分歧，大部分人认为压裂不会产生任何效果，但我坚持自己的观点，带人深入分析，我的坚持得到了领导的最终批准。压裂后的效果非常好，产量由以前的一天四五立方米迅速上升到十五立方米左右。在我和岗位同事的努力下，763岗位名副其实地成了老五队的又一个标杆岗位。

玉门油田作为石油的摇篮诞生了石油工业史上的"第一

口油井",中国从此甩掉"贫油国"的帽子,起初我们的油品运往抗日前线支援抗战。那时,无论男女,我们都有着平时为民、战时为兵的胆量。现在,这片土地养活了我们一代又一代的石油人,他们战风雪、斗寒暑、跨戈壁,虽然如今我老了,但是年轻的一代石油人已经扛起了重担,我相信油田的明天会更好。

(周蕊整理)

以生命兑现初心的石油赤子

——追忆陈建军同志生前故事

玉门油田 80 年的发展历程，就是一代又一代玉门石油人为油拼搏、为油奉献、为油报国的创业史。陈建军同志是玉门石油人艰苦奋斗的杰出代表，是中国石油工业摇篮——玉门油田培养锻炼起来的优秀干部。

2019 年 5 月 28 日 19 时，中国石油玉门油田公司党委书记、总经理，玉门石油管理局有限公司执行董事、总经理陈建军同志，因病医治无效，不幸与世长辞，享年 56 岁。回望他的石油人生，1984 年 7 月，从西南石油学院石油地质专业毕业后，来到哺育他长大的祁连山下石油河畔玉门油田。35 年来，他扎根"石油摇篮"，将青春年华、知识才干奉献给了他挚爱的石油事业，用实际行动弘扬了石油精神，用担当尽责书写了忠诚奉献，用生命诠释了"我为祖国献石油"的初心和使命。

为缅怀他"学石油干石油一生忠诚献石油，想玉门为玉门一片丹心照玉门"的石油人生，玉门油田公司组织 7 场座

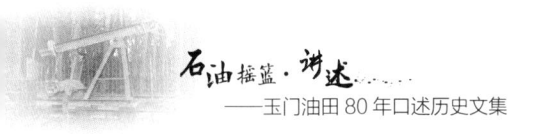

谈会，现场采访干部员工，整理陈建军同志生前工作生活中的故事，追忆先进事迹，激发新一代玉门石油人承继未竟事业，续写摇篮新篇。

独特的镇痛剂

2019年4月，陈建军的病情急速恶化，但依然坚持主持油田工作。4月19日，他最后一次主持召开玉门油田干部大会，每讲一句话就要咳嗽几次。当天，他就发起了高烧，住进医院进行救治，但高烧始终不退，并且症状越来越重。

癌症晚期最令人折磨的就是全身撕心裂肺且无休止的剧烈疼痛。5月，他的痛楚甚至用常规的医疗手段都已效果甚微，但他拒绝用大剂量的镇静剂麻痹自己，用最后的力气，咬紧牙关，两只拳头紧握，双腿不断地颤抖，与病魔做斗争。他让家人用手机在耳边一遍遍地放着始终激励自己的《勘探队员之歌》，用那份忠贞不渝的精神和永不言弃的执着为自己止痛。

"是那山谷的风，吹动了我们的红旗，是那狂暴的雨，洗刷了我们的帐篷。我们有火焰般的热情，战胜了一切疲劳和寒冷。我们满怀无限的希望，为祖国寻找出富饶的矿藏……"。在他最后的这段日子里，医院看护他的护士们一刻不停地含泪为他唱着这首歌，这是她们当时唯一能做的。

最后几天里，他连流食都吃不下，不断干呕，整个人虚弱到无法动弹，护士们只能用针筒将水滴在他的嘴角里，他整个人已经进入半昏睡状态，只有大的外部刺激才能有微弱反应。

5月26日，奇迹出现了，他突然从昏迷中惊醒，目光有神，声音响亮地叫了三声"好！好！好！"他还张开手鼓掌，笑着对周围的人说"胜利！大胜利！"护士问他："是不是找到大油田了？"他说"对呀，你怎么知道的？"简单的对话，让所有人泪目。就在所有人都为状况好转高兴不已时，他慢慢平静，闭上了眼睛，两行泪从眼角滑落，又陷入昏迷，这也是他说的最后一句话。

5月28日19时，陈建军与世长辞。他在生命最后关头，做梦都是为之谋划、为之奋斗的玉门油田和他钟爱的石油事业。

善意的谎言

陈建军在最后的日子里，最令他揪心、放不下的是自己年迈的老父亲。

他的父亲已经80多岁高龄，身体情况欠佳。考虑到将情况告诉父亲会令老人难以承受如此巨大的打击，他一直隐

瞒着自己得癌症的消息。2018年,他的身体情况明显下降,头发掉了、身体瘦了、眼窝深了、皮肤黄了,但无论在看病期间还是忙碌于工作,都抽时间定期看望父亲。每当老人心疼地让他要注意身体时,他都满口答应,并嘱咐父亲少操劳,保持良好心态。

2019年4月19日,陈建军因病情开始恶化住进了医院。4月26日是他的生日,他的父亲却因病住院了。他强打精神,在妻子陪同下前去探望,但他只在父亲处待了几分钟,询问没有大碍后就离开了。妻子不解地问他,是不是身体难受,坚持不住了。他说:"我怕父亲看见我现在的样子会伤心,看到他难过我就更伤心了。"这也是他和父亲最后一次见面。

4月30日,他的父亲痊愈出院,正好第二天就是"五一"小长假,父亲含着热切的期盼打来电话,想叫家人一起聚餐。但此时,他因为病情持续恶化,身体已经虚弱到无法活动,只能勉强说话。面对父亲的来电,他叫人搀扶着侧身靠在床头,喝了口水,清了清嗓子,用尽浑身力气接起了电话,给父亲撒了一个善意的谎言:"因为'五一'同学过来,要请他们吃饭,所以不能陪您吃饭了,就让家里人先陪您,我们一起团聚的机会还很多。您刚出院,记得要吃清淡,注意休息,以后多保重身体……"通话最后,他数度哽咽,因为他知道,自己可能再也无法尽孝了。

忘我工作，癌症来袭

陈建军同志对待工作认真负责的态度，对高标准严要求的执着，达到了舍身忘我的境界。

2017年3月28日，他从北京开完会回到酒泉，就感到身体不适，还发着低烧，当时他并没有太在意，认为只是患了重感冒，就在玉门油田医院开了点药服用。2017年4月，在一次党委会上，他正在宣读手中文件，念着念着就晕了过去。在场的人立即将他扶至办公室休息，并联系油田医院，安排医生前来诊治。在休息时，他还强调："今天议题很重要，让大家等一等，再继续开会。"40分钟后，他坚持来到会议室将会开完。

4月，紧锣密鼓的工作让他无暇顾及身体的症状。4月12日，他主持召开一季度生产经营分析会；4月13日，向股份公司勘探与生产分公司调研汇报；4月14日，又参加了集团公司十八届六中全会专题培训班；4月20日，向集团公司副总经理侯启军做专题汇报；4月27日，公司召开第二次党代会，陈建军代表公司第一届委员会做了工作报告。期间，他曾多次发烧，一直在按感冒症状吃药。

5月5日，他又马不停蹄地赶赴兰州开会，在5月7日当晚高烧发至40度，于是第二天在兰州陆军总院吊了一天

瓶，但高烧一直不退，这时医生建议他立即做一次全面检查。直到发高烧的第三天，他才到甘肃省人民医院做了一次CT，这时发现了恶性肿瘤细胞。这个消息犹如晴天霹雳，让一心希望带领玉门油田扭亏脱困、实现重上百万吨目标的他遭受到巨大的打击，他万万没想到因为工作繁忙脱不开身，加上自己平时身体素质一直很好，因此连续7年都没有做过体检，现在竟查出患上了绝症。但他无暇多顾，下午就坐5点的动车往酒泉赶，晚上10点半直接从火车站驱车前往会议室参加会议。5月11日，他飞往上海做进一步检查，确诊为肝癌。

拔掉化疗针头后的11天

进入2018年4月，玉门老区的稳产形势异常艰巨，环庆新流转区块迫切需要早日见油，他忍受着每周的化疗痛苦，硬是把找油的责任和使命扛在肩上，争分夺秒地忘我工作，展开了一场生命与时间的赛跑。

4月15日，陈建军在酒泉市医院刚刚做完化疗，拔掉针头后，就急匆匆赶赴环庆分公司现场调研。在嘉峪关机场候机时，他突然接到电话得知沙滩宾馆对外租赁合作的事情出现了意外，随即通知沙滩宾馆负责人赶赴西安，到达西安后，顾不上化疗后虚弱的身体和一天的劳累，连夜召集会议讨论沙滩宾馆外包方案。

4月16日至18日，他参加了集团公司在西安召开的鄂尔多斯盆地2018年勘探技术座谈会，并在会上做了专题发言，赢得与会领导的肯定，也学到了环庆分公司发展可以借鉴的经验。

4月19日，他又马不停蹄赶到庆阳市，到庆阳石化公司进行考察交流，学习庆阳石化公司的新思想、新方法、新经验，为玉门炼化总厂结构调整、持续盈利寻计问策。

4月20日一大早，他又冒雨驱车沿国道和山路从庆阳市赶到环庆分公司工作现场进行调研，慰问驻外将士、查看物资料场和库房、了解地质特征和生产情况、收集制约的影响因素，明确加大新区块勘探开发力度的要求。据一起随行的谭修中、卢望红回忆，中午陈总就在施工现场的餐厅简单吃了点自助餐，当时化疗药物的反应很强烈，脸色青紫，胃口不好，饭量很小，加之休息不好，长途颠簸劳累辛苦，人看上去疲惫不堪。就是在这种情况下，陈建军也没有午休，下午2点多又返回环县与当地政府进行工作交流。下午6点吃晚饭时，没吃几口，就进了卫生间，仅吃的一点饭又吐了。晚上10点多赶到宾馆，开始发烧，吃完随身带的药，敷了块毛巾就睡着了。大半夜又饿醒了，起来吃了两块饼干，感觉他在一直在半睡半醒中，睡得不踏实。

4月21日上午，按计划听取环庆分公司及其他配合单位工作汇报，明确勘探、评价、产能建设一体化思路，力求

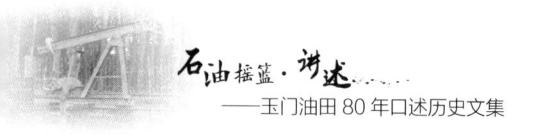

"多打井、多投产、多注水、多采油"。下午,带着环庆分公司提出的需要玉门本部协调解决的问题,他急匆匆从西峰经兰州转机飞嘉峪关,因飞机晚点,回到酒泉,已经是晚上九点多。

4月22日上午,主持召开玉门油田公司党委会,专题研究环庆分公司提出的需要玉门本部协调解决的问题。下午,主持党委中心组集中学习,专题学习研究意识形态工作。

4月23日,在办公室处理常规性工作。

4月24日,参加集团公司2018年第一轮巡视工作动员部署视频会。结合玉门油田实际,他要求相关部门和各二级单位深刻认识开展巡视巡察工作的重要意义,坚持以党的政治建设为统领,严格落实集团公司关于巡视巡察工作的部署和要求,按计划尽快启动玉门油田公司党委对基层单位巡察工作,确保3年内完成对基层单位巡察工作全覆盖,为新时代推进油田稳健发展、建设百年油田提供坚强的政治保障。

如此高强度的工作,一个健康的肌体都难以承受,对一个身患癌症晚期的病人来说,支撑他忘我工作的动力源泉是为国找油的信念。

喝原油、亲油砂、闻油香

1998年6月29日,柳102井完钻,8月8日进行测射联作测试求产,获得日产50立方米的高产工业油流。看到他在青西多年的研究成果变成现实的产量呈现在眼前时,陈建军拿起油沙亲了又亲、吻了又吻。当工作人员把喷出的油样拿给他看的时候,他尽忘情清地喝了一口,口里念念有词地说:你们闻闻,有一股油香!大家看着他黑油油的嘴唇,都笑了。柳102井是柳沟庄构造的一口评价井,该井获得高产工业油流,增加了窟窿山—柳沟庄区块的含油面积和油气储量。1999年1月27日经大型酸化压裂成功,柳102井日产油115.7吨,成为青西油田第一口百吨井。柳102井打破了玉门油田勘探工作长期举足不前的被动局面,结束了油田自20世纪50年代以来原油产量持续下降的局面。从此以后,他每次去青西油田,都会紧紧地抱着采油树舍不得放开。不知道他的人觉得有点不理解,知道他的人都说:陈总心里采油树就是自己孩子。

爱才、惜才、关心青年员工成长

1995年,吐哈会战结束,玉门和吐哈分家,玉门油田勘探开发研究院大部分人上了条件好、前景好的吐哈油田。玉门只留下40多个新分配来的大学生。研究院科研力量不足,年轻人找不到对象人心不稳。作为副院长的陈建军跑到油田医院,找到医院院长联系两家男女青年的联谊活动,亲

自筹划组织单身联谊会、举办集体婚礼，把年轻人的心拴在研究事业上。大家风趣地说：陈院长现在又当起红娘了。这些大学生结完婚后，一直没有房子，还住在单身宿舍。刚刚当上研究院院长的陈建军就让把放资料的房子腾出几间，收拾粉刷干净让新成家的大学生在那儿住。过后专门向玉门油田领导三番五次汇报，最后为研究院新结婚的大学生特批8套楼房。1999年，玉门油田产量急剧下滑，老油田长期没有新的发现，许多员工和油田有偿解除劳动合同，研究院年轻科研人员对玉门发展没有信心，陈建军就组织他们分析油田地层结构、油井资料，让他们放弃解除劳动合同的想法，一心扑在科研攻关上。2010年后，这些留下来的研究人员都成了油田科技骨干和顶梁柱。

心里总是装着员工，唯独没有自己

青西油田一名女职工心律失常，最快达到每分钟185次，经诊断为心动过速，2017年在北京阜外医院做了心脏室上速手术，心动过速治疗后发现心肌缺血，低血压，低钾症，轻度贫血和心动过缓，心率最慢35次，在青西高海拔缺氧地区上班，经常出现头晕浑身无力、缺氧胸闷气短症状，多次在工作时出现突发情况，在玉门市老市区人民医院输液输氧。2018年3月在青西上班时突发状况，头晕恶心，上不来气，单位领导排车送去玉门市老市区人民医院救治，医生发现状况严重，用救护车送往酒泉市人民医院急诊科急救，住院几天做各种检查并输液后症状好转，医生建议在家吃药并静养，不能去高海拔缺氧地区，不能从事重体力活，不能去青西工作，建议进一步完成检查安装心脏起搏器。经过一个月的检查和测评，诊断为心脏快慢综合征，不能安装心脏起搏器。女职工在家中休病假静养，每月只发700元，还不够医药费。由于她母亲患严重类风湿11年，3年前又做股骨头置换，不能独立行走，长年用药，医药费用较高。屋漏偏逢连夜雨，她生病后，公公又查出肠癌，做了肠病灶切除手术，后又做肝脏介入治疗手术，然后化疗，家庭经济负担困难加剧。她休养5个月后不得已去上班。可是上班后心脏病经常发作，胸闷气短，头晕眼花，心动过缓，在宿舍买了氧气包随时吸氧，吃药也不能缓解症状，每周都不能坚持工作一周，往往是上班两三天就要返回酒泉输液治疗。实在没有办法她去找了陈建军，陈建军了解到她的病情和家中情况，非常同情，安慰她要有好的心态积极配合医生治疗疾病，加强锻炼，每天按时吃药。说找合适的岗位去工作，这样的话身体可以慢慢休养，家庭困难也能缓解。2019年4月20日人事处就通知她到酒泉上班。这位女工一直想当面给陈建军说声谢谢，还没有来得及说声感谢的话陈建军就已病逝。6月1日她早早来到追思会会场，满含眼泪地说：我都没有来得及谢谢领导，这是我一生的遗憾。

力主推动油田钻井大提速

玉门油田的钻井提速是陈建军一手推广主抓的。2002年,集团公司要求钻井提速,并召开了钻井提速工作推进会。会议开完后,要求由玉门油田勘探部主导钻井提速工作。4月底,勘探部副经理孙梦慈心里没底,陈建军就给他说,你放心大胆试大胆干,不要心里发怵,即使出了问题,我替你们兜着。听了这些话,大家心里吃了定心丸,放开手脚大胆试。随后打了青2-19井和青2-24井,这两口两层结构的试验井打完,集团公司就开始在中国石油推广,体系得到规范,减少了事故和井下复杂,钻井速度也大幅提高。玉门油田的钻井提速成效与陈建军亲力亲为、积极推动密不可分,没有他的鼓励和支持,玉门油区的钻井速度不可能在短期内实现提速50%的目标。

想方设法争取科学探索井——酒参1井

1990年,正值玉门老区勘探多年没有突破,玉门油田全力以赴奋战吐哈之际。在勘探投资少,没有新增投资的情况下,作为研究院勘探室副主任、酒东组组长的陈建军,想在酒东打一口探井。井位提出上报后，却被告知，没钱！这对陈建军来说，是个不小的打击。可是他有股不服输的劲头，就开始想别的主意。当听说当时总公司正在实行一种新体制，就是在认为有希望的空白区块，实行风险勘探，由总公司专项投资。陈建军就开始想办法，亲自制作了汇报材料和图纸，亲自制作幻灯片，并针对风险勘探做了充足的答辩准备。经过充分准备，陈建军率领团队，奔赴北京，经过严格的评审答辩，终于争取到了酒参一井，打成玉门油田历史是第一口科学探索井和风险探井。

悉心呵护石油摇篮品牌形象

老君庙是玉门油田开发时的起步之地，是玉门油田老一辈石油人的精神寄托之地，第一代老油人在弥留之际，嘱咐后代把自己埋藏在老君庙旁。在玉门油田即将隆重庆祝油田开发80周年前，陈建军决定对老君庙进行修缮改造。这时有人提出了不同意见，认为他搞封建迷信。他耐心地告诉这些人，第一代老油人就是依托老君庙，在庙旁搭建帐蓬，开发了中国第一个现代化油田，开创了石油摇篮的基业。老君庙不单纯是一座庙，也是甘肃省第一批爱国主义教育基地，企业精神教育基地，是红色旅游基地，更是中国石油股份公司上市资产，是中国石油的根与魂。

陈建军对玉门油田的热爱，表现在他时时处处维护玉门油田荣誉，时刻为石油摇篮鼓与呼。他利用各种会议，宣讲玉门油田在抗战中的一滴汽油一滴血精神；在新中国成立后撑起石油产量半边天；在建设时期，支援别人、"三大四"出无私奉献精神；在困难时期艰苦奋斗自强不息的精神。他的宣讲，得到了各级领导的认可，从而在石油内外，叫响了玉门油田石油摇篮的品牌。

创新下凹找油理论，发现青西和酒东油田

在新世纪前，玉门的找油理论都是围绕坳陷，找构造高点，认为找到高点才能找到油。但是自从1958年鸭儿峡油田发现后，玉门油田勘探再没有新的突破。继续坚持原有的理论，不可能实现突破。于是，陈建军带领团队，在坳陷里下凹找油。他们按照这个思路，相继发现了窟窿山构造、柳沟庄构造，从而发现了青西油田，使玉门油田在勘探沉寂35年后，又实现新的突破，使玉门油田地质探明储量，由过去长期不足一亿吨，实现了翻倍增长，很快建成了年产50万吨的青西油田，使玉门油田原油产量在2008年达到了82万吨。后来，按照这个思路，又发现了酒东长沙岭构造，建设了酒东油田，成为玉门油田新的生产区块。

对疾病云淡风轻,对工作舍生忘死

2017年5月陈建军在上海被确诊为肠癌转移到肝癌。在医院治疗了一个多月,他放不下挂念的油田,放不下手头工作,带着化疗的药品赶回酒泉,投入到紧张的工作。11月由于身体极度虚弱,被送往上海进行治疗。12月刚做完癌症手术。玉门油田老领导高玉江、田玉军、张作祥到医院探望,看他身体非常虚弱,一想到他对勘探执念,就想劝说让他放下工作专心养病。见面后,一下午陈建军都在高兴地说着玉门油田勘探发现、开发成果,描绘着玉门油田下一步发展的前景,说得忘乎所以。护士几次提醒他吃药,他都没有顾上吃。看到他对工作近乎痴迷和疯狂的程度,老领导劝说的话一直没有说出口。看望完陈建军后,在回去的路上老领导感慨地说:我们的话还没有说出口,就先让建军把我们拿下了,只能以后再找机会劝说吧。12月陈建军被推进癌症手术室,这次他在医院待了15天后,带着化疗药品赶往玉门油田。第二天参加企地座谈会,与酒泉市领导班子交流油田发展思路。第三天组织玉门油田党委班子成员进行学习贯彻党的十九大精神的专题研讨,在反复讨论形成玉门油田新时期发展思路的基础上,第四天在玉门油田2018年"两会"上,3个小时站着做了两个报告,开完会的第二天就马

不停蹄地飞到北京参加中国石油2018年工作会议。他的师弟孙梦慈看他三个小时做报告时满脸汗珠顺着脸颊一直流到脖子里，看他这样不要命的工作，专门找到办公室劝说他：你这样工作不行呀！就是"铁人"也撑不住，你要多休息，注意身体。听到师弟劝他休息，他着急地说：现在环庆勘探刚刚起步，玉门重上百万吨有了希望，等以后油田扭亏了，产量上去了，我一定找个时间好好休息。

不按套路的岗位责任制检查

2012年11月底，玉门油田分公司副总经理的陈建军带队进行岗位责任制大检查。来到玉门油田作业公司后，当得知事先安排了迎检作业队，他二话不说，拿来当天的调度日志，抽取在老君庙西山C125井作业的队伍去检查，该井最偏远、道路不好走、部分路段还有积雪。他说："岗位责任制大检查就是要发现问题，就是要对比一年有没有进步，我专挑边远偏僻、基础条件差的队伍去检查。井下作业安全风险大，更要加强基础建设，夯实本质安全水平。"

C125井当天正在检泵，一到井上，他看到大家在寒风中穿着被原油浸黑的工服，关切地问大家，工服是不是不够穿？这还怎么干活啊？当得知修井一线的棉工服不够穿时，当即承诺向公司汇报协调解决此事。也就是从那以后，玉门油田作业公司员工每人每年增加了一套夏工服、一套秋工服和一套棉工服。这种一丝不苟的工作作风，促进了基础管理提升，促进了岗位责任落实，达到了以检查发现和解决实际问题的效果。

为老君庙油田冲断带指明方向

陈建军不仅一生在为找新油田而奋斗，他还时时刻刻关注着开发了近 80 年的老君庙油田的产量接替，要求继续钻研，谋求滚动扩边。2015 年 8 月，在玉门矿区值班时碰见老君庙油田的工程技术人员，交流之后他决定去老君庙冲断片看看。在现场，他取样、看样后对冲断片新发现提出了三点要求：一是冲断片是老君庙油田自 1987 年发现夹片新区块之后，沉寂 30 年之后才找到新的接替区块，要倍加珍惜，精细开发好；二是既然发现了新构造，不可能只是一排井，很可能是多排井；三是要建成老君庙油田的现实产能接替区。他的这三点要求，如今都已实现。截至 2019 年共部署油井 100 口，日产油 105 吨，综合含水 31.6%，累计产油82241 吨，是老君庙采油厂重要的产能接替区。

心中有个大油田梦

陈建军的心中一直有个为国找大油田的梦。为了寻找产量接替区块,扩大玉门油田的资源基础,他把找油的目标确定在了雅布赖,决定三上雅布赖,2009年9月,雅探1井完钻。由于大庆油田的发现井——松基三井射孔日期是1959年9月26日,他为了选取这个吉日,确定雅探1井于2009年9月26日9点18分射孔。为此,9月25日他赶到民勤县与当地政府沟通交流工作。考虑到民勤县到雅探1井需要3个多小时车程,安排一起的工作人员早晨五时打电话叫起床。那么早民勤县没有早餐,和大家商定在西区镇吃牛肉面。等一切安排妥当,晚上12点多才躺下。可早晨五点不到,他就先起床了,一一打电话叫其他工作人员起床,可想而知,那是一个为找到石油心潮澎湃的夜晚。

井场共度中秋夜

陈建军有一个习惯,每逢新井试油,他都要亲自守在现场,哪怕是凌晨一两点,他都要亲眼看着通井、洗井、试压、射孔直至油样送验等全部流程结束,才肯回去。

2003年中秋，玉门油田青西采油厂青2-20井准备试油，他像往常一样，急切地想要知道这口新井的情况，到底怎么样？到底有没有产量？当天恰逢中秋节，他专门为员工准备了月饼，早早等在了井场。

等到试油结束已经是晚上九点多，这时他才想起中秋和月饼的事，忙叫人取出月饼亲手递到每位员工手中。他一边为大家分发月饼一边不好意思地说："你们看我，一忙起工作来什么都忘了，今天是中秋佳节，祝大家中秋快乐！"看着面前和蔼可亲、平易近人的他，大家的疲惫一扫而光，围在他的身边拉起家长来。他亲切地问大家："月圆之夜，你们想不想家？"当时有驻井干部，连忙答道："我们不想家。"他听后，笑了。微笑着说："月圆夜，团圆夜，岂能不想家？我也想家。"听到他的回答，在场的所有人都会心地笑了，现场气氛更变得温馨起来。

9月的青西峡谷寒风凛冽，但大家吃着他送来的月饼，听着他亲切的话语，都感到了浓浓的暖意。这件事成为试油队所有员工心中难忘的记忆，大家后来回忆说："这股暖意不仅驱散了深山幽谷的寒凉，而且冲淡了中秋之夜的哀思，温暖了他们一季。"

机械厂扭亏脱困记心间

玉门油田机械厂厂长赵文义回忆说："陈建军不仅心系勘探开发，对工程技术服务单位的扭亏也非常重视，在我来机械厂之前，他曾与我在北京有过一次促膝长谈。"

2016年9月24日，那时我担任玉门油田作业公司经理，去北京出差，在玉门油田驻北京办事处门口刚巧碰到了他，打了个招呼他就急匆匆赶去开会了。令我没有想到的是，晚上八点突然传来一阵敲门声，打开房门一看，门口站着的居然是他。我当时惊讶不已，心想："领导这么忙怎么会来找我。"只见他笑着说："文义，有没有时间，咱们聊聊。"他一边进屋一边说："我刚参加完北京石油机械厂的一个工作交流，你是学机械专业的，你觉得落实国资委特困企业治理和集团公司推进高质量发展要求，咱们机械厂该如何转型发展摆脱困境，你有没有什么高招啊？"面对领导的坦诚，我也将自己的想法和盘托出。我说："玉门油田机械厂是中国石油工业的第一家机械厂，作为一个老厂设备陈旧、技术落后、员工思想波动，扭亏脱困难度很大。必须下定决心，从新产品研发、市场开拓、内部挖潜、减员增效等诸多方面抓起，才有可能扭转亏损局面。"他认真听着我的想法，不时询问措施细节，交谈一直持续到凌晨两点。最后，他坚定地说:"文义,你谈得很好。问题很多,困难也很大,但是不怕,咱们石油人最不怕的就是困难,最擅长的也是克服困难……"

一年以后,组织调整我担任机械厂厂长。上任伊始,他又一次把我叫到办公室,对我语重心长地说:"文义,还记得咱们上次的谈话吗?就按你的想法,放心大胆地干,我支持你。"领导的勇气与魄力深深地感染了我。

玉门油田机械厂用内部挖潜缓解了经营困境,用产品升级创新打开了市场,用减员增效实现了高效运行,2017年完成大幅减亏,2018年实现扭亏为盈,现在正朝着持续盈利的目标勇往直前。

环庆新区找油不歇脚

地质专业毕业的陈建军,骨子里对勘探找油有一种痴迷。

2017年10月24日上午,玉门油田与长庆油田第一批环庆矿权流转区块勘探开发协议在西安签订,此时的他心中充满着激动与喜悦,加快勘探开发步伐,一直是他心中所愿。

他顾不上自己刚做完手术正处在化疗阶段异常虚弱的身体,马不停蹄地赶往庆阳市与当地政府进行座谈交流,积极

寻求地方政府支持，协调处理相关事宜。第二天一大早，他又迫不及待地驱车赶往150千米以外的环县，由于匆忙，当车驶出庆阳市区时，大家才发现他每天必须吃的药落在了宾馆。

由于环县地处庆阳市西北部，属黄土高原丘陵沟壑区，境内山脉沟壑纵横交错，从庆阳市到环县有一段90千米的崎岖山路，汽车只能以每小时30千米的速度低速行进，耗时将近四个小时。正常人经过这么长时间的山路颠簸都会感到不适，何况刚刚手术不久的他，同行人员心疼他的身体，都劝他沿着公路看看就回去，可他执意要实地踏勘环庆区块460平方千米的山塬沟坎。

每到一处，他都会亲手捧起一捧黄土仔细端详，大家不解地问："为什么？"他笑着回答："这里承载着玉门油田新的希望，我们要加快勘探开发步伐，争取早日见到产能。"许多山路车辆根本无法行进，他就下车徒步跋涉，翻山越岭。渐渐的有人发现他走起路来一瘸一拐，后来大家才知道，为了缓解连日来的奔波疲惫，他在前一晚洗澡时不慎滑倒扭伤了脚。

看着他像抚摸自己孩子一样亲切地抚摸着脚下这片大地，看着他眼神专注的凝望着远处高低起伏的丘陵沟壑，看着他步履蹒跚地爬上一座座山塬，同行的人全都默默流下了感动的眼泪。

推动炼化转型升级提效益

玉门炼油厂与玉门油田开发同步，作为一个有着80年历史的老厂子，转型升级举步维艰，缺设备、缺装置、缺项目、缺投资、缺市场。每当遇到困难的时候，陈建军总会告诉炼化总厂的同志们：干事业哪有这么容易的，我们总不能一遇到困难就想着退缩，那样是干不成事情的。但是你们放心，炼化业务也是油田的主营业务，转型升级不仅是炼油厂的事，也是关乎油田生存与发展的大事，你们绝不是孤军奋战，我永远都是你们坚实的后盾！

2018年5月，炼化总厂分管销售的副厂长赵万恒正在河北廊坊出差，中午接到陈建军的电话，电话那头传来陈建军急切的声音："万恒，你在河北出差吗，明天能不能抽出一天来？"在得到了肯定的答复后，陈建军说："那你晚上赶到北京来，集团公司润滑油公司明天有个润滑油市场研讨会，我们去要项目，要市场，晚上我们好好准备一下，这可是关系到炼化转型升级的大事！"

当天晚上12点，陈建军冒着大雨赶到北京，赵万恒来到他房间的时候，他刚吃完药。赵万恒看到他疲惫的身影，但是眼里却闪烁着兴奋的光彩！赵万恒一时间只是感觉到一股难言的情绪涌上了鼻腔，准备好的汇报变成了一句关

切:"陈总,要不您先休息,我回去准备好了,明天一早再过来向您汇报?"陈建军挥了挥手说道:"那怎么行,明天的事很重要,没有市场,我们的转型升级就是一句空话,今天晚上我们得好好准备。""那您的身体?"赵万恒担心地问道。陈总喝了一口水,笑了笑说:"我自己的事,我还能不知道?放心,不碍事,我们现在要谈的,才是大事。"

就这样,陈建军和赵万恒在宾馆就润滑油市场争取的资料,准备到凌晨三点多。第二天一早,陈建军就带着他,向总部汇报。赵万恒跟在他的身后,看着那日渐憔悴的背影,突然觉得是那样伟岸,是那样的安心,对炼化实现转型升级感到了前所未有的信心!

(王玉华、邱建民、胡学荣、石军、谈智、谈俊宏整理)

机构沿革

甘肃油矿筹备处（1938年6月—1941年3月）

甘肃油矿局（1941年3月—1946年6月）

中国石油有限公司甘青分公司（1946年6月—1950年7月）

玉门矿务局（1950年8月—1959年3月）

玉门石油管理局（1959年3月—1967年4月）

玉门石油管理局革命委员会（1968年3月—1979年10月）

玉门石油管理局（1979年10月—1999年7月）

中国石油天然气股份有限公司玉门油田分公司（1999年7月—2005年7月）、玉门石油管理局（1999年9月—2005年7月）

中国石油天然气股份有限公司玉门油田分公司（玉门石油管理局）（2005年7月—2017年11月）

中国石油天然气股份有限公司玉门油田分公司（玉门石油管理局有限公司）（2017年11月—　）

后　记

为纪念玉门油田开发建设 80 周年，历时 3 个多月，经过采访整理、征文收集，《石油摇篮·讲述——玉门油田 80 年口述历史文集》一书终于付梓。谨以此书献给玉门油田 80 诞辰，献给为玉门油田的开发和建设抛洒热血和汗水的人们。

玉门油田走过的 80 年，是中国石油工业发展的缩影，是中国石油发展史上一个特殊的符号和耀眼的标志。辉煌的历史，由每一位在玉门油田工作过和关心支持过油田的人共同写就；优良的传统要靠我们一代又一代的玉门石油人去继承和发扬。因此，回顾历史，总结经验，继承传统，砥砺奋进，用我们的智慧和力量去创造玉门油田更加美好的明天，就是对玉门油田开发建设 80 周年最好的纪念。基于这一目的，玉门油田公司组织编写了《石油摇篮·讲述——玉门油田 80 年口述历史文集》一书。

《石油摇篮·讲述——玉门油田 80 年口述历史文集》得到了集团公司办公厅、思想政治工作部、离退休职工管理局（老干部局）的高度重视，给予我们大力支持和帮助。《中国石油报》和兄弟单位的报纸、新媒体平台帮助刊发征文启事。采访和征文工作于2019年3月开始以来，曾经在玉门油田工作过的赵宗鼐、陈耕、秦文彩、李敬等老领导，李德生、翟光明院士，朱兆明、徐旺老专家给予了亲切的关怀和帮助，深情地关心着玉门油田的建设和发展，使我们备受教育和鼓舞。许多老领导、老玉门及一些在玉门油田工作过调任兄弟单位任职的领导，纷纷投稿，深情表达对玉门油田80华诞的祝福之情；一些到过玉门，并深深爱恋着这片热土的同志也写来了情深意长的回忆文章。年龄从百岁老人到80后。这些都使我们为之感动，倍感责任重大。对此，让我们表示崇高的敬意和衷心的感谢。

由于本书征稿的时间比较短，编辑工作紧张，还有一些在玉门工作过的老领导、老专家、老玉门的文稿未能如期约到，这是本书的一大遗憾，我们表示真诚的歉意。

由于玉门油田开发建设的时间比较长，历史事件纷繁，再加上编者的水平有限，肯定会有疏漏和不妥之处，敬请读者批评指正。同时，由于篇幅所限，还有一些文章未能收录，难免缺一漏万，敬请原谅。

本书在出版过程中，得到中国石油档案馆、石油工业出版社等单位的大力支持，在此，一并表示诚挚的谢意。

《石油摇篮·讲述——玉门油田80年口述历史文集》编写组
2019年6月